DAGMAR O'CONNOR

Sex mit Herz - Lust auf Liebe

FÜR EINE SINNLICHE UND
ZÄRTLICHE PARTNERSCHAFT

ULLSTEIN

Genieß deine Lust – gib Aids keine Chance

Verlag Ullstein GmbH Frankfurt/M. · Berlin

Titel der amerikanischen Originalausgabe: *How to Put the love Back into Making love*
Erschienen bei DOUBLEDAY, New York 1989.

Aus dem Amerikanischen von Karin Weingart

Printed in Germany 1990
Umschlaggestaltung: Theodor Bayer-Eynck
Satz: Fotosatz Otto Gutfreund, Darmstadt
Druck und Binden: May + Co. Nachf., Darmstadt
Foto: The Image Bank/Robert Farber

CIP-Titelaufnahme der Deutschen Bibliothek

O'Connor, Dagmar:
Sex mit Herz – Lust auf Liebe : für eine sinnliche und zärtliche Partnerschaft / Dagmar O'Connor. [Aus d. Amerikan. von Karin Weingart]. – Frankfurt/M. ; Berlin : Ullstein, 1990
Einheitssacht.: How to put the love back into making love <dt.>
ISBN 3-550-06436-5

Inhalt

Einleitung

»We've lost that loving feeling.« Den ganzen Tag über habe ich diesen Refrain in den Ohren: Uns ist die Zärtlichkeit abhanden gekommen. Die Paare, die meine Praxis aufsuchen, versichern mir: »Natürlich schlafen wir miteinander.« Ihre »sexuelle Ausstattung« ist völlig in Ordnung, sie »funktionieren«. Sie haben Sex. Aber das Lieben... das ist das Problem.

Und zwar ein so ernstes Problem, daß Herzen daran zerbrechen.

Irgendwann sind bei diesen Paaren Sex und Liebe auseinandergefallen. Und all die Unmassen von Büchern, die die ausgeklügeltsten Sexualtechniken erläutern und erklären, wie man einen Superorgasmus erzielt, vermögen Sex und Liebe offenbar nicht wieder zu vereinen. Mag sein, daß wir rein sexuell immer mehr Geschick entwickeln, aber gefühlsmäßig werden wir immer bedürftiger.

Irgend etwas fehlt. Eine wirkliche Beziehung. Die emotionale Dimension der Erotik. Intimität.

Ich sehe meine Aufgabe als Sexualtherapeutin ausschließlich darin, meinen Klienten den Weg zum echten Lieben finden zu helfen – zu entdecken, wie die zärtlichen Gefühle wieder mobilisiert werden können, und diese Gefühle dann in ein befriedigendes Sexualleben zu integrieren. Wenn man einfach nur ein sexuelles Problem »kuriert«, kann das Herz davon durchaus unberührt bleiben. Sex, das hat sich inzwischen erwiesen, ist allzu häufig nur eine Möglichkeit unter anderen, echte Gefühle zu vermeiden.

Mein erstes Buch, *Lust auf Sex – Spaß an der Treue*, behandelte ein uraltes Problem, nämlich die Frage, wie man in einer festen Beziehung überhaupt noch ein Sexleben aufrechterhalten kann. Es ging darin um die verschiedenen Möglichkeiten, mit denen man in der Routine des Alltags einem freien, entspannten und abwechslungsreichen Sexualleben ein definitives Ende setzen kann. *Sex mit Herz – Lust auf Liebe* ist die Kehrseite der Medaille. In diesem Buch untersuche ich, warum wir die Liebe vom Sex trennen, wie wir unsere Gefühle unterdrücken, wenn wir miteinander schlafen, und wie wir den rein genitalen Sex einsetzen, um warmen, zärtlichen Gefühlen der Liebe aus dem Weg zu gehen.

❤

Sex mit Herz – Lust auf Liebe ist eine Reaktion auf die Traurigkeit einer jungen Frau, die mir gegenüber bekannte: »Heutzutage fühle ich mich beim Sex einfach nur einsamer und immer einsamer. Wenn wir miteinander schlafen, wird mir erst so richtig klar, wie wenig zwischen meinem Mann und mir eigentlich noch läuft.«

Dieses Buch versucht auch jenem Mann in mittleren Jahren eine Antwort zu geben, der mich einmal fragte: »Wie soll ich mich denn zwingen, ›Liebe‹ zu machen, wenn ich keine Liebe mehr empfinde?« Es ist auch ein Leitfaden für die Hundertschaften von Männern und Frauen, die in meine Praxis kommen, weil sie von mir wissen wollen: »Ob es uns wohl noch einmal gelingt, echte erotische Intimität miteinander zu erleben?«

Meine Antwort ist ein eindeutiges Ja! Wenn Sie nur bereit sind, sich darauf einzulassen, kann Sie das Programm, das ich in diesem Buch vorstelle, in ein Reich sexueller Intimität entführen, wie Sie es vermutlich noch nie in ihrem Leben erlebt haben.

Ich glaube allerdings, daß Ihnen dieses Buch noch bedeutend mehr zu bieten hat. Während Sie (wieder) lernen, sich mit Herz zu lieben, wird sich Ihre Beziehung in jeder Hinsicht verbessern: im Schlafzimmer und auch außerhalb. Indem Sie unmittelbar Zugang zu Ihren intimsten Gefühlen bekommen, können Sie all die Schichten von schlechtem Gewissen und Vorwürfen, gegenseitiger Abhängigkeit und unterschwelliger Wut aufeinander, die sich im Laufe der Jahre bei Ihnen beiden eingeschlichen haben, mit einemmal abtragen.

Seit einiger Zeit suchen mich immer mehr »normale« Psycholog(inn)en mit ihren Ehepartner(inne)n auf, um sich von mir Hilfe für ihre eigenen sexuellen Probleme zu holen. Während ich sie Schritt für Schritt durch mein Programm der »Sinnlichen Übungen für Fortgeschrittene« führe, sind sie immer wieder überrascht, daß ihre Beziehung eine ganze Reihe verschiedener Veränderungen durchmacht: Sie fangen an, einander geduldiger zuzuhören, leichter miteinander zu kommunizieren, sich weniger zu streiten und mehr miteinander zu lachen. Aber was diese Psycholog(inn)en immer am meisten verblüfft, ist die Tatsache, daß sie sich auch als Individuen, jeder Partner für sich, weiterentwickeln. Denn in allen Aspekten ihres Alltags werden sie in die Lage versetzt, mehr Spaß zu haben, spontaner und romantischer zu agieren.

»Bis auf einen einzigen Punkt geht's mir einfach wahnsinnig gut«, sagte ein Psychoanalytiker einmal zu mir, nachdem er zusammen mit seiner Frau das Programm absolviert hatte. »Und das ist folgendes: Ich frage mich ernsthaft, wie ich weiter meine Gesprächstherapie anbieten soll, wo ich doch jetzt weiß, daß eine einzige Berührung mehr wert ist als tausend Worte.«

Ich kenne viele Paare, die von Anfang an freudlose »Beziehungsdiskussionen« geführt hatten und erst in dem Moment wirklich intimen Kontakt zueinander herstellen konnten, in dem sie sich an meine Regeln hielten, »den Mund zu halten und ihre Körper miteinander Freundschaft schließen zu lassen«.

❤

Wie in meinem ersten Buch werde ich mich auch in *Sex mit Herz – Lust auf Liebe* ganz stark auf Fallbeispiele (von Paaren und Einzelklienten) stützen, die ich in meinen nunmehr schon über siebzehn Jahren Arbeit als Sexualtherapeutin an Kliniken, in der Forschung und in meiner Privatpraxis gesammelt habe. Besonders im zweiten Teil beziehe ich mich auf die Erfahrungen meiner Workshop-Arbeit mit Paaren, die »normal funktionieren«, ihre Beziehung aber – vor allem im emotionalen Bereich – noch verbessern möchten. Auch in diesem Buch wähle ich den einzigen Ansatz, der mir sinnvoll erscheint. Er ergibt sich zum einen aus dem Erfahrungswissen, daß die meisten Menschen mehr oder weniger dieselben Probleme haben (wenn unsere »Symptome« vielleicht auch unterschiedlich sein mögen), und zum anderen aus der Überzeugung, daß menschliche Wärme, Geduld und Humor uns ganz entschieden helfen, diese Probleme anzugehen.

Im ersten Teil werde ich untersuchen, warum so viele von uns Sex und Liebe trennen. Ich werde mich eingehend mit der »Angst vor Nähe« beschäftigen, ihre vielfältigen Ursachen ergründen und die Methoden erläutern, mit denen wir Sex und Liebe(n) sauber auseinanderhalten. Ich werde zeigen, wie wir es immer wieder schaffen, uns in Einminutenehen hineinzumanövrieren, in denen wir – ganz auf Zeitsparen ausgerichtet – den Sex in unseren Terminkalender »hineinstopfen«

und uns dabei selbst die Gefühle austreiben. Ich werde die alten und auch die neuen Mythen über das Verhältnis der Geschlechter dokumentieren, aufgrund derer wir auch heute noch Liebe und Sex trennen: den »Harte-Burschen-schmusen-nicht«-Mythos und den »Emanzipierte-Frauen-haben-kein-Herzklopfen«-Mythos. Ich werde aufzeigen, daß der Kuhhandel Sex gegen Liebe und Liebe gegen Sex eine Beziehung aller echten Gefühle beraubt. Ich werde erläutern, daß das Problem ehelicher Untreue durch die Verwechslung von Sexualität und Liebe noch verschlimmert wird. Ich werde darüber hinaus beweisen, daß die Idee vom »Safer Sex«, die im Zeitalter der begründeten Angst vor Aids entstanden ist, ganz allgemein einen Silberstreif am Horizont der Erotik bedeuten kann: befreiende sexuelle Offenheit und eine neuerliche Betonung der gefühlsmäßigen Komponenten der Sexualität. Und zum guten Schluß werde ich untersuchen, was es emotional und praktisch bedeutet, Liebe und Sexualität wieder miteinander zu versöhnen.

Im zweiten Teil dieses Buches werde ich Sie Schritt für Schritt durch die Sinnlichen Übungen für Fortgeschrittene führen: eine »handgreifliche« Therapie, die die Gefühle reaktiviert; ein Weg durch das Labyrinth der Sinne, der direkt ins Herz führt. Es handelt sich um ein System von Einzelübungen, das unsere Fähigkeit, Gefühle wahrzunehmen und Liebe zum Ausdruck zu bringen, freisetzt, indem es uns auf unsere Sinnlichkeit zurückwirft. Dieses Programm funktioniert. Sie können sich selbst davon überzeugen. Es kann Wunder wirken, wenn Sie es nur zulassen.

Kürzlich erzählte mir eine junge Frau, daß sie beinahe in Ohnmacht gefallen wäre, als sie einmal beobachtet hatte, wie sich ein Pärchen in einem vorbeifahrenden Taxi heftig und liebevoll küßte.

»Auch nach der Sexuellen Revolution geht es letzten

Endes doch nur darum«, sagte sie. »Um *diese* Gefühle, *diese* Liebe.«

Ich wußte genau, was sie meinte.

Wir alle kennen die zahllosen Bücher, die uns die Mechanik des Genitalsex beibringen und so tun, als ginge es dabei um Liebe. Aber mein Gefühl – und das der meisten Menschen, die ich kenne – sagt mir, daß diese Bücher alles falsch verstanden haben. Es geht um unsere Herzen. Nicht um unsere Genitalien. Und deshalb habe ich dieses Buch geschrieben.

ERSTER TEIL

Wo ist die Liebe beim Sex geblieben?

ERSTES KAPITEL

Schlafen Sie miteinander, oder lieben Sie sich?

»War es auch gut für dich?«

»Es war okay.«

»Einfach nur okay? Aber ich war mir ganz sicher, daß du einen …«

»Daß ich einen Orgasmus hatte? Zweimal bin ich gekommen.«

»Ist doch toll! Und was fehlt dir dann?«

»Ich fühl' mich irgendwie so leer. Und einsamer als vorher.«

»Oh. Na, vielleicht sollten wir es gleich noch einmal machen.«

❤

Es gibt kaum eine bessere Möglichkeit, unsere tiefsten Gefühle zu unterdrücken und uns gleichzeitig Nähe vorzugaukeln, als beim Geschlechtsverkehr: Wir begeben uns mit Schmackes ans Werk, erreichen donnernde Orgasmen und reden uns dann selbst ein, daß wir einen tiefgehenden, intimen Kontakt miteinander hatten. Schließlich haben wir uns doch gerade »geliebt«, oder etwa nicht?

Aber die wenigsten von uns lassen sich lange an der Nase herumführen. Häufig spüren wir, daß etwas fehlt, und zwar etwas Grundlegendes, und dann fühlen wir uns isoliert, emotional unterversorgt und einsam.

Also versuchen wir es noch einmal. Wir schmeißen uns mit noch mehr Schmackes und Sachverstand in den Verkehr. Wir studieren G-Punkte und »erogene Zonen«. Wir sammeln Erotika und Ratgeber, die uns ermuntern, es öfter zu tun und noch ekstatischere Orgasmen zu erzielen. Wenn alle Stricke reißen, suchen wir uns einen neuen Partner.

Und dann fühlen wir uns noch einsamer.

Denn letzten Endes kann Sex *nie* befriedigender Ersatz für die Kunst des Liebens sein. Indem wir uns auf Genitalien und Höhepunkte konzentrieren – fertig und ab die Post –, berauben wir uns selbst der besten Möglichkeit, uns als ganzen Menschen zu erleben.

In der Erwachsenenwelt halten wir den ganzen Tag lang unsere Gefühle zurück; wir führen uns zivilisiert auf, statt voller Ärger loszubrüllen, vor Langeweile zu gähnen oder uns darüber totzulachen, wie absurd das alles doch ist. Nackt und allein mit unserem Partner sehnen wir uns danach, uns »ganz« zu spüren, unseren Gefühlen freien Lauf zu lassen. Besonders sehnen wir uns nach den zärtlichen, liebevollen Gefühlen – den Gefühlen, die uns den Zauber gestatten, uns miteinander zu vereinigen, wenn auch nur für ein paar Stunden.

»Jetzt werden Sie aber mal nicht mystisch, Dagmar.« Den Protest aus den hinteren Bänken höre ich ganz genau. *»Sie wollen doch nichts anderes sagen, als daß es nicht das gleiche ist, ob man es langsam oder hopplahopp macht, oder?«*

Ich hoffe doch, aber ich brauche wahrscheinlich dieses ganze Buch, um den Unterschied zwischen Verkehr und Liebe ganz klarzumachen. Aber es stimmt natürlich schon, man braucht Zeit, wenn man sich lieben will. Es fängt alles mit einer Einstellung an, die uns ermöglicht, daß wir uns nicht auf Genitalien und Orgasmen konzentrieren, sondern einander mit der ganzen Bandbreite von Empfindungen begegnen – sowohl sinnlich und gefühlsmäßig als auch sexuell.

Denn aus diesen Empfindungen besteht die Liebe. Aber genau diese Empfindungen versetzen uns auch in Angst und Schrecken.

FÜR EINE SINNLICHE THERAPIE

In all den Jahren, in denen ich als Therapeutin praktiziere, haben sich nie so viele Leute bei mir darüber beklagt, daß in ihrer sexuellen Beziehung die »zärtlichen Gefühle« fehlen, wie heute. Sowohl Männer als auch Frauen sagen, daß sie ihrem Partner gegenüber »abgestumpft« seien, daß sie sich im Schlafzimmer wie Beobachter fühlen, daß es sie nur »antörnt«, wenn sie in der Phantasie an jemand anderen denken. »Irgend etwas stimmt nicht mit mir«, vertrauen sie mir dann jämmerlich an. »Ich fühle nichts.«

Aber zur gleichen Zeit haben mich auch noch nie so viele Menschen aufgesucht, die sich ihr Leben und ihre Beziehung so eingerichtet haben, daß es ihnen praktisch unmöglich ist, regelmäßig ausgiebigen sinnlichen Kontakt miteinander zu haben. Ohne es zu bemerken, haben sie alles so arrangiert, daß sie die Quelle gerade jener Gefühle vermeiden, nach denen sie sich so sehnen.

Diese Paare möchten von mir, daß ich ihre zärtlichen Empfindungen zurückhole, indem ich ein bestimmtes sexuelles Problem »behebe« oder ihnen beibringe, wie man »Es« besser machen kann.

»Vergessen Sie den Sex«, sage ich diesen Leuten immer. »Im Moment steht er Ihren Gefühlen nur im Wege. Was Sie lernen müssen – und was wir in Wahrheit alle lernen müssen –, ist, wie man sinnlichen

Kontakt zueinander herstellt. Wenn uns das einmal gelingt, stellen sich Sex und Liebe ganz von selbst ein.«

Eine Sexualtherapeutin, die empfiehlt: »Vergessen Sie Sex«?

Genau. Vielleicht sollte ich meine Berufsbezeichnung in *Sinnen*therapeutin umwandeln lassen. Denn meiner Erfahrung nach sind sexuelle Gefühle, so toll sie gewiß sein können, nur ein Bruchteil des reichen Spektrums von Empfindungen, die beim richtigen Lieben entstehen können.

Beim Lieben fließen unsere Gefühle und körperlichen Empfindungen ganz frei, ungestört von irgendwelchen »Vorstellungen« über Sex. Wie im viktorianischen Zeitalter Sex und Liebe getrennt waren, können wir eindeutig analysieren: Sex galt als »schmutzig«, Liebe als göttlich, und sie konnten zueinander nicht kommen. Aber genau dieselbe Spaltung – wenn auch in anderer Form – existiert auch noch heute. Sex ist nicht länger unmoralisch – im Gegenteil, es gilt als »gut«, erotisch und sexuell geübt und erfahren zu sein –, aber dieser Erotizismus hat mit unserem Gefühl von Nähe immer noch nicht viel zu tun.

Wenn wir bei der Erregung verweilen, statt zur »nächsten Stufe« weiterzuhasten, tritt Wahrnehmung an die Stelle der Taubheit, dann fangen die Mauern zwischen uns zu bröckeln an. Nach und nach fallen die Verteidigungsposten, Zorn und Mißtrauen schmelzen dahin. Wir stehen einander mit neuer, wundersamer Nacktheit gegenüber. *Das* ist das Gefühl, das wir vermissen; *das* ist die wirkliche Nähe, die unseren Einsamkeitsgefühlen ein Ende bereiten wird. Sie berührt unbewußte Erinnerungen an die Zeit, in der wir uns einem anderen Menschen so nahe gefühlt haben wie später nie wieder: Wir sind wie sinnliche Kinder, mit ihrer Mutter vereint.

Und da fängt der Terror an, den ich »Angst vor Liebe« nenne.

Wenn ein Paar in der ersten Sitzung von »diesen wunderbaren Ferien« zu erzählen beginnt, die sie miteinander hatten – lange, verliebte Nachmittage im Bett des Strandhotels –, fürchte ich das Schlimmste. Was dann kommt, ist unweigerlich die Geschichte eines grausamen Streits auf dem Rückflug, Wochen oder gar Monate entweder ohne jeglichen körperlichen Kontakt oder mit nur mechanischem, unpersönlichem Sex. Wenn nicht gar ein Seitensprung.

»Wie konnte er das tun?« fragte mich eine Frau verzweifelt. »Da hatten wir nun gerade die zärtlichste, liebevollste Woche unseres Lebens, haben stundenlang miteinander geschlafen, und zwei Tage später geht er mit dieser Frau ins Bett, die er kaum kennt. Er hat kein bißchen Gefühl!«

»Im Gegenteil«, antwortete ich. »Nach diesem ganzen intensiven Lieben hatte er wahrscheinlich so viele Gefühle, daß er das alles nicht mehr auf die Reihe bekam. Verkehr mit einer Fremden ist seine Art, diesen überwältigenden Gefühlen zu entfliehen.«

Auch Routine – beziehungsweise leidenschaftsloser Sex ist eine ziemlich verbreitete Methode, die übermächtigen Gefühle zu beschneiden, die von einer langen, ungewohnten Periode des zärtlichen Liebens ausgelöst wurden. Wir mögen das bedauern, aber es ist nur zu natürlich. Solange Sie sich an diese mächtigen neuen Gefühle nicht gewöhnt haben – solange Sie nicht glauben können, daß Sie sie unter Kontrolle haben –, werden Sie sich automatisch davor zurückziehen. Angst vor Liebe ist nämlich eine gruselige Angelegenheit.

Die Kehrseite der wunderbaren Nähe, die wir empfinden, wenn wir uns lieben, ist die furchtbare Verwundbarkeit, die wir dabei erleben. Wir fühlen uns tatsächlich wie das kleine Baby in den Armen der Mutter. Aber unmittelbar hinter dem wohltuenden Trost, den sie uns spendet, lauert die Furcht, daß sie uns verschlingen wird, daß sie uns unserer eigenen Kraft und Identität beraubt. Daß wir die Kontrolle über unsere Empfindungen verlieren. Oder – was noch schlimmer ist – daß sie uns verläßt.

Die meisten von uns sind mit dem Reflex vertraut, der uns auf den kalten Boden der Wirklichkeit zurückplumpsen läßt, wenn wir gerade dabei sind, in süßen Schlaf zu sinken. Am häufigsten tritt er auf, wenn wir völlig übermüdet sind und so schnell in den Zustand des Unbewußten hinübergleiten, daß es sich so anfühlt, als würden wir aus dem Fenster fallen. Ein ähnlicher Reflex kann uns mit einem Schlag zurückbringen, wenn wir gerade dabei sind, mit dem Partner auf einer Wolke der Sinnlichkeit wegzuschweben; wir »schnappen zu«, aus lauter Angst, die Kontrolle zu verlieren. Irgendwo in unserem Vorbewußten spüren wir, daß wir dieses Bett nie mehr verlassen können, daß wir einander ewig streicheln und liebkosen werden, wenn wir nicht ganz schnell die Kontrolle zurückgewinnen. Wir werden auf ewig in dieser Beziehung gefangen sein. Wir spüren, unser Bedürfnis nach dieser intimen Verbindung ist so groß, daß wir nie wieder in der Lage sein werden, als erwachsene Menschen zu funktionieren, wenn wir ihm nachgeben. *Wie kann ich, dieses dahinschmelzende, wollüstige Etwas, jemals wieder die Rechtsabteilung führen oder ein großes Abendessen für fünf Personen organisieren?*

Und so knipsen wir diese mächtigen Gefühle im Keim ab, indem wir uns gleich wieder auf den Verkehr konzentrieren. Auf unsere genitalen Empfindungen und den Orgasmus. Der Orgasmus ist eine Möglichkeit, diese ganze Erfahrung zu beenden, die Emotionen wieder unter Kontrolle zu kriegen.

»Mein Gott, was überlasse ich mich hier diesen sinnlichen Träumen? Ich muß sofort wieder zur Sache kommen. Wo war ich gerade? Ach ja, ein Orgasmus ist angesagt.«

Im Gegensatz zu den Mythen von Sex und Liebe ist die Vereinigung in Wirklichkeit mit dem Orgasmus vorbei. Physiologisch ist das eine Tatsache. Einmal in den Fängen des Orgasmus, können Sie sich weder auf Ihren Partner noch auf irgend etwas sonst konzentrieren. Dann sind Sie allein. Woody Allen, unser überragender Sexualphilosoph hat das einmal so ausgedrückt: »Liebe macht Streß, Sex baut ihn ab.«

DAS PARADOX DER LIEBE: FESTHALTEN BEIM FALLENLASSEN

Ich glaube, daß nur die allerwenigsten von uns wissen, wie man sich intim liebt. Es ist ein Prozeß, der aus vielen Schritten besteht, von denen wir die meisten gewöhnlich auslassen, und zwar sowohl körperlich als auch gefühlsmäßig.

Und das ist eine Schande. Denn heutzutage empfinden die meisten von uns das Bedürfnis nach zärtlicher Verbindung dringlicher als je zuvor. In dieser brutal wettbewerbsorientierten und gefahrvollen Erwachsenenwelt sehnen wir uns von Herzen nach den freundlicheren Seiten des Lebens. Wir sehnen uns nach dem Trost und der Lust des intimen Liebens.

Die gute Nachricht: Wir können lernen, wie man beides bekommt, sowohl intimen Kontakt miteinander *als auch* ein starkes Gefühl für unsere Individualität. Wir können lernen, uns einen ganzen sinnlichen Nachmittag lang zu vereinen, *ohne* der Furcht anheimfallen zu müssen, verschlungen zu werden. Der Trick besteht darin, unseren Gefühlen absolut freien Lauf zu lassen, *während* wir sicher sein dürfen, daß wir sie total unter Kontrolle haben. Nur dann können wir uns immer wieder auf die intime Lust einlassen, ohne in den Untiefen der Angst vor Liebe zu versinken.

Anfangen müssen wir damit, daß wir das Bedürfnis akzeptieren, uns wieder in unser Schneckenhaus zurückzuziehen, wenn die Gefühle uns zu übermannen drohen. Das ist ein Reflex der Selbsterhaltung. Sicher doch, nach diesem wundervollen Urlaub, in dem wir uns Tag für Tag wollüstig geliebt haben, bis wir emotional ganz wund davon wurden, ist es durchaus sinnvoll, wenn wir auf der Heimfahrt kein Wort miteinander wechseln wollen, von Zärtlichkeiten ganz zu schweigen. Denn eine Weile lang waren die Mauern zwischen uns tatsächlich niedergesunken, hatten wir uns verloren, und jetzt müssen wir wieder zu uns zurückfinden, nach Luft schnappen. Wir müssen uns abnabeln, eine Geschäftsreise planen, den Kopf abwenden und die Zeitung lesen, uns mit einem Fremden unterhalten. Und wir müssen akzeptieren, daß unser Partner dasselbe Bedürfnis hat, ohne das als Zurückweisung, Betrug oder Gefühlskälte anzusehen.

Wenn wir das einmal klar haben, wenn wir einander wahrheitsgemäß eingestehen können, daß zuviel intimer Kontakt furchteinflößend sein kann, müssen wir uns nicht mehr in ein selbstgemachtes Fegefeuer von Monaten ohne Körperkontakt oder rein mechanischem Sex flüchten, und schon gar nicht in einen Seitensprung.

Aber wie lernt man erst einmal, sich intim zu lieben?

Mit Hilfe der Sinnlichen Übungen für Fortgeschrittene, die unsere Gefühle sanft zum Leben erwecken und uns zugleich gegenüber der Angst vor Liebe desensibilisieren. Schritt für Schritt gestatten wir diesen Gefühlen, immer mächtiger zu werden, in und zwischen uns zum Fließen zu kommen. Und mit jedem Tag, in dem wir das Bett der Sinneslust heil verlassen – und in voller Kontrolle über unsere Gefühle –, können wir uns beim nächsten Mal noch inniger vereinen. Im Laufe der Monate lernen wir die hohe Kunst des Festhaltens beim Fallenlassen. Für diejenigen von uns, die das Glück haben, in einer festen Partnerschaft zu leben, kann dieses Experiment, das jeden Aspekt des Alltags mit Gefühl und Sinnlichkeit erfüllt, das ganze Leben verändern.

»Jetzt mal stop, Dagmar«, höre ich ein paar von Ihnen rufen. *»Seit Jahren liegen Sie uns damit in den Ohren, wir sollten aufhören, den Sex so verdammt ernst zu nehmen, und ihn lieber genießen, statt mit ›Bedeutung‹ zu überfrachten. Und jetzt sollen wir uns plötzlich* lieben, *statt* miteinander zu schlafen. *Was ist denn jetzt kaputt? Sie hören sich ja wie eine kirchliche Eheberaterin an, und gar nicht mehr wie eine sinnenfrohe Sexualtherapeutin!«*

Verstehen Sie mich nicht falsch. Das letzte, was ich beabsichtige, ist, Ihr Sexualleben zu einer todernsten Angelegenheit zu machen. Und ebensowenig käme ich auch nur einen Moment lang auf die Idee, Sie sollten Ihre gelegentlichen »Quickies« oder »Spontanficks« aufgeben. Aber irgendwann haben zu viele von uns ihre intimsten Emotionen aufgegeben – sie dem fühllosen Sex geopfert, und das hat sie taub und einsam gemacht.

Und nur wenn wir uns lieben, können wir diese Gefühle zurückerlangen.

ZWEITES KAPITEL

Die Einminutenehe

Schmissig, zackig betrag Craig C. vor seiner Frau Elizabeth meine Praxis. Craig war Fernsehproduzent, pendelte jede Woche an die Westküste und hatte mir schon am Telefon mitgeteilt, daß sie ihre Termine bei mir mit Rücksicht auf ihren Beruf flexibel halten müßten. Elizabeth war leitende Redakteurin eines New Yorker Magazins.

»Was führt Sie her?« fragte ich, nachdem wir alle Platz genommen hatten.

»Ich komme zu schnell«, platzte Craig heraus. Er sah mir direkt in die Augen.

Ich nickte. Das überraschte mich keineswegs. Nach mehr als siebzehn Jahren Sexualtherapie gelingt es mir meistens, Männern dieses spezielle Syndrom auf den Kopf zuzusagen. Craig paßte genau in das Bild eines Mannes, der vorzeitig ejakuliert: Er ging und sprach schnell, war nervös darauf bedacht, zur Sache zu kommen, und benahm sich im Bett offensichtlich genau wie sonst im Leben. Nur daß er im Schlafzimmer nicht dafür belohnt wurde, so tüchtig und bei allem der erste zu sein.

»Wofür kommen Sie zu schnell?« fragte ich ihn.

»Für sie natürlich.« Seine Antwort klang gereizt. »Für mich ist es meistens nach ein paar Minuten vorbei, und sie braucht eben länger, um zum Orgasmus zu kommen.«

»Mindestens fünf Minuten länger«, präzisierte Elizabeth in sachlichem Ton. »Sonst fühle ich mich mit irgendwie unfertigen Gefühlen hängengelassen.«

Ich sah mir die beiden an. Sie waren ein außergewöhnlich attraktives Paar Mitte dreißig, energiegeladen, voller Kraft, begabt; eines der Erfolgspaare, die in der Zeitschrift vorgestellt wurden, für die Elizabeth arbeitete. Sie waren beide darauf gedrillt, auf den Punkt zu kommen, und das schloß offenbar auch die Sexualität mit ein. Selbst Elizabeth sprach über ihr Sexleben, als handele es sich um eine Aufgabe, die erledigt werden mußte: Sie brauchte genau fünf Minuten, um »fertig« zu werden. Beide schienen mich auffordern zu wollen: »Reparieren Sie unser Sexleben, und zwar ein bißchen plötzlich!«

Ich wandte mich an Elizabeth. »Die beste Lösung wäre wahrscheinlich, wenn Sie lernen könnten, genauso schnell zu kommen wie Craig«, schlug ich ihr mit einem nur angedeuteten Lächeln vor. »Mit ein bißchen Übung kriegen wir Sie vielleicht beide unter eine Minute.«

Beide starrten mich fassungslos an und fingen dann glücklicherweise an zu lachen. Dieses Lachen war der erste Schritt auf eine glücklichere Beziehung zu, ein Schimmer von Erkenntnis, daß supereffizienter Sex mit den Vergnügungen des intimen Liebens wenig zu tun hat.

»ERINNERST DU DICH NOCH:
FRÜHER WAREN WIR MANCHMAL EINEN
GANZEN TAG LANG IM BETT«

Es ist, glaube ich, nur eine Frage der Zeit, bis ein Buch mit dem Titel *Die Einminutenehe* herauskommt, ein Ratgeber, wie man Nähe und Sex auf hohem Niveau in eine zeitlich enge Partnerschaft integriert.

In einem Kapitel könnte es darum gehen, wie man effizient mit dem Partner kommuniziert – in präzisen, aufmerksamkeitserregenden Sätzen über die Kinder, Rechnungen und die unsterbliche Liebe zueinander diskutiert. Und in einem anderen darum, wie Sie Ihren Partner dazu kriegen können, sich noch produktiver für die eheliche »Minifirma« einzusetzen. Der Höhepunkt dieses Buches wäre natürlich das Kapitel, in dem man Ihnen erklärt, wie man das Lieben aufs Wesentliche konzentriert; wie man also Einminutensex macht. Weiß der Himmel – mindestens die Hälfte der Paare, die mich heutzutage aufsuchen, scheinen einen solchen Rat zu suchen – jedenfalls bis ich sie in die Finger kriege.

Solch »effizienten« Beziehungen gegenüber kann ich ziemlich ungemütlich werden. Wenn es etwas gibt, was mir die gebotene therapeutische Sachlichkeit austreibt, dann ist es ein intelligentes, gebildetes Paar, das mir erzählt, daß beide mindestens siebzig Stunden arbeiten (und das sind häufig nicht einmal dieselben siebzig Stunden), daß sie ihr Abendessen häufiger getrennt als zusammen einnehmen, daß sie sich am Feierabend in unterschiedlichen Fitneßcentern »entspannen« – und die dann von mir wissen wollen, warum ihr Sexleben nicht funktioniert.

Diesen Einminutenleuten möchte ich am liebsten zurufen: »Körperliche Liebe ist doch kein Termin wie alle anderen! Keine Arbeit, die erledigt werden muß! Erinnern Sie sich denn nicht mehr, daß Sie früher einmal den ganzen Tag im Bett verbracht und sich geliebt haben?«

Dabei fühle ich mich wahnsinnig altmodisch und, Gott sei Dank, sehr romantisch.

»Ich weiß nicht, was mit uns geschehen ist«, klagte mir Christine, eine junge Datensystemexpertin, ihr Leid. »Bob (ihr Mann) und ich haben früher zwei- oder dreimal pro Woche miteinander geschlafen, egal wie beschäftigt wir waren. Kein Problem. Aber vor ungefähr sechs Monaten fing es allmählich an abzuflauen, und dann hat es ganz aufgehört.«

Ich fand schnell heraus, daß dieses junge Paar an Werktagen höchstens eine Stunde im Wachzustand miteinander verbrachte. Am Anfang ihrer Ehe war es ihnen noch gelungen, den Sex in ihren überfüllten Terminkalendern »unterzubringen«, aber dann »habe ich einfach das Bedürfnis verloren«, wie es Bob ausdrückte.

»Ich glaube nicht, daß Sie es verloren haben. Sie haben es eher abgelegt«, antwortete ich ihm. »Sie scheinen sich nicht viel Zeit zu lassen, überhaupt etwas zu fühlen, also hat Ihr Körper gekündigt.«

Später gab Christine zu, daß sie gedanklich schon mit all dem beschäftigt war, was sie *nach* dem Sex tun mußte, bevor sie überhaupt angefangen hatten.

»Ich mußte ständig an die ganzen Sachen denken, die ich bis zum nächsten Morgen noch erledigen mußte, und dann fing ich an, mir Sorgen zu machen, ob ich auch genügend Schlaf bekam«, sagte sie. »Da habe ich im Kopf das ganze Sexuelle einfach übersprungen. Ich brachte es nie fertig, nur im Hier und Jetzt zu sein.«

All der Propaganda zum Trotz, die behauptet, daß Paare, die ein produktives, unabhängiges Leben führen, entspanntere Beziehungen hätten und weniger Forderungen aneinander stellen würden, stellen die produktiven, unabhängigen Paare, die ich kenne, ganz genau dieselben Forderungen aneinander wie alle anderen auch – sie haben bloß weniger Zeit, sie zu erfüllen. Mit einem Auge auf der Uhr müssen intime Gespräche und körperliche Kontakte *neben* der ganzen Arbeit mit der Wohnung und der Familie noch irgendwie eingeflickt werden. Und Tatsache ist: *Unsere intimsten Emotionen und sinnlichsten Gefühle lassen sich nicht hetzen.*

Wenn Intimität unter Zeitdruck gerät, muß irgend etwas nachgeben, und häufig gibt unser Körper als erstcs nach. Bei den sexuellen Problemen, mit denen ich es in meiner Praxis zu tun habe, handelt es sich zunehmend um den Tribut, den unser zwanghafter Lebensstil fordert. Diese Männer und Frauen sind verbissen damit beschäftigt, produktiv zu sein und keine Minute zu vergeuden, aber ihr »inneres Kind« hungert so nach echter Zärtlichkeit, daß es auf die Barrikaden geht. In der Folge verabschiedet sich nach und nach die Sexualität. Er kommt zu früh, oder sie kommt überhaupt nicht mehr.

So wie Craig und Elizabeth sich ihr Leben eingeteilt hatten, meinte Craig, er könne die Zeit nicht aufbringen, seine Erregung zu genießen; also schloß er alles kurz, indem er nach ein paar Minuten ejakulierte. Vorzeitige Ejakulation ist so gut wie immer Symptom einer nervösen Sexualität, bei der von Anfang an eine geistige Stoppuhr tickt. Vergleichbar sind auch anorgasmische Frauen häufig Opfer eines subjektiven Zeitdrucks: Sie sind so überzeugt, »zu lange« zu brauchen, um zum Orgasmus zu kommen, daß sie »aufgeben« und gar keinen haben. In früheren Generationen wurden beide Symptome auf den Rücksitzen parkender Autos und in Partykellern erzeugt, wo die jungen Liebenden um so weniger Gefahr liefen, in flagranti entdeckt zu werden, je schneller der Sex vorbei war. Heutzutage scheinen diese Symptome in Wirtschaftsseminaren und Sitzungssälen erzeugt zu werden; so schnell wie möglich ans Ziel zu kommen ist das vorherrschende Denkmuster, und es ist nicht leicht, dieses Denkmuster vor der Schlafzimmertür abzulegen.

Besonders wenn der Partner auch in Eile ist.

Von Anfang an vermutete ich, daß Elizabeth ebensoviel Anteil an ihrem Auf-die-Plätze-fertig-los-Sex hatte wie Craig. Als ich ihr einige Fragen über ihre sexuellen Gewohnheiten stellte – insbesondere darüber, wie sie am liebsten zum Orgasmus kam –, waren ihre Antworten kurz angebunden und irgendwie ungeduldig; schließlich meinte sie, all das wäre für das Thema sowieso nicht »relevant«.

»Ich bin ja zur Unterstützung bereit«, meinte sie, »aber glauben Sie nicht, daß Sie sich lieber mit Craig beschäftigen sollten?«

»Während Sie zuschauen?« fragte ich zurück. »Das wäre ja ganz ähnlich wie das, was sich schon in Ihrem Schlafzimmer abspielt.«

Am Ende dieser ersten Sitzung bat ich die beiden, ein Experiment zu machen. »Ich möchte, daß Sie beide versprechen, mindestens einmal zu masturbieren während Craig in dieser Woche in Kalifornien ist.«

Wie wir in einem späteren Kapitel noch näher sehen werden, kann allein die Erwähnung des Wortes Masturbation bei den meisten Paaren schon einen Ausbruch von Gehemmtheit und Scham bewirken. Sie ist das letzte »schmutzige kleine Geheimnis«, das wir voreinander haben.

»Sie brauchen sich ja nicht darüber zu unterhalten«, versicherte ich ihnen. »Tun Sie's einfach, und damit hat sich der Fall. Sie müssen nicht einmal viel Zeit darauf verwenden.«

Beim nächsten Termin sah ich gleich, daß die Spannung zwischen ihnen nachgelassen hatte. Besonders Craig schien mir entspannter.

»Ich fühle mich, als hätte ich einen Kurzurlaub von den ganzen Schuldgefühlen gemacht, ein Schnellschußlover zu sein«, sagte er lächelnd. »Als hätte ich ein wenig von der Verantwortung delegiert.«

Tatsächlich hatte er die Verantwortung für Elizabeths Orgasmus an Elizabeth delegiert. Und auch sie gab zu, daß sie sich wohler fühlte, wenn auch nicht ganz so entschieden wie Craig. Indem sie nicht von Craig abhängig war, um einen Orgasmus zu haben, mußte sie sich nicht »unfertig«, frustriert und sauer fühlen. Und indem sie akzeptierten, daß der Geschlechtsverkehr nicht die einzige Möglichkeit war, Elizabeth zu befriedigen, konnten sich *beide* auf ihre Erregung konzentrieren und auf die Gefühle, die sie hervorbringt. Um die Wahrheit zu sagen, arbeite ich als Sexualtherapeutin überhaupt nicht viel am Orgasmus; ich kümmere mich kaum darum, ob oder wann die Leute kommen; wenn wir einmal gelernt haben, die Gefühle, die dem Höhepunkt vorangehen, richtig zu genießen, scheint sich all das wie von selbst zu regeln.

»Da die Sache mit dem Orgasmus jetzt vom Tisch ist«, sagte ich den beiden, »können Sie sich jetzt mit dem beschäftigen, was wirklich wichtig ist – *wie Sie sich lieben.*«

Um sich aber lieben zu können, mußten Craig und Elizabeth viel Zeit damit verbringen, »nichts« miteinander anzustellen – für eine Einminutenehe nicht gerade eine leichte Aufgabe.

VON EFFIZIENTER YUPPIE-LIEBE ZU KOPFLOSER BABY-LIEBE

Ein Freund von mir hat mir einmal einen alten schwedischen Witz über einen Mann namens Sven erzählt, der in einer großen Stockholmer Firma arbeitete. Eines Frühlings fing Svens Chef plötzlich an, jeden Mittwoch schon um zwölf das Büro zu verlassen. Nach wenigen Wochen gingen auch Svens Kollegen alle kurz nachdem der Boß weg war. Nur Sven nicht. Der blieb pflichtbewußt bis Punkt fünf an seinem Arbeitsplatz hocken. Für seine sklavische Loyalität wurde er von seinen Kollegen gnadenlos gehänselt, und eines Mittwochs gab er schließlich nach und ging mit den anderen zusammen weg. Er fuhr heim, schloß die Haustür auf und ging die Treppe hoch. Er öffnete die Schlafzimmertür und sah seine Frau mit seinem Chef im Bett liegen. Sven machte leise die Tür wieder zu, fuhr eilig ins Büro zurück und blieb bis fünf. Am nächsten Mittwoch fragten ihn die Kollegen, ob er auch wieder blaumachte.

»Kommt überhaupt nicht in die Tüte«, antwortete Sven. »Beim letztenmal hätte er mich um ein Haar erwischt.«

Svens auf den Kopf gestellte Prioritäten kommen mir kaum verrückter vor als die zahlloser Paare, denen ich in letzter Zeit begegnet bin. Wieder und wieder treffe ich Paare, bei denen die Zeit, die sie im intimen Beisammensein miteinander verbringen, der verzichtbarste Termin im Kalender ist. Es fällt ihnen bedeutend leichter, eine Verabredung fürs Bett abzusagen als einen möglicherweise erfolgversprechenden Geschäftstermin oder eine Einladung zu einer Party.

»Ich dachte immer, daß wir die Zeit, die wir nicht miteinander verbracht haben, irgendwann einmal nachholen könnten«, erzählte mir eine Frau, »bis ich dann eines Tages merkte, daß wir Jahr für Jahr nur im Urlaub einmal einen ganzen Vormittag im Bett verbrachten. Praktisch hatten wir den Sex aus unserem Leben herausverschoben.«

Die Ehe war schon immer ein perfektes Arrangement, um der Sexualität und all den Schuldgefühlen und Ängsten, die damit einhergehen, zu entkommen. Unmittelbar vor dem Zubettgehen konnten wir uns über irgendwelche offene Rechnungen streiten; wir konnten den Kindern die Schuld dafür in die Schuhe schieben, daß wir nie allein Zeit füreinander hatten; wir konnten uns die Spätnachrichten im Bett angucken. Aber erst heutzutage scheinen die Paare die ultimative Lösung des Nähe-Problems gefunden zu haben: *Sie sind so gut wie nie zur gleichen Zeit wach und zu Hause.*

Craig und Elizabeth sind ein typisches Beispiel für

Paare, die das Lieben aus ihrem Leben herausprogrammiert haben. Bei anderen sind die Symptome ursprünglich vielleicht anders gelagert – sie hat unter Umständen zu wenig Lust; er mag impotent sein; möglicherweise »funktionieren« beide auch durchaus reibungslos, abgesehen davon, daß sie in den vergangenen acht Monaten nur einmal Verkehr hatten –, aber der gemeinsame Nenner besteht darin, *daß sie sich nur höchst widerstrebend Zeit zum reinen Vergnügen gönnen.* Zu schnell kommen ist lediglich eine der »effizienteren« Methoden des Verkehrs – und der Vermeidung der Gefühle beim sinnlichen Lieben. Das Spiel ist schon vorbei, bevor es richtig angefangen hat: Whow, das war's, Leute, und jetzt geht's an den nächsten Job.

Der nächste Job, den ich Craig und Elizabeth vorschrieb, war die erste der Sinnlichen Übungen für Fortgeschrittene. Im zweiten Teil dieses Buches werde ich Ihnen das Programm im einzelnen vorstellen und Sie Schritt für Schritt tiefer in das Reich der reinen Liebeskunst einführen. An dieser Stelle möchte ich nur erwähnen, daß der Zweck dieser Übungen darin besteht, uns wieder mit den köstlichen Freuden des gemächlichen Körperkontaktes bekannt zu machen.

Gleichzeitig sind diese Übungen so gestaltet, daß sie uns gegenüber den Ängsten desensibilisieren sollen, die mit einem ausgedehnten Liebesspiel einhergehen – die Angst, von unserem Partner »verschlungen« zu werden, die Kontrolle über unsere Emotionen zu verlieren, nie wieder als unabhängiger Mensch funktionieren zu können. Während wir die Freuden ungehetzter Sinnlichkeit (wieder)entdecken, scheinen wir wie durch Zauberhand plötzlich die Zeit zum Lieben zu »finden«. So werden die Stunden, die wir im intimen Beisammensein miteinander verbringen, mit einemmal zum unverzichtbarsten Termin im Kalender.

Schwierig ist nur, mit den Übungen überhaupt erst

einmal zu beginnen; besonders bei den Einminutenleuten ist der Widerstand dagegen ganz erheblich.

Üblicherweise konzentrieren die Einminutenleute sich lieber auf das, was in meiner Praxis passiert, als auf das, was sich später bei ihnen im Schlafzimmer abspielen soll. Sie stehen pünktlich vor der Tür, lauschen jedem Wort, das ich von mir gebe, und gucken beim Rausgehen auf die Uhr, um sicherzugehen, daß sie auch wirklich die ganze Stunde hatten, für die sie bezahlen. Aber dann »finden« sie wochenlang nicht die Zeit für die Sinnlichen Übungen zu Hause. Eine Frau kam immer mit einer Kladde unter dem Arm zu mir und schrieb gewissenhaft alles mit, was ich sagte (sie erinnerte mich irgendwie an die werdenden Väter, die die Geburt ihres Kindes durch die Kamera beobachten, um sich emotional nicht auf das Ereignis selbst einlassen zu müssen), und eben diese Frau »vergaß« dann einen ganzen Monat lang die erste Übung, die ich ihr zugewiesen hatte.

Häufig erheben die Paare den Einwand, die Sinnlichen Übungen als »Hausaufgabe« würden ihre Sexualität jeglicher Spontaneität berauben. Dann versuche ich sie immer so sanft wie irgend möglich daran zu erinnern, daß sich die Spontaneität schon vor längerer Zeit aus ihrem völlig verplanten Leben verabschiedet hatte.

»Kommen Sie erst einmal wieder mit der Lust in Berührung«, sage ich. »Dann stellt sich auch die Spontaneität ganz spontan ein.«

Oft liegen mir beide Partner in den Ohren, ich möge doch bitteschön den Prozeß etwas beschleunigen. »Diese Übung haben wir doch schon gemacht«, meinen sie. »Warum können wir jetzt nicht mit der nächsten anfangen?«

Ich sage mit den Worten Thelonious Monks, der auf die Frage, was Jazz »bedeute«, antwortete: »›Solange Sie noch Fragen stellen müssen, sind Sie noch nicht bereit für die Antwort.‹ Sie sind erst bereit, wenn Sie sich so entspannt haben, daß Sie nicht mehr darauf erpicht sind, zur nächsten Stufe voranzuschreiten.«

Andere Paare nehmen noch weniger ein Blatt vor den Mund: »Ich habe nicht zwei oder drei Stunden in der Woche Zeit für diesen Kram«, sagen sie. »Woher soll ich die nehmen?«

Bei diesen Paaren handelt es sich oft um Leute, die schon nervös werden, wenn sie nicht mindestens zwei Dinge gleichzeitig tun können: Sie können nicht joggen, ohne Walkman zu hören – vorzugsweise einen Kassettenlehrgang in Makroökonomie. Also schlage ich ihnen vor, die Sinnlichen Übungen als »Forschungsprojekt« zu betrachten.

»Machen Sie sich im Geist ein Schaubild, wo Sie am empfindlichsten sind«, präzisiere ich, »und notieren Sie sich, was Sie empfinden, wenn Sie gestreichelt werden.«

Es fängt als eine der üblichen Ablenkungen an, aber dann konzentriert der Klient sich bald auf sich selbst, und dann wird die Zärtlichkeit wichtiger als die Notiz.

Bei manchen Paaren muß ich allerdings Klartext reden: »Wollen Sie denn nicht die Leistung auch kriegen, für die Sie bezahlen?«

Wer hätte gedacht, daß es so schwer sein könnte, die Menschen von ihrer Sinnlichkeit zu überzeugen?

❤

Die Form, in der sich ein Partner gegen eine Übung sträubt, befördert häufig ein grundlegendes Problem in der Beziehung zutage. In der ersten Woche bat ich Elizabeth, den Initiator zu spielen – also festzulegen, wann die Übungen gemacht werden. Automatisch wird der Initiator auch zum Berührten, der sich zurücklehnt und, solange er oder sie möchte, die Zärtlichkeiten empfängt. Ich bat Craig – ohne zu drängeln – zu warten, bis Elizabeth die Initiative ergriff.

In der nächsten Sitzung teilte mir Elizabeth freudestrahlend mit, daß sie und Craig eine wunderbare Woche hatten, daß sie sich ihm so nahe gefühlt hatte wie seit Jahren nicht mehr... Aber zufällig hatten sie ihre Hausaufgaben *nicht* gemacht.

»Haben Sie befürchtet, die Sinnlichen Übungen könnten dieses Gefühl der Nähe zerstören?« fragte ich sie.

Elizabeth runzelte die Stirn, als hätte ich totalen Unsinn dahergeplappert. Am Ende der Stunde bat ich sie, es in der kommenden Woche noch einmal zu versuchen, wieder mit Elizabeth als Initiatorin.

Und wieder geschah nichts. Elizabeth sagte, in der Woche hätte sie einen beruflichen Termin nach dem anderen und am Wochenende Gäste in ihrem Landhaus gehabt. Diesmal nahm ich sie härter ran.

»Macht Sie die Vorstellung, nur ruhig dazuliegen und gestreichelt zu werden, nervös?« fragte ich sie.

»Nein.« Sie zuckte die Schultern.

Ich sah Craig an. Er wirkte keineswegs unglücklich – schließlich hätte Elizabeths Widerstand gegen den sinnlichen Kontakt mit ihm leicht als Zurückweisung interpretiert werden können –, nein, er hatte ein jungenhaftes Lächeln auf den Lippen. Eine Miene der Rechtfertigung.

»*Nie* kann sie irgend etwas nur um des Vergnügens willen anfangen«, platzte er laut heraus. »Das geht gegen ihre Moral. Wenn ich mit ihr an den Strand will oder in irgendeinen Blödelfilm, muß ich sie stundenlang bitten. Immer hat sie was Wichtigeres zu tun.«

In diesem Moment klappte Elizabeth zusammen, sie fing an zu weinen. Wir waren endlich auf den Punkt gekommen.

Die ganze Zeit hatten Elizabeths Handeln und Haltung Craig vermitteln wollen: »Du kannst nicht von mir erwarten, daß ich eine Stunde lang mit dir im Bett liege, ohne etwas zu tun. Ich bin ein ernsthafter Mensch. Ich verschwende meine Zeit nicht mit so etwas Frivolem wie sinnlichem Vergnügen.«

Und so hatte Craig, stets tüchtige Arbeitskraft, die tat, was von ihr verlangt wurde, gelernt, schnell zu kommen, damit Elizabeth ihre Zeit nicht »mit sinnlosem Vergnügen verschwenden« mußte. Elizabeth hatte Craig ihre Bedürfnisse sehr subtil mitgeteilt. Im Unterschied zur Gattin eines anderen vorzeitig ejakulierenden Mannes, den ich kenne, die nur dann mit ihm schlafen wollte, wenn sie gerade zu einer Party aufbrechen mußten – *deren* innere Stoppuhr war nun wirklich nicht zu überhören. Erst durch Elizabeths Widerstand gegen die Sinnlichen Übungen wurde Craig sich der Stoppuhr bewußt, die sie bei allen lustvollen Aktivitäten anstellte.

Und doch wollte Elizabeth im Grunde gar nicht, daß Craig schon kam, bevor sie richtig angefangen hatten, denn deshalb war sie ja ursprünglich zu mir gekommen. Sie hatte sich in einem Widerspruch verheddert: Sie wollte zwar einerseits mehr Zeit, um zum Orgasmus zu kommen, andererseits aber keine Zeit für die Erregung zulassen. Und so klappt es einfach nicht. Wenn wir den Sex nur in unseren Termin »reinquetschen« wollen, »quetschen« wir automatisch die Lust »raus«. Elizabeth mußte ihrer tiefgehenden Angst, vor der Sinnlichkeit zu »kapitulieren«, begegnen, um auch nur die erste Übung machen zu können: Sie geriet in Panik; es bedeutete den Verlust ihres Elans, ihres Jobs, ihrer Selbstkontrolle. In ihrem Kopf bestand die einzige Alternative zu einer total effizienten Yuppie-Liebe in kopflos unverantwortlicher Baby-Liebe.

Aber warum lächelte Craig eigentlich?

Ihm war klargeworden, daß er nicht allein schuld war an ihrem unbefriedigenden Sexualleben. Aber was noch wichtiger war: Das Machtgefüge zwischen ihm und seiner Frau hatte sich dramatisch verlagert. Statt daß er immer derjenige war, der die Sexualität ihres Peps beraubte, hatte er sich jetzt in der Rolle des *Genuß-Anregers* eingerichtet. Schließlich war er es, der unermüdlich versuchte, Elizabeth zu einem Strandspaziergang zu überreden, und sie sträubte sich ganz offensichtlich. Sie war ja noch nicht einmal in der Lage, mit den Sinnlichen Übungen anzufangen, oder?

Wie wir in den nächsten Kapiteln noch häufiger beobachten werden, haben viele Paare den Trick raus, sich zu polarisieren: in den genußanregenden und den genußwiderstrebenden Teil. »Er ist ja so verklemmt«, sagte die aufgetakelte Dame, die ihren Mann in meine Praxis zerrte, »und ich so aufgeschlossen.« Aber wenn man näher hinsieht, bleiben diese Etiketten nicht lange bestehen. In Wahrheit sträubte sich Craig ganz genauso gegen müßiges Vergnügen wie Elizabeth. Aber solange Elizabeth aktiven Widerstand gegen jegliches Vergnügen leistete, das Craig vorschlug, konnte er seine Rolle als frustrierter Genuß-Anreger behaupten, ohne sich mit seinen eigenen Ängsten zu beschäftigen.

Aber Craigs Lächeln und Elizabeths Tränen gaben den beiden die Möglichkeit, ihren Widerstand aufzugeben. Ich bat Craig, in der kommenden Woche den Initiator der Sinnlichen Übungen zu spielen, und das konnte der Genuß-Anreger natürlich nicht ablehnen. Und Elizabeth ihrerseits hatte ihren Widerstand als das erkannt, was er war: Angst. Und das war schon die halbe Miete.

Diesmal klappte es: Sie waren beide imstande, sich eine Viertelstunde lang dem Vergnügen »hinzugeben«. Und während dieses Prozesses begannen sie die beiden großen Lektionen der Sinnlichen Übungen für Fortgeschrittene zu kapieren: Vergnügen ist sich selbst Lohn genug; und man geht nicht daran kaputt. Im Laufe der kommenden zwei Monate fanden Craig und Elizabeth immer mehr Zeit, um sich »sinnloses Vergnügen« zu gestatten, einmal »nichts« miteinander zu machen. Während sie sich allmählich langsamer liebten und begannen, den *Prozeß* der sinnlichen Kontaktaufnahme zu genießen, ohne sich auf das Ziel, den Orgasmus, zu konzentrieren, erkannten sie in Craigs anfänglichem Symptom – das jetzt geheilt war – ein Geschenk des Himmels.

»Das konnten wir ja nicht übersehen«, erzählte mir Craig freudestrahlend. »Mein Penis war der letzte Romantiker in meinem Körper. Er wollte mir sagen: ›Hey, jetzt machst du entweder mal langsam, oder ich kündige.‹ Der wußte, daß wir uns etwas Wunderbares entgehen ließen.«

DAS ENDPRODUKT: EIN BABY

In Woody Allens Zukunftskomödie *Der Schläfer* wird sich Woody der Gefahren einer schönen neuen Welt bewußt, in der Fortpflanzung im Labor stattfindet und Sex sich auf einen schnellen Einzelbesuch im »Orgasmotron« beschränkt: totale Effizienz. Das Publikum johlt vor Vergnügen.

Die Zukunft ist längst eingetreten. Jedes sechste Paar leidet an Unfruchtbarkeit. Als Reaktion darauf hat die Reproduktionstechnologie ein ganzes Arsenal verblüffender Möglichkeiten geschaffen: künstliche Besamung, Invitrofertilisation, Leihmutterschaft. Aber diese Laborwunder kommen nicht mehr allein den Unfruchtbaren zugute; auch die Einminutenehen bedienen sich ihrer. Die laborgestützte Babyproduktion garantiert dem supereffizienten Paar von heute pünktliche Lieferung ohne Unannehmlichkeiten – *auch ohne die »Unannehmlichkeiten« des Liebens.*

In der Sexualtherapie ist die Frage der Fortpflanzung schon immer zur Sprache gekommen. Mir begegnen häufig Frauen, die eine so panische Angst vor Schwangerschaft haben, daß sie sich im Bett nicht gehenlassen können und dabei oft einen Orgasmus vortäuschen. Zunehmend kommen jetzt Männer und Frauen mit Fruchtbarkeitsproblemen zu mir, die ihr ganzes Sexualleben auf das Projekt der Befruchtung beschränken: Das einzige, was sie sich gestatten, ist Geschlechtsverkehr, und den machen sie auch meistens nur, wenn die Körpertemperatur der Frau stimmt. In beiden Fällen bitte ich die Paare, sich zunächst einmal klarzumachen, daß sie auch an sexuellen Varianten Spaß haben können, die nichts mit Fortpflanzung zu tun haben. Sex, der nur dem Vergnügen dient und *ausdrücklich* von Fortpflanzung getrennt ist, kann bei vielen von uns – ob religiös gebunden oder nicht – mächtige Ängste mobilisieren. Deshalb sträuben sich auch so viele Menschen gegen andere sexuelle Praktiken: Innerlich sind sie überzeugt davon, sie sollten so etwas nicht nur um des Vergnügens willen machen, das wäre »unnatürlich«. So gibt es auch zahlreiche intelligente und gebildete Frauen, die sich nie richtig über Empfängnisverhütung informieren, weil sie sich sonst eingestehen müßten, daß sie die meiste Zeit über sexuelle Lust wollen, aber kein Baby.

Und deshalb habe ich die Paare, die zu mir kommen, immer aufgefordert, zwischen Sex zu unterscheiden, der der Fortpflanzung dient, und Sex, der der Erholung gilt. Ich habe ihnen erklärt: »Wenn Sie einmal erkannt haben, daß Sie nicht immer ein Baby machen wollen, wenn Sie sich lieben, können Sie auf ganz viele Arten sexuell Ihren Spaß haben.«

Aber dann kamen die Einminutenpaare, und ich mußte über all das noch einmal neu nachdenken. Bei vielen dieser Packen-wir's-an-Leute waren Babymachen und Lieben ein bißchen zu sehr getrennt. Sie betrachten die Fortpflanzung als ein weiteres »Effizienz«-Problem und ein Baby als ein weiteres Produkt, das erstellt werden muß.

»Ich bin jetzt sechsunddreißig, meine biologische Uhr tickt unüberhörbar, und nächstes Jahr soll ich befördert werden. Also möchte ich das Kind lieber vorher bekommen«, erzählte mir die Publizistin Joanna. »Deshalb gehe ich in eine Klinik, um mich künstlich befruchten zu lassen.«

»Aber warum sind Sie eigentlich *hier*?« fragte ich sie.

Ihr Mann schlug die Augen nieder.

»Weil wir nicht mehr miteinander schlafen«, antwortete er.

Ich schüttelte ungläubig den Kopf. Als bedürften ihre beiden Probleme – Sex und Baby – zweier völlig unterschiedlicher Lösungen! Ob ich diesen klugen Leuten wirklich von den kleinen Bienchen erzählen sollte?

»Meine Regel lautet«, sagte ich, »Sie können mit der Therapie entweder warten, bis Sie durch künstliche Befruchtung ein Kind bekommen haben, oder Sie warten nach Ende der Therapie ein Jahr, bis Sie in die Klinik gehen – das heißt, wenn das dann noch nötig ist. Aber Sie können beide Probleme nicht zur gleichen Zeit und völlig getrennt behandeln.«

Joanna sah mich ärgerlich an.

»Ich hoffe, daß Sie sich dafür entscheiden, sich zuerst mit Ihrer Sexualität zu befassen«, fügte ich hinzu. »Es kann wunderbar sein, sich in der Hoffnung auf ein Kind zu lieben. Aber weder die körperliche Liebe noch ein Kind lassen sich mal eben so hoppladihopp machen.«

Das Tempo zu drosseln war das Beste, was diesem Paar jemals passiert war. So konnten sie sich auf ihre Gefühle konzentrieren, und in der Folge stellte sich ganz automatisch ein aktiveres Sexualleben ein. Ich freue mich mitteilen zu können, daß Joanna anderthalb

Jahre später schwanger wurde – und zwar auf die altmodische Weise.

»Es ist wie ein Wunder«, jubelte sie am Telefon.

Ja, das ist es – jedesmal wieder.

FRED, MEIN FITNESSCENTER

»Ich bin ganz durcheinander«, erzählte mir kürzlich ein Kollege. »Die Hälfte der Leute, die zu mir kommen, sind Singles, die fürchten, daß sie den Rest ihres Lebens allein bleiben. Und die andere Hälfte besteht aus Verheirateten, die sich ihr Leben so zusammengeschustert haben, daß sie ihren Partner höchstens einen Abend pro Woche sehen. Ob es wohl das ist, wonach sich die andere Hälfte sehnt – eine Ehe, die aus einer Drei-Stunden-Verabredung besteht?«

In Wahrheit, glaube ich, sehnen sich *beide* Gruppen nach bedeutend mehr. Meine Lieblingstheorie lautet, daß all diese Einminutenleute im Grunde ihres Herzens unheilbare Romantiker sind. In allen Ehen, in denen nie jemand zu Hause ist, verbirgt sich ein sinnlicher Mensch, der am liebsten den ganzen Tag zu Hause wäre – vorzugsweise mit ihrem oder seinem Partner. Wir rennen so schnell, weil wir uns danach sehnen, stillzustehen; wir leben in übertriebener Unabhängigkeit, weil wir uns danach sehnen, unablässig gestreichelt und wie ein Kind getröstet zu werden. Und wir fürchten, daß wir nie mehr ein unabhängiges Leben führen können, wenn wir all diesem Sehnen nur einmal nachgeben.

Und doch entdecken viele der Einminutenleute, die ich kenne, daß sie dadurch, daß sie immer weniger Zeit miteinander verbringen, nie wirklich unabhängig wurden; sie hatten sich nur eine neue Form von Einsamkeit und Frustration eingehandelt – inklusive sexueller Frustration. Und wenn sie dann beginnen, mehr Zeit miteinander zu verbringen, während derer sie auch viel »Nichtstun« im Bett genießen, merken sie, daß sie eine stärkere und ruhigere Form von Unabhängigkeit gewonnen haben, wenn sie das Bett wieder verlassen.

»Nicht, daß wir plötzlich zu Langweilern geworden wären«, erklärte mir eine bekehrte Einminutenfrau lachend. »Aber für den Anfang haben wir erst einmal beide unsere Mitgliedschaft in unseren Fitneßcentern gekündigt, damit wir mehr Zeit füreinander haben. Jetzt ist Fred mein Fitneßcenter. Toll!«

DRITTES KAPITEL

Harte Burschen schmusen nicht

Folgende Szene wiederholt sich fast täglich in meinem Büro:

Sie (mit Feuer und/oder Tränen in den Augen): Er küßt mich nie! Er schmust nie mit mir! Er hält nicht einmal meine Hand! Er will immer gleich richtig loslegen – mit dem alten Rein-und-raus! Ich bin ihm völlig gleichgültig. *Dieser Mann hat einfach keine Gefühle*!

Er (mit Verwirrung und/oder Groll im Blick): Nicht die Spur ist sie mir gleichgültig! *Aber diese Frau kann man einfach nicht glücklich machen.*

Der Variationen gibt es unendlich viele, aber das Thema ist immer das gleiche: Er ist kühl, egoistisch und hat keinen Zugang zu seinen Gefühlen, während sie sich so nach Zuneigung sehnt, daß sie sich nicht mehr von ihm angemacht fühlt, keinen Orgasmus mehr mit ihm haben kann oder vielleicht gänzlich aufgehört hat, mit ihm zu schlafen. Und das ist *alles seine Schuld.*

Vielleicht sollte ich gleich vorausschicken, daß Männer heutzutage einen schlechten Ruf haben. Kaum drehe ich den Kopf, schon hat wieder ein Psychologe theoretisch zweifelsfrei bewiesen, daß neunzig Prozent aller Männer Frauen entweder hassen oder aber zumindest unfähig sind, sie zu lieben. Das ist eine Selbstbedienungstheorie: Wir Frauen können auf diese Weise zuverlässig die Schuld für unbefriedigende sexuelle Beziehungen den Männern zuschieben; unser Anteil beschränkt sich auf das uns unterstellte Bedürfnis, uns selbst zum Opfer zu machen. Ich finde, daß diese Theorien für beide Geschlechter erniedrigend sind. Die meisten Männer, habe ich erlebt, sehnen sich ebenso nach Liebe wie Frauen; und die meisten Frauen, die ich treffe, sind weniger masochistisch veranlagt, als daß sie Angst vor ihren eigenen Aggressionen haben. Allerdings stimmt, daß ein Großteil der Männer, die in meine Praxis kommen, ihre Gefühle oder ihre Zuneigung nicht so leicht zeigen können wie ihre Partnerinnen – *jedenfalls am Anfang der Therapie.* Und es ist auch wahr, daß die meisten dieser Männer mehr auf ihre Genitalien und ihren Orgasmus orientiert sind als ihre Partnerinnen – *jedenfalls am Anfang der Therapie.* Aber nicht hinter jedem »gefühlskalten, unsensiblen« Mann liegt als »Fußabtreter« eine liebeshungrige Frau; sehr häufig ist dieser »Fußabtreter« eine Frau, die ihre eigene Angst vor der Liebe in Schach hält, indem sie ihren »gefühlskalten Liebhaber« darin bestärkt, so zu bleiben, wie er ist.

»VERDAMMT, ICH BIN NUN MAL KEIN WASCHLAPPEN«

Arnold und Eva G. erinnerten mich sofort an Richard Burton und Elizabeth Taylor, das Ehepaar in der Verfilmung von *Wer hat Angst vor Virginia Woolf?*. Arnold war ein gutgebauter Mann Anfang der Dreißig von jungenhafter Schönheit und barschem Selbstvertrauen, was ihm in seinem Job als Vertreter für eine Textilfirma gut zustatten kam. Eva war das perfekte Gegenteil: Klein, zierlich, hübsch und schüchtern, sprach sie mit einer dünnen Kleinmädchenstimme und schien ständig kurz davor, in Tränen auszubrechen. Und ihre Augen wurden tatsächlich feucht, als sie mir schließlich gestand, daß sie nach einem bestimmten Zwischenfall vor sechs Monaten jegliches Interesse am Sex mit ihrem Mann verloren hatte.

»Arno war eine Woche lang auf einer Vertreterkonferenz in Atlanta«, begann sie, »und er war noch gar nicht richtig in der Tür, als er mich schon begrapschte wie ein Stück Fleisch. Kein Kuß, keine Umarmung, nichts. Er zerrte mich einfach wie ein Tier ins Schlafzimmer und nahm mich. Mit mir hatte das gar nichts zu tun. Ich fühlte mich benutzt und erniedrigt. Das war wie eine Vergewaltigung.«

»*Leidenschaft* war das, und keine Vergewaltigung«, brüllte Arnold. »Muß ich mich jetzt bis an mein Lebensende bestrafen lassen, nur weil du mich anmachst?«

»Leidenschaft?« weinte Eva. »Du siehst mich ja nicht einmal an. Blickkontakt haben wir nur, wenn du auf mir liegst. Und kaum, daß du mal mit mir sprichst. Mein Gott, wenn wir Sex haben, fühlt es sich nie so an, als würdest du mich lieben. Und dann schläfst du mit einem Bein noch auf mir ein, als wäre ich ein Kissen.«

»Hunderte von Malen habe ich dir gesagt, daß ich dich liebe«, schrie Arnold. »Seit zehn Jahren schlafen wir miteinander, und du hattest immer einen Orgasmus. Was fehlt dir denn, um Himmels willen? *Frauen sind nie zufrieden.* Was willst du eigentlich von mir?«

»Etwas Romantik«, wimmerte Eva.

An diesem Punkt hob Arnold die Hände. Es handelte sich hier zweifellos um einen harten Burschen, dem nicht in den Kopf wollte, daß irgend jemand auch nur das Bedürfnis nach Schmusen haben könnte. Er wäre nie im Leben auf die Idee gekommen, daß in ihrer Beziehung etwas fehlte; wenn Eva bloß aufhören würde herumzunörgeln und wieder mit ihm schliefe, wäre er total glücklich.

Aber für Eva war dieser eine Abend zum Symbol für alles geworden, was ihr in der Beziehung fehlte. Für sie kam Sex ohne Gefühl einer Vergewaltigung gleich, und deshalb wollte sie überhaupt keinen Sex mehr. Sie hingen fest, hatten sich polarisiert: Arnold war der Sexsüchtige, und Eva war die Ewig Unzufriedene Ehefrau. Und in den sechs Monaten seit jenem traumatischen Abend hatten sich beide immer tiefer in ihre jeweiligen Rollen verstrickt.

»Ich habe direkt schon Angst, ihm den Rücken zuzudrehen«, sagte Eva. »Ständig zwickt er mich in den Po oder grapscht an meiner Brust herum oder drückt sich an mich wie ein Hund. Ewig muß ich ihn wegstoßen.«

»Und Sie versuchen es immer wieder?« fragte ich Arnold. »Das sieht ganz so aus, als würden Sie gerne weggestoßen. Sonst würden Sie sich ihr doch behutsamer nähern.«

»Schauen Sie«, meinte Arnold mit finsterem Blick, »ich bin nun mal keiner von der romantischen Sorte, und das weiß sie ganz genau.«

Genausogut hätte dieser erwachsene Mann sagen können: »Verdammt, ich bin nun mal kein Waschlappen.«

»SEI SENSIBEL, ABER BLEIB EIN RICHTIGER MANN«

Als harter Bursche wird man nicht geboren, man wird dazu gemacht. Es beginnt bei der Mama und geht in der Schule weiter. Wenn ein kleiner Junge anfängt, sich von seiner Mutter unabhängig zu machen, fängt er auch an, sich von der mütterlichen Wärme und Zuneigung unabhängig zu machen. Bereits mit zwei oder drei Jahren hat er schon ein klares Empfinden dafür, daß er einen klaren Bruch mit seiner Mama machen muß, oder er wird nie ein unabhängiger aktiver Mann wie Papa. Seine Schwester dagegen kann sich weiterhin mit der »emotionalen« Mama identifizieren, während sie nach Unabhängigkeit strebt. Noch im Krabbelanzug schlägt er die Eckpfähle seiner Identität als »Macher« ein – im Gegensatz zum bedürftigen »Fühler«. Damit hat die maskuline Trennung von Handeln und Fühlen begonnen, und je älter der Junge wird, desto tiefer wird die Kluft dazwischen. Wenn die Zeit gekommen ist, ist daraus die Trennung von Sex und Liebe geworden.

Selbst in diesen feministischen Zeiten wachsen die meisten kleinen Jungen noch in dem Glauben auf, Händchenhalten, Umarmungen und zärtliche Küsse seien »Kram für Waschlappen«, mit dem sich nur Muttersöhnchen abgeben. In der Pubertät macht es der Widerstand des Jungen gegen »weibische« Gefühle ihm praktisch unmöglich, Zuneigung zu geben oder zu empfangen. Er hat panische Angst davor, diese Gefühle würden ihn entmännlichen, ihn weich, feminin oder schlimmstenfalls schwul machen. Sex ist natürlich etwas ganz anderes. Schon in den ersten Biologiestunden, in denen es um Sexualität geht, lernt er, daß die männliche Sexualität aktiv und aggressiv ist; ein Mann *macht* das mit einer Frau. Ein echter Mann geht gleich richtig ran: Sex fängt mit seiner Erektion an und hört mit seinem Orgasmus auf. Wenn er rücksichtsvoll ist, wird er sie vielleicht mit ein bißchen Vorspiel versorgen; aber das ist nur ein Hilfsmittel, um das Ziel zu erreichen, und nichts, was an sich Spaß macht. Mit Gefühlen hat das nichts zu tun.

Die ganze Zeit hat er seine Gefühle und sein Bedürfnis nach wärmender, tröstender, liebevoller Zuneigung unterdrückt, das zu verdrängen er schon vor so langer

Zeit begonnen hatte. Und je länger er dieses Bedürfnis unterdrückt, desto stärker wird es. Es geht ihm wie einem ständig Diät haltenden Menschen, der seinen Hunger so lange verleugnet, daß allein der Anblick eines Schokoladenkuchens ihn in Angst und Schrecken versetzt. Oft wird das unterdrückte Bedürfnis eines erwachsenen Mannes nach Zuneigung so groß, daß ihn bereits beim Zubettgehen mit seiner Frau die Panik ergreift, er könnte von seinen Bedürfnissen überwältigt werden. Seine einzige Möglichkeit: handeln, und zwar schnell: Sex *machen*!

Traditionell wurde Männlichkeit im Gegensatz zu Weiblichkeit definiert: Männer sind hart, nicht weich; stark, nicht schwach; aktiv, nicht passiv; rational, nicht emotional; kontrolliert, nicht verwundbar. Einmal so definiert, kann sich kein richtiger Mann den weiblichen Luxus »sinnlosen Vergnügens« gestatten: küssen und schmusen, ohne auf den Orgasmus abzuzielen; eine Stunde lang im Bett liegen und nur leicht gestreichelt werden; wie ein Kind im Arm gewiegt werden; oder jene Intimität, die viel tiefer geht als ein gemeinsamer Höhepunkt: gemeinsame Tränen. Alle diese Vergnügen sind einem richtigen Mann versagt – *sie könnten ihn zur Frau machen.* Und das ist seine größte Furcht. Ein Mann, der sich diesen »weiblichen« Vergnügungen hingibt, hat panische Angst davor, daß seine »weibliche« Seite die Macht übernehmen könnte. Weich würde er und schwach: impotent. Oder schlimmer noch: schwul. Bei den meisten der »normalsten« Männern schlummern diese beiden Ängste – die vor der Impotenz und die vor der eigenen unbewußten Homosexualität – unmittelbar unter der Oberfläche.

Auf einer ganz ursprünglichen Ebene bleibt ein erigierter Penis fundamentales Symbol und Quelle der Macht eines Mannes. Er ist sein Schwert und Zepter. Das Wort »Potenz« bezieht sich auf seine ganze Macht, auf die politische und finanzielle ebenso wie auf die sexuelle. Und ein weicher Penis bleibt Symbol für genau das Gegenteil: Schwäche und Inkompetenz. Ich bin immer wieder baff, wenn ich mitkriege, wie sehr sich ein Mann von seinem schlappen Penis gedemütigt fühlt, *selbst in Momenten, in denen sein Penis nicht den geringsten Grund hat, hart zu sein.* Ein typisches Beispiel dafür ist die Demütigung, die manche Männer unmittelbar nach der Ejakulation empfinden, wenn es ganz natürlich ist, daß die Erektion schwindet. Das, was die Franzosen den »kleinen Tod« nennen, empfinden sie so, als würde der Turm ihrer männlichen Macht zusammenbrechen. Ihre Potenz ist weg, verbraucht. Das Schwert ist wieder ein Wurm.

Verrückterweise versuchen die meisten Männer, die bei ihrer Frau Probleme mit der Potenz haben, sich damit zu kurieren, daß sie mit immer größerer Verbissenheit an den Sex herangehen, statt sich vor Augen zu führen, was sie ihrer Frau gegenüber empfinden. »Irgendwas mache ich falsch«, denken sie, statt: »Vielleicht gibt es ja einen Grund dafür, daß ich keine *Lust* habe, jetzt mit ihr zu schlafen.« Trotzdem ist es gewöhnlich die Trennung von Handeln und Fühlen, die sie überhaupt erst in diese Zwangslage gebracht hat. Es besteht die Möglichkeit, daß ihre Impotenz ein Symbol für einen tiefsitzenden Ärger ist, den zu äußern sie sich aus lauter Angst davor, die Partnerin zu verlieren, nicht trauen. Aber dieses Gefühl muß erst herauskommen, bevor der Penis irgend etwas »tun« wird.

Die Angst vor Homosexualität ist genauso heimtükkisch und belastend wie die Angst vor der Impotenz. Immer wenn in unserer Kultur der männliche Chauvinismus erstarkt – was gegenwärtig zweifellos der Fall ist –, lauert auch in nächster Nähe die Angst vor der Homosexualität. Die gegenwärtig zu beobachtende Betonung »männlicher« Tugenden – der harte, kühne

Kämpfer/Patriot, der muskelbepackte Körper und das stoppelige Gesicht, die Wiederentdeckung des starken, maulfaulen Typus als Filmheld – hat, davon bin ich überzeugt, viel mit dem neuerlichen Stigma zu tun, mit dem Aids die Homsexualität belegt hat. Heutzutage distanzieren sich heterosexuelle Männer, die ihre »weibliche« Seite einmal gut akzeptieren konnten, wieder von jeglichem »weiblichen« Verhalten. Es bietet keine Sicherheit mehr, spielerisch, sensibel, verwundbar und sinnlich zu sein. Um überleben zu können, muß ein Mann ein harter Bursche sein.

Schließlich gibt es keinen Zweifel daran, daß der Aufstieg der Frauen – in den Büros, Haushalten, selbst in den Sporthallen – den unerfreulichen Nebeneffekt hatte, die Männer sogar noch weiter in eine Haltung hineinzutreiben, in der sie ihre »weiblichen«, gefühlsmäßigen Seiten leugnen. Wie kann man riskieren, emotional – und verwundbar – zu sein, wenn es so schon schwer genug ist, »oben« zu bleiben? Während die Frauen sich »männliche« Tugenden aneignen, fühlen sich die Männer gezwungen, hypermaskuline Männer zu werden, und wieder einmal werden bei diesem Prozeß die Gefühle geopfert.

❤

Arnold konnte nicht beginnen, seine warme, sensible Seite und sein eigenes Bedürfnis nach Zuneigung zu akzeptieren. Als er mich alleine aufsuchte, befragte ich ihn nach seiner frühen Kindheit, und er beschrieb seinen Vater, einen Eisengießer, als »ständig auf Achse«, und seine Mutter, die Hausfrau war, als »ständig einsam«. Er erinnerte sich, daß sein Vater unmittelbar nach dem Abendbrot das Haus verließ, um zur Arbeit zu gehen, und die Mutter hielt Arnold bei Tisch fest und »schwatzte immer weiter, über Gott und die Welt. Sie sagte immer, was für ein guter Zuhörer ich doch wäre, was ziemlich lächerlich war, wenn man bedenkt, daß ich die meiste Zeit die Ohren auf Durchzug gestellt hatte.«

Verzweifelt nach emotionalem Kontakt suchend, hat seine Mutter Arnold unglaublich belastet, indem sie von ihm verlangte, jener sensible Freund zu sein, der ihr Mann nie war. Arnold erinnerte sich, daß er seiner Mutter versprechen mußte, niemals Fabrikarbeiter zu werden, der nie zu Hause bei seiner Familie sein konnte, ein Versprechen, das in ihm das Gefühl, den Vater zu verraten, nur noch verschlimmerte.

»Es war aber nicht so, daß sie meinen Alten nicht mochte«, beeilte sich Arnold hinzuzufügen. »Sie gab immer damit an, daß er noch viel stärker war als all die jungen Männer in der Gießerei.«

Ich bekam sehr schnell den Eindruck einer Mutter, die ihrem Sohn die klassische doppelte Botschaft mitgab: *Sei sensibel, aber bleib ein richtiger Mann*!

»Es hört sich so an, als wäre es sehr schwer gewesen, es Ihrer Mutter rechtzumachen«, sagte ich.

»*Unmöglich*!« sagte er und hob die Hände mit derselben resignierenden Geste, mit der er auch auf die »unmöglichen« Forderungen seiner Frau reagiert hatte.

Dann beugte er sich vor und fragte mich in einem Ton, als bringe er ein ganz anderes Thema aufs Tapet: »Was kann ich bloß tun, um Eva dazu zu bringen, sexuell auf mich zu reagieren? Ich bin völlig verzweifelt. Ich werde alles versuchen, was Sie vorschlagen.«

Ich lächelte ihn an. Ohne es zu bemerken, hatte er intuitiv Eva mit seiner Mutter assoziiert. Der Mann, dem es nie gelungen war, seiner Mutter zu gefallen, wollte nun wissen, mit welchem Trick er seiner Frau gefallen könnte. Er stellte genau die Fragen, die Männer mir am häufigsten stellen: »Was kann ich tun, damit meine Frau sexuell auf mich reagiert? Welche Geheim›technik‹ macht sie an?« Es ist eine rührende Frage, nicht die Spur harter Bursche, aber meine Antwort lautet fast immer gleich.

»Für den Anfang hören Sie erst einmal auf!« sagte ich Arnold. »Hören Sie auf, an ihr herumzugrapschen. Und hören Sie auf zu versuchen, ihren Superliebhaber zu spielen. Sie müssen niemandem Vergnügen bereiten, außer sich selbst.«

»Einen Moment«, unterbrach mich Arnold ungläubig. »Ich dachte immer, Eva wollte, daß ich *weniger* egoistisch bin, und nicht mehr. Auf welcher Seite stehen Sie eigentlich?«

»Auf der Seite der Gefühle«, entgegnete ich. »Ihrer *und* Evas Gefühle. Bevor Sie beide nicht anfangen, sich auf Ihre eigenen Gefühle zu konzentrieren, werden Sie nie glücklich miteinander sein.«

Offensichtlich war Arnold nie ein Mann gewesen, der sich lange mit der Erregung aufhielt. Deshalb fragte ich Eva, als sie mich allein aufsuchte: »Haben Sie sich eigentlich jemals gefragt, warum Sie sich einen Mann gesucht haben, der nicht besonders zärtlich ist?«

»Ich glaube, damals wußte ich noch gar nicht, was ich eigentlich will«, antwortete sie.

Ich vermutete, daß noch mehr dahinter steckte. Evas familiärer Hintergrund ergänzte sich perfekt mit Arnolds. Als jüngstes Kind und einzige Tochter in einer großen Familie, war sie Vaters Augenstern. Sie sprach davon, wie sie auf Papas Knie geritten war, allein mit ihm im Garten frühstückte und für ihn tanzte. Sie sagte, er sei ein sehr zärtlicher Mann.

»Auch zu Ihrer Mutter zärtlich?« fragte ich sie.

Eva zuckte mit den Achseln, als hätte ich eine indiskrete Frage gestellt.

Ich vermutete, daß auch Eva in einer Familie aufgewachsen war, in der eine doppelte Botschaft galt: ein verführerischer Vater, sexuell aber eine schamhafte Atmosphäre in der Familie. Ich fragte mich, wie sie wohl reagieren würde, wenn Arnold plötzlich kein harter Bursche mehr wäre. Nachdem sie Sinnlichen Übungen für Fortgeschrittene drei Wochen lang betrieben hatten, bekam ich die Antwort.

Während der ersten beiden Wochen hatte Arnold energisch verweigert, etwas zu fühlen, wenn es an ihm war, passiv auf dem Bett zu liegen und von Eva gestreichelt zu werden. Es war, als wären alle seine Körperteile – außer den Genitalien – taub. Eva jammerte, daß alles keinen Zweck hätte. Aber in der dritten Woche legte Arnold die Vorsicht plötzlich ab und ließ sich auf das Experiment ein. Er sagte, die Gefühle, die er im ganzen Körper gehabt hätte, wären fantastisch gewesen.

»Ich fühlte mich ganz high, war in Eva und die ganze Welt verliebt«, erzählte er. »Genau bis zu dem Moment, wo sie mich runtergebracht hat.«

Offenbar hatte Eva unmittelbar am Ende der Übung Arnold abrupt gefragt, ob er für den Abend einen Tisch im Lokal bestellt hätte. Als er zugab, es vergessen zu haben, wurde sie fuchsteufelswild und sagte, es wäre nie Verlaß auf ihn.

»Lustiges Timing«, sagte ich an Eva gerichtet. »Da lag Arnold nun endlich liebevoll und sensibel neben Ihnen, und Sie suchen sich ausgerechnet diesen Moment aus, um ihm vorzuwerfen, daß er sich nicht um alles kümmert.«

Verlegen schlug Eva die Augen nieder. Ja, sie sehnte sich tatsächlich verzweifelt nach Zärtlichkeit und Zuneigung, aber in dem Augenblick, in dem Arnold Anzeichen von Verwundbarkeit an den Tag legte – nicht der starke Vatertyp war, den sie geheiratet hatte –, überkam sie die Angst, und sie versuchte dem ein Ende zu setzen. Ihre ambivalente Haltung vermittelte Arnold dieselbe doppelte Botschaft, die er bereits als kleiner Junge erhalten hatte: *Sei sensibel, aber bleib ein ganzer*

Mann. Jetzt, in meiner Praxis, sah sie ihren Mann mit einem traurigen Lächeln an.

»Tut mir leid«, flüsterte sie, »aber mir macht das alles auch ein bißchen angst.«

Der Sexsüchtige und die Ewig Unzufriedene Frau waren endlich bereit, sich der Liebe hinzugeben.

DU BIST LÄNGST NICHT SO SEXY WIE ICH

Harte Burschen treten in vielerlei Verkleidung auf. Die trügerischste Variante ist der Pseudoromeo. Am Anfang einer Affäre kommt er richtig sinnlich daher, ist ein Mann, der stundenlang schmusen und zärteln kann, gerät er aber einmal in eine dauerhafte Partnerschaft, ist seine Sinnlichkeit wie weggeblasen. In manchen Fällen stellt sich die anfängliche Sinnlichkeit als Trick heraus, als körperliche Verlängerung der Verführer»masche«. Hat er mit überlegtem, romantischem und geruhsamem Sex eine Frau einmal erobert, kann er sich davon ein für allemal verabschieden und sich auf unverwässerten genitalen Sex konzentrieren. Für ihn war all das andere sowieso nur Vorspiel – etwas, was erledigt werden muß, bevor der Spaß richtig losgehen kann. Jedenfalls fühlte er dabei sowieso nie viel, während er es »abfackelte«.

Aber für die meisten Pseudoromeos ist die sinnliche Phase einer Beziehung keineswegs ein Trick: Nein, solange es währt, hat er sogar allergrößtes Vergnügen daran. Aber damit muß Schluß sein, sobald er sich auf eine langfristige Verbindung einläßt. Ein solcher Mann kann sich ausgiebige sinnliche Intimität nur gestatten, wenn er einen Fuß noch außerhalb des Bettes hat. Sinnlich ist er nur solange er sich frei fühlt. In einer ernsthaften Beziehung wird er von der Angst vor der Liebe gepackt und zieht sich auf das typische Verhalten des harten Burschen zurück: Er macht Sex statt Liebe.

»Was ist bloß aus meinem romantischen Lover geworden?« beklagte sich Deirdre, eine erst kurz verheiratete Frau, bei mir. »Früher war Michael einfach unglaublich. Stundenlang konnte er sich nur mit meinem Zeh beschäftigen, und mein ganzer Körper kribbelte. Dann wird geheiratet, und plötzlich ist er sexuell nur noch dieser Roboter. Stöhnen, Spritzen, und das war's«, schrieb sie mir.

Ihre Klage ist mir nur allzu vertraut. In der Vergangenheit neigten wir dazu, Michaels Verhalten nur in den Begriffen des Heilige/Hure-Komplexes zu erklären: Einmal verheiratet, wird die Frau zur Heiligen erklärt, wie seine Mutter, und die Sexualität beschränkt sich plötzlich auf die »eigentliche«, der Fortpflanzung dienende Art und Weise – Geschlechtsverkehr, schnell und selten. Aber in den letzten Jahren habe ich zahlreiche verheiratete Männer beobachten können, die zwar durchaus in der Lage sind, »uneigentliche« sexuelle Varianten mit ihren Frauen auszuprobieren – inklusive oral-genitalem Sex –, *die es aber nicht fertigbringen, zu der genüßlichen, sinnlichen Liebe zurückzufinden, die sie vor der Ehe so genossen hatten.* Erotisch-genitale Experimente ja, aber intime Zuneigung nein. Ich vermute, daß diese Hemmungen mehr mit den Ängsten der Männer vor Machtlosigkeit zu tun haben als mit Heiligen und Huren. Als ungebundene Männer hatten sie nicht soviel Angst, von der Sinnlichkeit verschüttet und aufgefressen zu werden: Sie wußten, daß sie bei Bedarf allein nach Hause gehen konnten, heil und kontrolliert. Aber wenn sie verheiratet sind, kommen all die alten Ängste wieder hoch: Sie fürchten, in die Falle zu gehen, die Kontrolle zu verlieren, weich und hilflose Muttersöhnchen zu werden.

Manche harte Burschen gehen mit diesen Ängsten um, indem sie aggressiv »wilde und verrückte« Liebhaber werden.

»Ich will alles auskosten«, sagen sie ihren Partnerinnen. »Laß uns alle Hemmungen über Bord werfen.«

Gewöhnlich bewundere ich solche Abenteuerlust, insbesondere, da sich so viele verheiratete Männer auf eintönige Sexualität beschränken. Aber diese Art harter Burschen sucht nicht wirklich das Abenteuer. Er ist ein Tyrann, der seine Partnerin nötigt, »locker zu sein« und »sich gehenzulassen«, wenn er sie dazu drängt, sexuelle Varianten auszuprobieren, zu denen sie im Grunde noch nicht bereit ist.

»Im Endeffekt habe ich immer ein schlechtes Gewissen, weil es mir einfach nicht gelingt, all das zu tun, was er im Bett von mir will«, vertraute mir eine junge Ehefrau an. »Ich möchte ja auch mal etwas Neues ausprobieren, aber ich muß mich da langsam rantasten. Ich meine, ich hätte lieber erst einen Film für Sechzehnjährige, bevor wir an den rangehen, der erst ab achtzehn freigegeben ist.«

Immer wenn diese Frau mit ihrem Mann ins Bett ging, spielte er sich als Lehrer und großer Herausforderer auf. Ständig hänselte er sie, sie wäre ein »verklemmtes kleines Mädchen«, das Angst vor Sex hätte. Als ich die beiden jedoch aufforderte, die Übungen auszuprobieren, die von diesem Mann verlangten, sich der Lust länger hinzugeben, wurde er verklemmter als eine Jungfrau. Dieser sagenhafte Sexualathlet hatte schreckliche Angst davor, einfach nur still dazuliegen und zu fühlen. Seine ganze Sexualprotzerei war nur ein Schutzschirm vor seinen eigenen Ängsten gewesen. Wie Don Juan war er ganz Kontrolle und nur sehr wenig Gefühl. Indem er sich zum ewigen Genuß-Anreger aufspielte, indem er seine Frau mit seiner Du-bist-längst-nicht-so-sexy-wie-ich-Überlegenheit einschüchterte, mußte er sich nicht mit seiner eigenen Furcht vor Intimität auseinandersetzen. Für ihn waren die für Sechzehnjährige freigegebenen Filme furchterregender als die für Achtzehnjährige.

REIN WIE EIN TIGER, RAUS WIE EIN LÄMMCHEN

Harte Burschen werden gewöhnlich brüllend und strampelnd in meine Praxis gezerrt. Sie lassen mich von vornherein wissen, daß sie nur zu mir kommen, um ihre Frau befriedigen zu können.

»Ich habe keinerlei Probleme mit unserem Sexualleben«, erklären sie mir, »aber sie«.

Meinen Methoden unterwerfen sie sich unwillig, als wären sie ein Höllenfeuer, durch das sie gehen müßten, um für ihre Frau akzeptabel zu werden. Vielleicht hört sie ja mit ihrer Jammerei auf und geht wieder mit ihm ins Bett, wenn er die Sinnlichen Übungen nur »macht«.

Aber diese Übungen funktionieren auf ganz wundersame Weise. Ein harter Bursche kann die Übungen nicht oft mechanisch absolvieren, ohne daß ein kleines Gefühl durchkommt. Und ein kleines Gefühl zieht unweigerlich das Bedürfnis nach weiteren Gefühlen nach sich. Allmählich beginnt die Lust der sinnlichen Intimität die eigentümlich männlichen Ängste zu verringern. Siehe da, von einem feuchten, langen Kuß wird er nicht verschlungen – im Gegenteil, das fühlt sich ja ganz toll an. Er wird ja nicht zum hilflosen Kind, wenn er sich bei seiner Frau ankuschelt – im Gegenteil, er fühlt sich so behütet und sicher wie seit Jahren nicht mehr. Er wird nicht zur Frau, wenn er passiv auf dem Bett liegt, während sie ihn streichelt – im Gegenteil, er fühlt sich persönlicher angemacht als je zuvor. Und nein, er verliert auch nicht seine Potenz, wenn seine Erektion während dieser langen Zärtlichkeiten kommt und schwindet – im Gegenteil, wenn er sich der genital-orgasmischen Phase nähert, ist er sich seiner Potenz absolut sicher.

»Mein ganzes Leben ist jetzt reichhaltiger geworden, nicht nur mein Liebesleben«, sagte mir ein Mann in mittleren Jahren, der erst vor zwei Monaten brüllend und strampelnd in meine Praxis gezerrt worden war. »Das Essen schmeckt mir besser, mein Garten sieht schöner aus, und ein warmes Bad ist überhaupt das Größte. Wissen Sie, wenn ich so im Bett liege und meine Frau mich überall berührt, merke ich: Das Vergnügen lauert überall.«

VIERTES KAPITEL

Emanzipierte Frauen haben kein Herzklopfen

Mit Herzanfällen fing es an. Statistiken haben ergeben, daß immer mehr Frauen davon betroffen sind, insbesondere Frauen in höherqualifizierten Berufen. Die Ärzte erklären uns das damit, daß wir in das Territorium der »Männerberufe« eingedrungen sind: der lange Arbeitstag, die vielen Drinks und Zigaretten, der erbarmungslose Streß.

»Und die Kontrolle der Emotionen«, fügte ein Herzspezialist, den ich kenne, hinzu. »In den besonders leistungsorientierten Berufen muß man den ganzen Tag lang über seinen Emotionen stehen, weil einen die Konkurrenz sonst fertigmacht. Aber die Kontrolle der Emotionen ist schlecht für die Blutgefäße, genauso schlecht wie Steaks und Eiskrem.«

Sie ist auch für das Liebesleben schlecht. Heute haben Frauen mehr Herzanfälle, aber weniger Herzklopfen. In unserem Kampf um Gleichberechtigung haben viele von uns ihre Emotionen direkt aus dem Leben herauskontrolliert. Mit unserer panischen Angst davor, von den Männern beherrscht zu werden – sowohl bei der Arbeit als auch zu Hause –, haben viele von uns ihr Herz gegenüber allen liebevollen Gefühlen abgestumpft. Wo wir hinhören, werden wir davor gewarnt, zuviel zu lieben, weil wir sonst unsere Unabhängigkeit verlieren. Also haben wir ganz aufgehört zu lieben. Und dann werden wir cool, verlieren den Kontakt zu unseren Gefühlen und lösen die Sexualität aus unserem Leben heraus, genau wie die Männer, über die wir uns früher so lustig gemacht haben.

»*Genau so habe ich mir das vorgestellt, Dagmar: Im Grund Ihres Herzens sind Sie eine Sexistin und Antifeministin*!« Ich höre förmlich, wie die Damen in den ersten Reihen aufschreien. »*Als nächstes erzählen Sie uns bestimmt, wir sollten passive, putzige Hausfrauen werden.*«

Keineswegs. Aber da ich Woche für Woche mitbekomme, daß Frauen sich darüber beklagen, daß sie bei ihren Männern oder Liebhabern »nichts empfinden«, weiß ich, daß etwas schiefläuft. In den letzten Jahren beobachte ich das Auftauchen einer ganzen Reihe neuer weiblicher Sexualprobleme, von denen die meisten, wie die Herzanfälle, früher in erster Linie den Männern vorbehalten waren. Wenn mich mein Wunsch, diese »männlichen« Schwierigkeiten zu vermeiden, zur Sexistin stempelt, erkläre ich mich schuldig. Und wenn mein Versuch, die Fähigkeit zu liebevoller Zuneigung mit einem tiefempfundenen Gefühl der eigenen Unabhängigkeit zu verbinden, dazu führt, daß mir mein feministisches Bewußtsein aberkannt wird: so sei's drum. Ich stimme immer noch mit der grundlegenden Äußerung Sigmund Freuds überein: Ein erfülltes Leben bedarf sowohl der Arbeit als auch der Liebe.

DER CHORKNABE/DECKHENGST-KOMPLEX

»Ich bin ganz schön schizo«, erklärte mir die bekannte Kunsthändlerin Anna K. »Wenn ich bei Peter und den Kindern zu Hause bin, bin ich die perfekte Hausfrau, tüchtig und wie aus dem Bilderbuch, und mein Sexualleben ist etwa so aufregend wie eine Partie Scrabble. Aber wenn ich beruflich unterwegs bin, bin ich ständig auf Touren. Dann habe ich so Phantasien über den Mann, der im Flieger neben mir sitzt oder im Aufzug hinter mir steht. Ehrlich: Dann muß ich aufpassen, daß ich nicht den Rock hochziehe und sage: ›Hey, wie wär's mit einem Quicky, bis wir oben sind?‹ Das einzige, was mich davon abhält, ist mein Schuldgefühl, aber wenn ich mir so angucke, was für eine Alternative zu Hause auf mich wartet, wird mich das bestimmt nicht mehr lange davon abhalten.«

Erst zwei Tage zuvor war Anna mit ihrem Mann im Schlepptau in meine Praxis gekommen. Sie klagte darüber, daß ihr Sexualleben so langweilig geworden war, daß sie es kaum mehr aushielt. Sie kam so gut wie nie mehr zum Höhepunkt. Sie beschrieb mir die übliche Routine: Sex hatten sie immer nur Samstag abends, und dazwischen küßten oder berührten sie sich kaum; schliefen sie miteinander, dann nur in der »Missionarsstellung«; das Vorspiel war nie länger als zehn Minuten und wurde mucksmäuschenstill in totaler Dunkelheit durchgezogen.

Während Anna über den samstäglichen Stumpfsinn berichtete, zappelte Peter, ein Juraprofessor, ständig unruhig mit Armen und Beinen und starrte auf den Fußboden. Er fühlte sich ganz offensichtlich nicht wohl in seiner Haut und kam allein schon mit dem Thema des Gesprächs, Sexualität, nicht klar. Nachdem er höflich gewartet hatte, bis seine Frau zum Ende gekommen war, lautete sein einziger Kommentar, auch er sähe »Raum für Verbesserungen«. An diesem Punkt hatte ich keinen Grund, Annas Einschätzung zu bezweifeln, Peter sei nicht gerade »der Übermut in Person im Bett«.

Als ich mit Anna allein war, befragte ich sie nach ihren sexuellen Erfahrungen vor der Ehe.

»Wahnsinn!« sagte sie mit leuchtenden Augen. »Ich war geradezu unersättlich nach muskulösen Körpern –

besonders *verschwitzten* muskulösen Körpern, und ging diesem Appetit bei jeder möglichen Gelegenheit nach. Sexuell war ich ein richtiggehender Gourmand. Also einmal habe ich es wirklich in einem Aufzug getrieben – im Lastenaufzug des Museums, in dem ich damals arbeitete. Auf drei Etagen bin ich zweimal gekommen.«

Und jetzt kam sie so gut wie nie mehr.

»Haben Sie sich mit dem Mann, mit dem Sie dieses Quickie hatten, zu der Zeit regelmäßig getroffen?« fragte ich.

»Ach was!« Anna lachte. »Das war ein Museumswächter, der halb so alt war wie ich.«

Tatsächlich bestanden die meisten von Annas Sexualkontakten zwischen College und Heirat in One-night-stands mit Männern, die jünger und bedeutend weniger gebildet waren als sie, wortkarge Männer mit muskulösen, durchtrainierten Körpern. Häufig Quickies, waren diese Begegnungen höchst erotisch. Bis sie im Alter von neunundzwanzig Jahren Peter traf, hatte sie sich mit keinem einzigen Mann mehr als vier- oder fünfmal verabredet.

Aber warum hatte sich diese selbsterklärte Sexualathletin dafür entschieden, einen sexuell so zurückhaltenden Mann zu heiraten?

»In absolut jeder anderen Hinsicht ist Peter ein wunderbarer Mann«, erzählte mir Anna mit kindlicher Unbefangenheit. »Er ist wahnsinnig intelligent; er ist ein wunderbarer Kamerad und Vater, zuverlässig, unterstützt mich in meiner Karriere, und so weiter. Alle Mädchen im heiratsfähigen Alter in meinem Wohnblock haben mich um ihn beneidet. Sowie ich ihn traf, war mir klar, daß er ein perfekter Ehemann sein würde.«

»Woher wußten Sie denn das?« fragte ich. »Aufgrund der Tatsache, daß Sie sich von ihm nicht angemacht fühlten?«

»Das ist nicht fair«, schnauzte Anna sauer zurück.

Aber mit Fairneß, das wußten wir beide, hatte das nichts zu tun.

❤

Anna ist die klassische Vertreterin eines sich rapide ausbreitenden Syndroms, das ich den Chorknabe/Deckhengst-Komplex getauft habe. Es ist die weibliche Version des Heilige/Hure-Komplexes und war vor fünfundzwanzig Jahren ebenso selten wie der Weißköpfige Seeadler. Für Frauen, die unter diesem Syndrom leiden, ist ein Mann entweder ein guter Liebhaber oder ein guter Ehemann, aber niemals beides zugleich. Mit ihren »Deckhengsten« können diese Frauen sich jeder sexuellen Laune hingeben, egal wie verrückt sie auch sein mag, *solange die Beziehung unpersönlich bleibt, solange sie die Kontrolle behalten.* Und eine Möglichkeit, zu garantieren, daß es auch unpersönlich bleibt, besteht darin, sich nur Liebhaber zu suchen, die als sozial »unterlegen« betrachtet werden, insbesondere jüngere und weniger gebildete Männer. Gute Ehemänner sind natürlich genau das Gegenteil. Sie kommen aus »guten« Häusern, haben solide Karrieren, sind zuverlässig, verantwortungsbewußt und, was am wichtigsten ist, *sexuell nicht aufregend.* Der perfekte Ehemann ist hundertprozentig sicher, das heißt sexuell naiv und gehemmt. Ein Chorknabe.

Teilweise ist der Chorknabe/Deckhengst-Komplex ein Produkt der Sexuellen Revolution. Erst seit dieser tabuzerschmetternden Zeit akzeptieren Frauen in großer Anzahl ihre eigenen mächtigen sexuellen Bedürfnisse und finden Mut und Unterstützung, ihnen nachzugehen. Aber das allein reicht nicht aus, um zu erklären, warum so viele Frauen begonnen haben, die männliche Bevölkerung in Sexobjekte und zukünftige Ehepartner aufzuteilen. Sexuelle Freiheit ist nichts, was man *notwendigerweise* mit einem Fremden treibt; das war bis vor kurzem traditionell eine männliche Verzerrung.

Anna teilte mir eine aufschlußreiche Beobachtung mit. In einem College-Kurs in Psychologie hatte sie sich mit Nancy Fridays Zusammenstellung männlicher Phantasien, dem Buch *Die sexuellen Phantasien der Männer* beschäftigt, und was sie darin gefunden hatte, verblüffte und entsetze sie.

»Da war von mir die Rede«, sagte sie. »Dieser typische Männerkram, harte Pornos – ordentlich zupacken und ab geht's –, das war genau *meine* Vorstellung von Sex. War es immer gewesen. Sex hatte mit Körpern zu tun, nicht mit Kopf und Herz. Und Zweck des Ganzen war ein Orgasmus, oder zwei oder drei. Was denn sonst? Warum hieß dieses Buch *Die sexuellen Phantasien der Männer*? Was wird denn da aus mir?«

Anna war, wie so viele andere Frauen auch, in bezug auf ihre Geschlechtsrolle in dieser neuen Gesellschaft fürchterlich verunsichert. Die Rollenmodelle, mit denen sie aufgewachsen war, ließen ihr zwei klar umrissene Alternativen: entweder Hausfrau zu werden wie Mama, in jeder Hinsicht, Sex eingeschlossen, passiv und abhängig und letzten Endes voller Groll; oder ein Draufgänger wie Papa, in jeder Hinsicht, Sex eingeschlossen, aktiv und unabhängig. Entweder oder, dazwischen gab es nichts. Es gab kein Modell, eine unabhängige berufstätige Frau *und gleichzeitig* sexuell aktive Ehefrau zu sein.

Kein Wunder, daß sich Anna schizophren vorkam. Sie hatte ihr Problem dadurch »gelöst«, daß sie sich an Papa orientierte und in ihrem unabhängigen Berufsleben »ihren Mann« stand. (Bedeutsam fand ich, daß sie die meisten ihrer erotischen Phantasien hatte, wenn sie beruflich unterwegs war.) Und in ihrem häuslichen Bereich hatte sie sich an Mama orientiert und benahm sich »wie eine Frau«. Wie sie selbst beschriebt, war sie die perfekte Hausfrau, tüchtig, wie aus dem Bilderbuch und im Grunde ohne Sexualität. Wie ich schnell herausfand, hatte sich Anna nicht nur mit aller Sorgfalt einen sexuell zurückhaltenden Ehemann ausgesucht, sondern war auch selbst in ihrem Verhalten ihm gegenüber gehemmt geworden. Ihre glanzlosen Samstagabende waren ebenso Resultat ihrer eigenen mangelnden Lust und ihrer Passivität wie der ihres Mannes. Nachdem wir einige Wochen daran gearbeitet hatten, gestand mir Anna, daß sie zu schüchtern war, Peter ihren Orgasmus zu zeigen. Und das bei einer Frau, die mit einem Fremden zweimal im Aufzug gekommen war! Genau wie Männer mit einem Heilige/Hure-Komplex die Sexualität mit ihrer Ehefrau ernsthaft beschneiden – »*das* könnte ich der Mutter meiner Kinder nie antun« –, verhalten sich Frauen mit einem Chorknabe/Deckhengst-Komplex ihren Ehemännern im Bett gegenüber passiv und teilnahmslos. Unweigerlich aber sind diese Frauen frustriert und fürchten wie Anna, daß sie über kurz oder lang die Ehe brechen werden.

Welche Möglichkeiten hatte Anna?

An Scheidung wollte sie noch nicht einmal denken. Dafür liebte sie Peter und ihre Familie viel zu sehr. Allein die Vorstellung, wieder allein zu leben, machte sie unsagbar traurig. Und, das muß zu ihren Gunsten hinzugefügt werden, zu diesem Zeitpunkt hatte sie schon begriffen, daß sie auch in einer zweiten Ehe sexuell wieder abstumpfen würde, egal, wen sie heiratete.

Eine andere Möglichkeit für sie wäre, ebenso ein Doppelleben zu führen, wie es die Männer traditionell tun: draußen erotischer Sex in unpersönlichen Beziehungen und zu Hause fühlloser Geschlechtsverkehr mit dem Ehemann. In manchen Kulturen funktioniert das seit Jahrhunderten – Mätressen und Huren sind fürs sexuelle Vergnügen da, während die Ehefrauen für das Familienleben zuständig sind, und da findet Sex so selten wie irgend möglich statt. Ich habe mit verschiedenen Frauen gesprochen, die sich dafür entschieden haben, auf diese typisch männliche Weise den Heilige/Hure-Komplex auszuleben. Von einem Schmatzer auf die Backe des Vaters ihrer Kinder schalten sie schnell um auf eine heiße Umarmung mit dem Liebhaber im Hotel. Typischerweise handelt es sich dabei um Frauen, die »alles haben«, indem sie alles – insbesondere Menschen – je nach ihren eigenen Bedürfnissen in verschiedene Schubladen packen. Mit bestimmten Freunden treffen sie sich aus beruflichen Gründen, andere treffen sie der Entspannung und eines Schwätzchens wegen, eine dritte Gruppe ist für Ausflüge mit der Familie zuständig, wieder andere für offizielle gesellschaftliche Anlässe. Das Problem ist natürlich, daß man sich dabei im Endeffekt ziemlich zerstückelt und oberflächlich fühlen kann. Für Anna wäre diese Lösung einer Verlängerung des Lebens gleichgekommen, das sie bereits führte; nur daß sie ihre sexuellen Phantasien auch ausleben würde. Aber andererseits glaubte sie nicht, daß sie damit klarkommen könnte.

»Vielleicht bin ich ja noch nicht richtig emanzipiert«, sagte sie, »aber wenn es jemals dazu kommen würde, daß ich ständig mit Männern herummache, könnte ich, glaube ich, den Kindern nicht mehr richtig in die Augen sehen. Ich würde mir wie eine Schwindlerin vorkommen.«

Und so blieb Anna also nur die Möglichkeit, die sie ursprünglich in meine Praxis geführt hatte: zu versuchen, mit ihrem Mann ein befriedigendes Liebesleben aufzubauen.

»Es wäre gelogen, wenn ich Ihnen versprechen würde, daß Peter mit ein bißchen Aufmunterung gleich einer ihrer Spontanrammler würde«, sagte ich. »Aber wer weiß? Vielleicht versteckt sich hinter seiner sanften Fassade ja ein sinnlicher Supermann?«

Aber ihre Aufgabe, sagte ich ihr, würde darin bestehen, Peters Hemmungen ganz zu vergessen und sich auf ihre eigenen zu konzentrieren. In diesem Punkt war Anna das weibliche Gegenstück zum harten Burschen: Angst vor intimer Liebe hatte sie sowohl beim Deckhengst als auch beim Chorknaben. Bei ihren Gelegenheitsliebhabern war sie der Intimität aus dem Wege gegangen, indem sie Sex machte; bei ihrem Mann ging sie der Intimität aus dem Weg, indem sie so gut wie gar nichts machte. Letzten Endes war ihre Furcht davor, Zuneigung und wachsende Erregung zu genießen, identisch mit den Ängsten des harten Burschen: Sie hatte Angst davor, »zur Frau zu werden«: *die völlig abhängige und passive Sorte Frau, die ihre Mutter war und wogegen sie solchen Groll hegte.* Als mächtige und unabhängige Karrierefrau würde sie »impotent«, würde sie dem sinnlosen Vergnügen »unterliegen« und ihr Leben nie mehr unter Kontrolle bekommen.

Wenn ein Chorknabe beginnt, auf die Sinnlichen Übungen zu reagieren, zieht sich die Frau oft sofort zurück. Das hatte sie nicht gewollt, als sie sich für diesen scheuen, verlegenen Menschen entschieden hatte. Einer dieser zurückhaltenden Ehemänner, den ich persönlich kenne, entschloß sich plötzlich, den nackten Körper seiner Frau *auf dem Küchentisch* »wie ein großes Festmahl« zu genießen. Seine Frau, die häufig wilde sexuelle Abenteuer mit jüngeren Männern suchte, verfiel in Angst und Schrecken, als ihr Mann aus der gewohnten Rolle fiel. »Hilfe! Der ist ja pervers!« sagte sie mir. Ich entgegnete, sie hätte nur Angst, es könnte ihr gefallen.

Annas Mann Peter wurde sexuell nie der Übermut in Person – was sie allerdings höchst wahrscheinlich sowieso völlig aus dem Häuschen gebracht hätte. Peter blieb ein scheuer, aber zärtlicher Liebhaber. Nach einigen Monaten Sinnlicher Übungen bemerkte Anna jedoch, daß sie begann, Spaß an seinem Körper zu finden, auch wenn es nicht der »muskelbepackte« Körper eines Fremden war. Und indem sie lernte, sich ihrer wachsenden Erregung hinzugeben, war es nicht länger ein Problem für sie, bei ihm zum Orgasmus zu kommen. Sie berührten und küßten sich öfter einmal und liebten sich häufiger. Anna hat in Aufzügen immer noch ihre Phantasien – jedesmal, um genau zu sein –, aber sie sieht sie nicht mehr als wirkliche Versuchung oder Bedrohung für ihre Ehe.

»Diese Wildheit werde ich vermutlich immer vermissen«, berichtete sie mir kürzlich. »Aber beim Sex mit Peter finde ich eine Freundlichkeit, die ich nie zuvor kennengelernt habe. Ob das nur ein Kompromiß ist? Vielleicht. Aber mit Sicherheit fühlt es sich besser an, *eine* liebende Person zu sein, als zwei ausweglose.«

KURZ UND GUT

Ich gebe es ja zu. Keine Frau hat je meine Praxis betreten und erklärt: »Ich komme zu schnell!«

Das ist eine strikt männliche Beschwerde, obwohl es gewöhnlich die Frauen sind, die sich darüber beschweren. Nein, *Frauen* beklagen, daß sie *zu lang* brauchen, um zum Orgasmus zu kommen, daß er schon fertig und erschöpft ist, wenn sie kurz davorstehen.

Und dennoch betrachte ich den »vorzeitigen Orgasmus« der Frauen als ein wachsendes Problem gebildeter, hart arbeitender Frauen. Aber die Klagen über *unbefriedigende* Orgasmen haben mir den ersten Hinweis darauf gegeben, daß eine zunehmende Anzahl von ihnen zu schnell kommt. Sie kamen in mein Büro und jammerten, daß der Pep raus war, daß ihr Orgasmus »verblaßte«. Und andere schlugen sich mit der Frage herum, ob sie überhaupt einen Orgasmus hätten – sie waren sich dessen nicht ganz sicher. In überraschend vielen dieser Fälle fand ich heraus, daß die Frauen in wenigen Minuten, oft sogar in Sekunden, zum Orgasmus preschten. Ein weiteres typisch männliches Symptom, das Frauen übernommen haben: die Erregungsphase kurzhalten, Sex statt Liebe machen.

Natürlich besteht ein offensichtlicher Unterschied zwischen der vorzeitigen Ejakulation des Mannes und dem vorzeitigen Orgasmus der Frau. Wenn ein Mann kommt, verliert er seine Erektion; wenn er also zu schnell kommt, wird seine Partnerin ihres Orgasmus beraubt, kann ihn durch Verkehr jedenfalls nicht mehr bekommen. Wenn hingegen eine Frau kommt, ist sie körperlich durchaus in der Lage, weiter Verkehr zu haben, bis ihr Partner zum Orgasmus gelangt – mit einigen bemerkenswerten Ausnahmen allerdings, wie wir noch sehen werden.

Aber der vorzeitige Orgasmus dient bei Frauen und Männern dem gleichen Zweck: Er ermöglicht ihnen, den Schrecken und Wundern intimer Sinnlichkeit zu entgehen. Er gestattet ihnen, das ganze mit einem ordentlichen Schlußpunkt zu Ende zu bringen: dem Orgasmus. Frauen mit diesem Symptom überspringen nicht nur die Sinnlichkeit, sondern haben auch weniger mächtige und befriedigende Orgasmen.

Ich denke an Gabby F., deren Mann Roland sich tatsächlich darüber beklagte, daß sie zu schnell kam. Ihre Geschichte erzähle ich nicht, weil sie in den Einzelheiten typisch wäre – im Gegenteil, sie ist sogar ziemlich ungewöhnlich –, sondern weil sie das *allgemeine* Problem des weiblichen vorzeitigen Orgasmus sehr lebendig illustriert.

Roland war zweiundsechzig und Präsident einer kleinen, aber renommierten Investmentfirma. Drei Jahre zuvor war seine Frau, mit der er mehr als fünfunddreißig Jahre verheiratet war, verstorben; ein Jahr später heiratete er Gabby, die zweiunddreißigjährige stellvertretende Vorsitzende seiner Firma. Als erklärtermaßen »altmodischer« Mann hatte er es abgelehnt, vor der Ehe sexuelle Beziehungen zu Gabby aufzunehmen. Eine herbe Enttäuschung erwartete ihn.

Die einzige Frau, mit der Roland je geschlafen hatte, war seine erste Gattin, und mit ihr hatte er eine ungewöhnlich sinnliche Beziehung. Sie schliefen oft miteinander – drei- oder viermal die Woche bis hoch in ihre fünfziger Jahre –, aber was noch wichtiger war, sie nahmen sich stundenlang dafür Zeit. Bei all seinen förmlichen Umgangsformen und seinem aristokratischen Benehmen war Roland ein eingefleischt sinnlicher Mensch. Bedauerlicherweise war er davon ausgegangen, Gabby sei auch so.

Tatsächlich hätten Gabbys sinnliche Schönheit, die Art, wie sie sich kleidete, ihr kokettes Benehmen ihn zu der Annahme verleitet, sie sei eine Frau mit beachtlichem sexuellem Appetit. Ihrer eigenen Einschätzung nach verfügte sie über eine »gesunde« sexuelle Leistungsfähigkeit. Seit sie sechzehn war, hatte sie Liebhaber, von denen viele, wie sie mir versicherte, ihr ein Kompliment für ihre sexuelle Ausgeglichenheit ausgesprochen hatten.

»Ich hatte nie Orgasmusprobleme wie so viele andere junge Mädchen oder Frauen«, berichtete sie mir. »Ich konnte immer sofort kommen. Ich erinnere mich noch, daß ich mich in Sekunden fertigmachen konnte, indem ich hinten im Schulbus die Beine zusammengepreßt habe.«

Aber genau dieses »Sofort kommen« war es, was Roland zufolge ihr Sexualleben zu so einem Desaster machte. Er hatte erwartet, mit Gabby ebenso ausgiebige Zärtlichkeiten haben zu können wie mit seiner ersten Frau. Im Grunde hatte er insgeheim sogar gehofft, es würde mit dieser sinnlichen jüngeren Frau »auf dem

Höhepunkt ihrer sexuellen Kräfte« sogar noch sinnlicher. Aber Gabby kam nicht nur wenige Minuten nachdem der Verkehr begann, sondern klagte vier bis fünf Minuten später auch über Trockenheit in der Scheide und verlangte, daß er sich zurückzog. Er masturbierte, um zum Höhepunkt zu kommen.

»Nie habe ich einen Mann erlebt, der so lange braucht«, beschwerte sich Gabby. »Wenn es nach ihm ginge, würde es die ganze Nacht dauern. Selbstverständlich war Sex für mich immer eine ganz natürliche Funktion, aber für ihn ist es ein Fetisch.«

Sie gab zu, daß Rolands Alter und sein gediegenes Benehmen sie dazu verleitet hatte zu vermuten, daß Sex in ihrer Ehe eine verhältnismäßig unbedeutende Rolle spielen würde. Und es war ebenso klar, daß sie darauf gehofft hatte.

Brauchte Roland wirklich zu lang? Hatte er das, was in der wissenschaftlichen Literatur als »verzögerte Ejakulation« bezeichnet wird? Oder kam Gabby zu schnell? Hatte sie das, was ich »vorzeitigen Orgasmus« nenne?

Jede Kategorisierung von »zu lang« oder »zu schnell« bezieht sich letzten Endes auf ein *allgemein* erwünschtes Verhalten. Und in dieser Beurteilung reflektiert sich häufig unausgesprochen eine geschlechtsabhängige Doppelmoral. Ein Mann, der innerhalb von einer Minute nach Einführung seines Penis kommt, wird häufig negativ als »vorzeitig Ejakulierender« beschrieben, während eine Frau, die innerhalb einer Minute nach Einführung des Penis kommt, oft als »gut orgasmisch« beschrieben wird. Und eine Frau, die mehr als eine Stunde braucht, um zum Orgasmus zu kommen, wird als funktionsgestört betrachtet, während das männliche Äquivalent gewöhnlich als von bewundernswerter sexueller Ausdauer angesehen wird. Eine vorurteilsfreie Lösung dieses Dilemmas würde darin bestehen zuzugeben, daß diese Auffassungen sich auf spezifische Individuen beziehen, und sie nur so zu verwenden. So wären wir in der Lage festzustellen, daß Gabby *für Roland* zu früh kommt, und daß Roland *für Gabby* zu lange braucht.

Aber auch mit dieser Interpretation bin ich nicht ganz glücklich. Meine Befangenheit wird niemanden überraschen. Für mich kommt ein Mann *oder* eine Frau dann zu schnell, wenn er oder sie schnell macht, um die sinnliche Intimität zu vermeiden – das heißt, wenn Sex gemacht wird, um nicht lieben zu müssen. Und analog braucht ein Mann *oder* eine Frau dann zu lange, wenn er oder sie Gefühle zurückhält, um vor den Ängsten zu flüchten, die mit der sinnlichen Intimität einhergehen – also wiederum, wenn Sex gemacht wird, um nicht lieben zu müssen.

Ich glaube zum Beispiel, daß ein Mann dann ein Problem mit verzögerter Ejakulation hat, wenn er von dem Bedürfnis getrieben wird, den Sex immer unter Kontrolle zu halten, und wenn er sich nie das Vergnügen gestatten kann, mal passiv zu sein. Er braucht eine Stunde, um zu kommen (oder kommt überhaupt nicht), weil er Sex nur als Leistung betrachten kann, ähnlich wie bei einem sportlichen Wettbewerb. Er ist der große Star-Liebhaber und seine Partnerin das Publikum. Für ihn ist Sex nur Herrschaft und kein Spaß, weil er panische Angst davor hat, verwundbar zu sein. Dieser Mann, glaube ich, hat tatsächlich ein Problem. Aber Ronald brauchte meiner Einschätzung nach nicht so lange, weil er Gabby beherrschen wollte; ich glaube eher, daß er sich von Herzen wünschte, auch sie beide könnten an der lang andauernden Sinnlichkeit und Intimität Spaß haben, die er mit seiner ersten Frau so genossen hatte. Rolands Problem bestand in seiner Ungeduld und seiner mangelnden Sensibilität gegenüber Gabbys Ängsten und Verletzlichkeiten.

Entsprechend betrachte ich eine Frau als »gut orgasmisch«, wenn ich merke, daß sie von ihrem schnellen Orgasmus zu anderen sinnlichen Erfahrungen übergehen kann und dann vielleicht einen weiteren, sogar noch intensiveren Orgasmus bekommt. Aber wenn es einen Hinweis darauf gibt, daß ihr Einminutenorgasmus eine Art ist, ihre Gefühle kurzzuschließen, mit dem ganzen Kram abzuschließen, dann glaube ich, daß sie ein Problem hat, das ihr den Genuß der Sexualität versperrt. Bei Gabby hatte ich eine ganze Reihe solcher Hinweise. Allein schon das Vokabular, mit dem sie Sexualität beschrieb – »eine natürliche Funktion« –, hörte sich mehr nach Badezimmer an als nach romantischer Begegnung. Als ich als junges Mädchen noch in Schweden lebte, wurde dort häufig in einer solchen prosaischen, mechanischen Sprache über Sex gesprochen, und auch da äußerte sich darin eine eindeutig unromantische Haltung. Ein anderer Hinweis bestand in der Beschreibung ihrer Schnellfeuerorgasmen im Schulbus. Viele der Frauen, die mich wegen ihrer »trüben« Orgasmen aufsuchen, hatten ihre ersten Höhepunkte, indem sie heimlich ihre Oberschenkelmuskulator derartig anspannten. Die Masturbation in der Kindheit ist ein Spaß, den ich jedem gönne; besonders für ein kleines Mädchen kann es ein befreiendes Erlebnis sein, das es den sexuellen Freuden gegenüber aufgeschlossen macht. Aber genau wie beim Jungen kann die Angewohnheit, superschnell und heimlich zu masturbieren, auch beim Mädchen dazu führen, daß es sich früh eine ängstliche, nichtsinnliche, rein genitale Sexualität und schwache, unbefriedigende Orgasmen antrainiert.

Gabbys Scheidentrockenheit und ihre Ungehaltenheit nach dem Orgasmus gaben mir den vielsagendsten Hinweis. Ich will mich hier auf keinerlei Kopf/Körper-Diskussionen einlassen, aber mir ist sehr wohl bewußt, daß viele Sexualprobleme körperliche Gründe haben, und deshalb verlange ich von Patienten mit Funktionsstörungen immer, daß sie sich von ihrem Urologen beziehungsweise Gynäkologen untersuchen lassen. Auch weiß ich, daß die Scheidenwand vieler Frauen aus organischen Gründen nicht feucht wird; aber vor ihrem Orgasmus hatte Gabby keinerlei Beschwerden dieser Art, im Gegenteil, sie wurde schnell und ausreichend feucht. Erst *nach* dem Orgasmus wurde sie so trocken, daß sie den Geschlechtsverkehr nicht mehr aushielt, und ich vermutete, daß das eine psychogene Ursache hatte. Irgend etwas tief in ihrer Psyche zwang ihre Geschlechtsorgane, trocken zu werden und sich still zu verhalten. Meine Vermutung stellte sich als zutreffend heraus.

Als ich mehr über Gabby erfuhr, fand ich heraus, daß sie in vieler Hinsicht das weibliche Gegenstück eines Mannes mit vorzeitiger Ejakulation war. Sie steckte tief in einer anspruchsvollen, konkurrenzbetonten Karriere. Fast alles in ihrem Leben betrachtete sie unter dem Blickwinkel von Zielen und der effizientesten Möglichkeit, sie zu erreichen. Nie konnte sie »aus sich herausgehen« und hatte wenig Verständnis für sinnloses Vergnügen. Indem sie sich nur auf Einminutensex einließ, behielt sie alles unter Kontrolle und wurde nicht von ihren Zielen abgelenkt. Und sie war sexuell so attraktiv und technisch so »geschickt«, daß sie praktisch alle ihre früheren Liebhaber so schnell zum Orgasmus bringen konnte wie sich selbst. Dabei handelte es sich offenbar um die Männer, die ihr Komplimente für ihre sexuelle Ausgeglichenheit gemacht hatten: Sie kam binnen einer Minute, er kam binnen einer Minute, und dann konnten sich alle Beteiligten wieder um die ernsten Dinge des Lebens kümmern. Ich fühlte mich an die Frau erinnert, die Faye Dunaway in dem Film *Network* verkörperte, die aufgeregt über neue Programmkonzepte plauderte, während sie mit ihrem Liebhaber schlief: Ihr blieb nicht einmal eine Sekunde die Sprache weg, als die den Orgasmus erreichte.

Auf einen Verdacht hin fragte ich Gabby, ob sie sich aufgrund ihrer Schönheit jemals diskriminiert gefühlt hatte.

»Das können Sie laut sagen!« antwortete sie mit mehr als einer Spur Bitterkeit in der Stimme. Es schien so, als hätten Gabbys Eltern und Lehrer schon seit ihrer frühen Kindheit sich ausschließlich über ihre körperlichen Attribute geäußert, ohne auf ihre Intelligenz zu achten. Sie war die Hübsche, ihr Bruder der Intelligente. Wie so viele aufgeweckte junge Mädchen ihrer Generation fühlte sich Gabby zu Recht von dieser Art Anerkennung ausgebeutet und erniedrigt. Von klein auf war sie dazu entschlossen zu beweisen, daß sie mehr war als nur ein hübsches Gesicht, und sie hatte großartigen Erfolg damit.

»Ich will gar nicht abstreiten, daß mir mein Aussehen die eine oder andere Tür geöffnet hat«, sagte sie, »aber wenn ich einmal in dieser Tür drin war, war ich genauso gut wie jeder andere M.B.A. Statt mich mit meiner Attraktivität ausbeuten zu lassen, habe ich immer meine Fähigkeiten unter Beweis gestellt.«

Aber wie so viele Frauen und Männer, die aus ihrer sexuellen Attraktivität Nutzen schlagen, um ein Publikum oder Macht für sich zu gewinnen, opferte Gabby ihre sexuellen Gefühle. Diesen sexuellen Gefühlen nachzugeben war gleichbedeutend damit, genau die Macht zu verlieren, die sie durch ihre sexuelle Attraktivität gewonnen hatte. Es würde sie wieder an den Ausgangspunkt zurückbringen, das hübsche, aber hilflose kleine Mädchen. Für sie war »sofort kommen« praktisch dasselbe wie überhaupt nicht zu kommen: Es hielt sie davon ab, von Gefühlen unterjocht zu werden.

Als Roland und Gabby zu mir kamen, waren sie beide sauer. Roland war zutiefst frustriert von ihrem unbefriedigenden Sex, und er fühlte sich von ihrem augenscheinlich sexy Äußeren an der Nase herumgeführt.

Gabby andererseits verletzte die Art und Weise, wie Roland sie ständig mit seiner ersten Frau verglich, und sie fühlte sich von seinen sexuellen Forderungen tyrannisiert. Es bedurfte monatelanger Argumentation, Diskussion, Einzelsitzungen und der Sinnlichen Übungen für Fortgeschrittene, bis die beiden beginnen konnten, sich einander anzunähern. Roland mußte lernen, Gabby nicht als Replik seiner ersten Frau zu betrachten, sondern als eigenständiges Individuum; er mußte ihre eigenen Wünsche und Ängste zu akzeptieren lernen, unabhängig davon, was er sich einmal von ihr erhofft hatte. Und Gabby mußte lernen, daß Vergnügen und Macht sich nicht notwendigerweise gegenseitig ausschließen: daß sie sich sowohl im Sitzungssaal als auch im Bett sicher fühlen konnte. Um dahin zu gelangen, arbeitete ich zunächst in einer Frauengruppe mit ihr, wo sie langsam masturbieren und ihre Erregung zu genießen lernte, statt gleich zum Orgasmus vorzupreschen. Allmählich entdeckte Gabby, daß sie sich auf ein oder zwei sinnliche Stunden mit ihrem Mann einlassen konnte, ohne sich ausgebeutet, kontrolliert oder gedemütigt zu fühlen, und während dieses Prozesses bemerkte sie, daß sie immer weniger schnell kam und daß sie zwischen ihren zunehmend intensiven und schönen Orgasmen nicht mehr trocken wurde.

SUPERFRAU LUTSCHT AM DAUMEN

Vor Jahren begegneten mir häufig passive »Kleines Mädchen«-Hausfrauen, die Sex eklig und unheimlich fanden. Oft berichteten sie von Sexualphobien, wie etwa der Furcht, beim Verkehr zu ersticken. Alles, was diese Frauen von ihren Männern wollten, waren väterliche Umarmungen und kleine trockene Küßchen, Trost, aber keine Sinnlichkeit. Im typischen

Fall hatten diese Frauen keine berufliche Karriere und konkurrierten nicht mit Männern. Die einzige Möglichkeit, wie sie lernen konnten, die reife Liebe zu genießen, bestand darin, zunächst einmal zu lernen, selbstbewußter zu werden und mehr Selbstachtung zu bekommen. Optimistin, die ich bin, vertraute ich darauf, daß mit der Frauenbewegung dieses spezifische Syndrom ein Ende finden würde.

Es sollte anders kommen. Auch heute begegnen mir noch Frauen mit den Sexualphobien kleiner Mädchen – nur das diese Frauen heute Ärztinnen und Juristinnen, Filmproduzentinnen und Bankerinnen sind. Unzweifelhaft stehen sie in der Erwachsenenwelt keinem Mann nach, und nur sehr wenigen fehlt es im Beruf an Selbstachtung. Aber bei ihren Männern zu Hause sind sie sexuell unsicher und verängstigt und bedürfen verzweifelt des geschlechtslosen väterlichen Trosts. Für ihre Männer ist das, gelinde gesagt, verwirrend. Nie im Leben hätten sie vermutet, daß Superfrau am Daumen lutscht.

Lange bevor sie mit ihrem Mann Mark zu mir kam, kannte ich Martha W. schon vom Fernsehschirm. Martha ist eine geistreiche, aggressive und sehr einflußreiche Mitarbeiterin einer Washingtoner Fernsehagentur und dafür bekannt, auch noch aus der zurückhaltendsten Regierungsverlautbarung eine Story »herauszuschlagen«. Mark, Pressesprecher einer Kongreßpartei, gibt offen zu, daß er sich in Martha verliebte, als er miterlebte, wie sie bei einer Pressekonferenz »den Präsidenten in die Mangel« nahm.

»In ganz Washington war mir nie eine solche Chuzpe und Energie begegnet«, erzählte er mir. »Ich war einfach von den Socken.«

Aber nach nur zwei Jahren Ehe sah Mark zu Hause eine ganz andere Person.

»Kaum ein Abendbrot vergeht, ohne daß sie wegen

irgend etwas fast in Tränen ausbricht«, sagte Mark. »Meistens geht es nur um jemanden im Studio, der ihre Gefühle verletzt hat, oder um ein Interview, auf das sie sich nicht gut genug vorbereitet fühlt, aber sie bricht einfach zusammen. Und dann muß ich aufstehen, sie an der Hand nehmen, mit ihr zur Couch gehen, ihr über den Kopf streicheln und ihr sagen, daß schon alles wieder gut wird. Meistens endet das dann damit, daß ich ihr ein Wiegenlied vorsinge.«

Besonders an einem bestimmten Abend war Mark erschüttert über den extremen Gegensatz zwischen den beiden Personen, die Martha verkörperte.

»Martha lag auf der Couch, den Kopf in meinem Schoß, und jammerte schon wieder über irgend etwas, als ich sie plötzlich in den Sieben-Uhr-Nachrichten sah, wie sie einen Typen aus dem Außenministerium zu Hackfleisch machte.« Mark schüttelte den Kopf. »Da war sie, die Großartige Martha, in die ich mich verliebt habe, aber *über* den Schluchzern der Armen Kleinen Martha, mit der ich verheiratet war, konnte ich sie kaum verstehen.«

»Jetzt kennst du also die Wahrheit, ich bin der Wizard of Oz«, bemerkte Martha mit süßsaurer Ironie. »Ich bin nicht nur die Frau, die du im Fernsehen siehst, ich bin auch ein Mensch aus Fleisch und Blut, mit allen Gefühlen, einschließlich Unsicherheit. Und dabei glaubte ich zum erstenmal in meinem erwachsenen Leben, jemanden gefunden zu haben, dem ich meine Gefühle mitteilen könnte, jemanden, dem ich so vertrauen könnte, daß ich die Vorsicht fallenlassen könnte. Aber ich habe mich getäuscht. Jetzt sagst du, ich soll aufhören damit.«

»Nein, du bist doch diejenige, die *mir* immer sagt, daß ich aufhören soll«, konterte Mark voller Zorn. »Jedesmal, wenn ich mit dir schlafen möchte.«

»Ich kann auch nichts dafür«, jammerte Martha. »Es tut mir weh!«

Hier also lag der Hund begraben. In den zwei Jahren ihrer Ehe hatten Martha und Mark knapp ein dutzendmal miteinander geschlafen, weil allein die Vorstellung von Sex Martha immer ängstlicher und nervöser machte. Sie sagte, es täte ihr weh, aber ihr Gynäkologe fand keinerlei physische Gründe dafür, daß der Verkehr ihr Schmerzen bereiten sollte. Sie sagte immer, für Sex sei sie zu müde, blieb aber nach wie vor einer der energiegeladensten Reporter Washingtons. Dann bildete sie diese typische Kleines-Mädchen-Phobie heraus: Sie sagte, sie würde buchstäblich ersticken, wenn Mark auf ihr lag. Alle diese Symptome waren neu für sie, sie entwickelten sich erst *nach* ihrer Heirat.

Mark sagte, er fühle sich an der Nase herumgeführt. Er hatte nicht nur damit gerechnet, daß Martha beim Abendessen anregende Konversation betreiben würde, sondern hatte vor allem erwartet, und das betonte er besonders, daß sie im Bett eine aktive, erwachsene Liebhaberin sein würde.

»Ich hätte genausogut meine neunzehnjährige Sekretärin heiraten können«, grummelte er, »die hätte wenigstens gekocht, bevor sie zusammenbricht.«

Martha hatte wie die anderen Frauen mit dem Chorknaben/Deckhengst-Syndrom ihr Leben in zwei Bereiche aufgesplittet: Im Beruf war sie die eine Person, dynamisch und unabhängig; und zu Hause war sie eine andere, passiv und abhängig. Aber sie stellte diese Rollen mit einer neuen Variante dar. Beruflich konzentrierten sich Marthas Energien voll und ganz auf die Arbeit, und nicht auf sexuelle Phantasien oder Affären. Aber bei ihrem »Hausherrn« daheim fiel sie in ihre allererste weibliche Rolle zurück. »Papas kleines Mädchen« – unsicher, voller Angst vor Kritik und Sex. Ironischerweise waren die einzigen Arten von Körperkontakt, bei denen sie sich wohl fühlte – wiegen, liebkosen, streicheln –, gerade diejenigen, die in den meisten Beziehungen fehlen. Dieser Zärtlichkeiten bedürfen die – weiblichen und männlichen – harten Burschen dieser Welt so dringend. Aber Martha verpaßte die andere Hälfte der Liebe. Während sie sich danach sehnte, gestreichelt zu werden, war sie gleichzeitig unfähig, ihren Mann zu streicheln, denn sonst hätte sie ihren Status des abhängigen, bedürftigen kleinen Mädchens verloren. Aber am bedeutendsten war, daß sie zwar bei Zärtlichkeiten verweilen, nicht aber zu sexueller Erregung fortschreiten konnte. Im Weg stand ihr immer die eine oder andere ihrer Phobien. Ängstlich, bedürftig und unflexibel, war Martha weit davon entfernt, die reife Liebe genießen zu können.

Aber Mark auch, wie wir bald herausfanden. Wieder einmal brachten die Sinnlichen Übungen einen verklemmten Liebhaber ans Licht, der sich als Genuß-Anreger aufgespielt hatte. Als Mark an der Reihe war, passiv dazuliegen und sich von Martha streicheln zu lassen, konnte er sich keinen Augenblick lang entspannen. Schonungslos dirigierte und kritisierte er jede ihrer Bewegungen.

»Sie hat mich so schüchtern berührt, daß ich es kaum gespürt habe«, beschwerte er sich nach mehr als einem Monat dieser Übungen, während derer Martha immer aktiver und gebender geworden war.

»Nein, der Grund dafür, daß Sie nichts empfinden konnten, liegt darin, daß Sie nicht bereit waren, die Kontrolle aufzugeben«, erklärte ich ihm. »Sehen Sie, nun, da Martha nicht mehr so sehr das kleine Mädchen ist, müssen Sie sich davon verabschieden, der große Daddy zu sein.«

Obwohl Mark *behauptet* hatte, total überrascht gewesen zu sein, als die großartige Martha, die er geheiratet hatte, sich zu Hause als Daumenlutscherin herausgestellt hatte, vermute ich, daß sein männlicher Radar das unabhängige kleine Mädchen, das in ihr steckte, lang vor der Hochzeit entdeckt hatte. Wie so viele »emanzipierte« Männer, denen ich in den vergangenen Jahren begegnet bin, wollte auch Mark seine Frau im Grunde auf beide Arten: Er wollte sie aggressiv und geschickt in der öffentlichen Welt (das Yuppie-Äquivalent zum Revuegirl an seinem Arm), aber in Wirklichkeit wollte er sie zu Hause abhängig und nicht bedrohlich.

Am Ende gelang es Martha, heranzureifen, ihre Phobien zu überwinden und tröstliche Zuneigung mit sinnlichem Sex zu verbinden. Aber Mark konnte traurigerweise die weniger bedürftige und sexuell aktivere Martha nicht akzeptieren. Er fühlte sich von dem bedroht, was er als neue Forderungen an ihn auffaßte; bemerkenswerterweise sagte er sogar, er fühle sich im Bett von ihr allmählich erstickt. Schließlich lehnte er ab, weiter in die Therapie zu kommen. Etliche Monate später trennten sie sich.

»Ich bin natürlich traurig«, sagte mir Martha kürzlich am Telefon. »Aber ich weiß, daß die einzige Möglichkeit, unsere Ehe weiterzuführen, darin bestanden hätte, daß sich keiner von uns veränderte. Und ich weiß auch, daß ich nicht bis an mein Lebensende eine verängstigte Kleines-Mädchen-Ehefrau bleiben wollte. Kein Makel, wie es im *I Ging* heißt. Beim nächstenmal wird's besser.«

MÄNNER, DIE GESTREICHELT WERDEN MÖCHTEN, UND FRAUEN, DIE SICH NICHT UM SIE KÜMMERN

Wäre Mark in der Lage gewesen, die Sinnlichen Übungen lange genug mitzumachen, um seine Ängste vor Kontrollverlust zu überwinden, hätte er entdeckt, welchen Spaß es macht, geliebt zu werden – für die meisten Männer tatsächlich eine wirkliche

Wohltat. Einer der erfreulichsten Aspekte meiner Arbeit besteht in den Berichten von Männern über dieses neuentdeckte Vergnügen.

»Ich wußte ja gar nicht, was ich verpasse, bis ich schließlich einfach aufgab, total ruhig dalag und (sie) mich streicheln ließ«, erzählte mir ein Ehemann. »Was für ein unglaubliches Gefühl! Es war, als hätte ich mein ganzes Leben lang diese wunderbaren Sachen entbehren müssen.«

Tatsächlich entbehren die meisten Männer zärtliche Zuneigung seit ihrer Kindheit. Während ihre Schwestern umarmt werden und liebevolle Zärtlichkeiten empfangen, kriegen Jungen nur männliche Klapse auf die Schulter oder Stubser in den Nacken. Die meisten Männer werden erwachsen, ohne wahrzunehmen, wie sehr sie sich nach Zuneigung sehnen – nach der entspannten Intimität und dem Trost, den sie ihnen geben könnte.

Das ist die gute Nachricht. Die schlechte lautet, daß eine große Anzahl von Frauen heutzutage nicht in der Lage ist, ihren Männern die Zuneigung zu geben, die sie haben möchten. Frauen mit dem Chorknabe/Deckhengst-Komplex sind so total auf genitalen Sex konzentriert, daß sie zärtliche Sinnlichkeit ausschließen. Auf ähnliche Weise verdrängen Frauen, die vorzeitig zum Orgasmus kommen, die Zärtlichkeit, indem sie direkt zum Endpunkt der Sexualität vordringen. Und eine daumenlutschende Superfrau wie Martha kann den ganzen Tag lang Zärtlichkeiten *empfangen* – solange sie nicht zu erotischem Sex führen und solange sie keine Zärtlichkeit zurückgeben müssen. In einer Hinsicht sind diese emanzipierten Frauen genau wie unsere Schwestern aus der Vergangenheit – die jungfräulichen »netten Mädels«, die schüchternen »kleinen Mädchen« und die neckischen »Koketten«: Sie haben Angst vor intimen Sex.

Aber zum Tangotanzen braucht man zwei. Der Mann, den zu heiraten wir uns entschließen, spiegelt gewöhnlich mehr unsere sexuellen Hemmungen als unsere sexuellen Begierden wider. Harte Burschen, die nicht knutschen, heiraten emanzipierte Frauen, die kein Herzklopfen haben, und nach einer Weile sind sie alle unzufrieden. Rigide, beschränkende Rollen müssen gemeinsam aufgebrochen werden.

Es beginnt mit einer Berührung, einer ausgiebigen sinnlichen Berührung.

FÜNFTES KAPITEL

Der älteste Tauschhandel der Welt: Sex gegen Liebe

Sex ist was für Männer und Liebe was für Frauen. Das ist die Voraussetzung des ältesten Tauschhandels der Geschichte: der Ehe.

Wer dieses Statement für einen Grundsatz des Altertums hält, möge noch einmal darüber nachdenken. Selbst in dieser krassen Formulierung hätte es viele unserer Mütter und Großmütter keineswegs schockiert. Ich kenne Frauen, die sich noch daran erinnern, wie ihre Mutter mit einem Seufzer und einem Achselzucken die Treppe zum Schlafzimmer hochzottelte, vielleicht sogar mit einem Scherz, der in etwa lautete: »So, jetzt wird's aber Zeit, daß ich meinen ehelichen Pflichten nachkomme. Ich muß es Papa mal wieder *machen.*«

Natürlich erduldete Mutter Papas regelmäßig eingeplantes Rein-und-raus nicht, weil sie Vergnügen daran gehabt hätte. Sie tat es, weil es Bestandteil ihres »Handels« war. Auch darüber hegte sie nicht den geringsten Zweifel: Er gab ihr ein Heim, eine Familie, Sicherheit, Respektabilität – kurz: die Bausteine, aus denen sie die »Liebe« zusammensetzte. Und das gab Papa das Recht, zweimal die Woche bei ihr »seinen Juckreiz zu stillen«. Hinzu kommt: Auf diese Weise hatte Mutter die Garantie, daß er nicht zu einer anderen ging, um sich seinen Juckreiz versorgen zu lassen.

Als wir Teenager waren, waren die meisten meiner Freundinnen empört über den Handel, auf den sich ihre Mütter eingelassen hatten.

Eines dieser Mädchen brachte einmal voller Ekel hervor: »Die Ehe ist nichts anderes als legalisierte Prostitution.« Sie legte den Schwur ab, sich nie im Leben auf einen derartigen Kuhhandel einzulassen, selbst auf die Gefahr hin, ihr ganzes Leben allein zu bleiben. Sie wollte sich und ihre Träume von der wahren Liebe auf gar keinen Fall so herabwürdigen. Aber weniger als fünf Jahre später war auch dieses Mädchen verheiratet, wie die meisten von uns.

Haben wir modernen Frauen – Frauen mit guter Ausbildung, Beruf, Selbsterkenntnis und Selbstachtung – Ehen geschlossen, die gänzlich frei sind von derlei Tauschhandel?

Nicht alle. Leider muß ich sagen, daß es bei der Ehe meiner Meinung nach immer noch oft darum geht, Sex gegen Liebe einzutauschen und umgekehrt. Betrachten wir einige Fakten:

In den weitaus meisten modernen Ehen wird Sexualität von *beiden* Partnern immer noch so praktiziert, als wäre sie *in erster Linie etwas für den Mann* – nicht *ihre* Voraussetzung, sondern *seine.* Dafür gibt es keinen besseren Nachweis als die Statistiken, die festhalten, welcher der Ehepartner am häufigsten den Anfang macht beim Sex; ein Jahr nach dem Jahrzehnt der Frau sagen vier von fünf Paaren immer noch, es sei der *Mann.* Bei einer Cocktailparty oder sogar im Büro mag dieser Mann eloquent (und durchaus aufrichtig) für die Gleichheit der Geschlechter eintreten, aber die Wahrscheinlichkeit ist sehr groß, daß er es ist, der unter der Bettdecke seine Hand über ihren Bauch gleiten läßt und sagt: »Süße, jetzt ist es schon mehr als eine Woche her…«

Auf der anderen Seite der Medaille sieht es ganz so

aus, als würden Liebe und Zärtlichkeit von *beiden* Partnern noch ganz überwiegend als *Sache der Frauen* betrachtet. Fragen Sie nur Ann Landers. Vor einigen Jahren hat diese berühmte Kolumnistin eine Erhebung veröffentlicht, in der es um die Frage ging, was Frauen sich am meisten von ihren Männern wünschten. Und glauben Sie mir: multiple Orgasmen waren es nicht. Nein, Frauen wollten kleine Nichtigkeiten ins Ohr geflüstert, Blumen und Süßigkeiten mitgebracht bekommen, und vor allem wollten sie beschmust werden. Schmusen reicht durchaus, danke schön. Tatsächlich gab eine erhebliche Anzahl der Befragten an, sie wären mehr als bereit, einen Fick pro Woche einer einzigen zärtlichen Umarmung zu opfern. Mit anderen Worten: Sie würden Sex gegen Liebe eintauschen. Ich bezweifele, daß auch nur einer von hundert Männern zugeben würde, zum selben Opfer bereit zu sein.

Es scheint also ganz so, als gelte die alte Voraussetzung immer noch – nichts von wegen Altertum. Der altehrwürdige Handel ist immer noch aktuell. Aber in diesem Zeitalter der »Aufklärung« zwischen den Geschlechtern wird alles etwas komplizierter, und auch die Geschäftsbedingungen werden etwas undurchsichtiger. Insbesondere nach der Sexuellen Revolution und dem Orgasmus der Frau.

UM WESSEN ORGASMUS GEHT ES HIER EIGENTLICH?

Dina und Louis F. waren noch nicht ganz in meiner Praxis, als Dina mich schon mit einem huldvollen Lächeln in Kenntnis setzte, daß sie nur wegen ihres Mannes gekommen sei. Alles seine Idee, erzählte mir diese hübsche, tadellos gekleidete und frisierte Bürovorsteherin. *Er* hatte den Termin gemacht, *er* war durcheinander.

Ich fragte Louis, von Beruf Postbeamter, warum er durcheinander sei.
»Es geht um Dina«, antwortete er ruhig. »Sie kriegt keinen Orgasmus.«

Also war Dina ihres Mannes wegen bei mir und er wegen ihr. Oberflächlich betrachtet waren sie jedenfalls ein ziemlich altruistisches Paar.

»Ich weiß überhaupt nicht, warum Louis so ein Faß aufmacht«, fuhr Dina strahlend fort. »Ich finde, wir haben ein sehr befriedigendes Sexualleben. Also, glauben Sie mir, man kann auch richtig glücklich sein ohne einen..., na, Sie wissen schon, einen Orgasmus.«

Als sie das Wort »Orgasmus« über die Lippen brachte, runzelte Dina eine Braue und lächelte, als sei allein die Vorstellung, einen Orgasmus zu bekommen, unter ihrer Würde. »Ich bin keins von diesen Flittchen«, schien sie mir sagen zu wollen.

Ich betrachtete Louis, der langsam den Kopf schüttelte.

»Wenn sich Dina nicht daran stört, keinen Orgasmus zu haben, warum tun Sie es dann?« fragte ich ihn.

»Es ist einfach nicht richtig«, stotterte er und hielt offensichtlich seinen Ärger zurück. »Es ist unnatürlich.«

»Sie wollen sagen, daß sie Ihnen absichtlich etwas vorenthält«, meinte ich.

Louis errötete, und Dina begann plötzlich unkontrolliert zu husten. Ich hatte allem Anschein nach einen wunden Punkt berührt. Offenbar hatten wir es hier doch nicht nur mit beiderseitigem gutem Willen zu tun.

❤

Die Vorstellung, daß nicht nur jede Frau einen Orgasmus haben kann, sondern daß sie sogar einen Anspruch darauf hat, ist relativ neu. Noch vor ein oder zwei Generationen wurde allgemein angenommen, nur ganz wenige Frauen hätten einen Höhepunkt, und auch die nur höchst selten. Tatsächlich glaubten viele Ärzte, dies hätte eine *physische* Ursache. Manche Theoretiker gingen sogar so weit zu behaupten, das Menschenweibchen hätte sich körperlich *über den Orgasmus hinaus*entwikkelt, das Nervensystem der Frau hätte ihn stufenweise abgeschafft, da er für den darwinistischen Zweck, die Art zu erhalten, nicht mehr erforderlich sei. Infolgedessen nahmen die meisten Frauen an, sie könnten wahrscheinlich sowieso keinen Orgasmus bekommen, und waren deshalb nicht aktiv enttäuscht, wenn sich ihre Annahme als wahr herausstellte. Vielleicht waren sie frustriert, aber das hielten sie für ihr Schicksal. Kein Zweifel, Sex war etwas für Männer. Wir können ziemlich sicher sein, daß sich Mutter bestimmt keine eigene sexuelle Ekstase ausmalte, wenn sie die Treppe hochzottelte, um es Papa zu *machen*; wenn sie überhaupt an irgendeinen Genuß dachte, dann an Umarmungen und Küsse – Liebe und Zärtlichkeit.

Aber in den fünfziger und sechziger Jahren begann sich dann alles zu verändern. *Mirabile dictu* vermeldete die Sexualwissenschaft, daß Frauen *doch* einen Orgasmus haben könnten, und zwar jede. Die Sexualität wurde endlich demokratisch. Vielleicht konnte nicht jede Frau jedesmal einen vaginalen Orgasmus haben, aber immerhin doch einen klitoralen. Selbst wenn eine Frau nicht beim Geschlechtsverkehr zum Höhepunkt kam, konnte sie fest damit rechnen, durch manuelle oder orale Stimulation einen zu bekommen. Das war ein Riesenschritt in Richtung Gleichberechtigung – besser: *sexuelle* Gleichberechtigung. Damit würde dem Tauschhandel von Sex gegen Liebe in der Ehe endlich ein Ende gesetzt. Männer und Frauen konnten sich *gegenseitig* sexuelles Vergnügen bereiten. Grund zur Freude.

Aber nicht alle freuten sich. Plötzlich sahen sich

Frauen und Männer vor ein ganzes System von sexuellen Erwartungen, Forderungen und Frustrationen gestellt. Der Orgasmus der Frau – das große »O« – wurde mit einemmal Herausforderung und Prüfstein. Was reiner Spaß hätte sein sollen, wurde schnell zum höchsten Grenzpfahl im Verhältnis der Geschlechter zueinander.

Frauen dachten plötzlich: »Wenn ich keinen Orgasmus habe, bin ich eine Niete.« Natürlich reichte allein dieser Druck schon aus, um viele davon abzuhalten, dem Höhepunkt auch nur nahe zu kommen.

Zur gleichen Zeit dachten Ehemänner und Liebhaber: »Wenn sie keinen Orgasmus hat, bin *ich* eine Niete.« Gebannt starrten sie auf den Orgasmus ihrer Frau, als brächte er endlich Antwort auf die Frage, die Männer stets umtreibt: Bin ich ein guter Liebhaber oder nicht?

Unter diesen Umständen macht Sex Spaß!

Aus allen Schlafzimmern dieser Welt erschall ein Männerchor wie Donnerhall: »War es für dich auch gut?«

Zunächst wurde die Frage schüchtern, ängstlich gestellt. Ob ich's wohl geschafft habe? Habe ich auch lang genug durchgehalten? O Gott, hoffentlich habe ich nichts falsch gemacht.

Antwortete die Frau eindeutig, ja, sie hatte einen Orgasmus, war der Mann außerordentlich froh und erleichtert. Er hatte seinen Lohn erhalten. *Er* hatte sie soweit gebracht.

Genau an diesem Punkt fing die Verstimmung an.

»Mein Mann kriegt immer diesen selbstgefälligen Gesichtsausdruck, wenn er weiß, daß ich gekommen bin«, erzählte mir eine Frau. »So als hätte er diese ganze wunderbare Sache *ganz allein* zustande gebracht. Und ich müßte wahnsinnig dankbar dafür sein, daß er so ein Rammler ist. Ich kann Ihnen sagen, mit Liebe hat seine Miene nichts zu tun.«

Antwortete die Frau aber: nein, sie sei *nicht* gekommen, war der Mann am Boden zerstört. Er fühlte sich wie ein Versager, und wie es Menschen gern tun, wenn sie sich als Versager fühlen, machte er die nächstliegende Person dafür verantwortlich. Fragte er das nächstemal: »War es für dich auch gut?«, lag eine Spur Verzweiflung und Zorn in seiner Stimme.

An diesem Punkt beginnen Frauen häufig, einen Orgasmus vorzutäuschen. Was für eine traurige und merkwürdige Täuschung, wenn man mal richtig darüber nachdenkt: auf dem Höhepunkt des vermeintlich intimsten Akts *über seine Gefühle zu lügen*. Für mich ist diese Lüge das genaue Gegenteil von Intimität. Und trotzdem fühlen sich sehr viele Frauen, die Probleme haben, zum Orgasmus zu kommen, verpflichtet, dieses Theater jedesmal abzuziehen, wenn sie sich auf den Geschlechtsverkehr mit ihren Männern einlassen.

»Schauen Sie, ich weiß auch, daß es ein blödsinniges Täuschungsmanöver ist«, erzählte mir eine Frau. »Aber glauben Sie mir, die Alternative, daß er nämlich für den Rest der Woche herumrennt wie ein geprügelter Hund, ist noch bedeutend schlimmer. Es tut doch nun wirklich keinem weh, und er fühlt sich so bedeutend besser.«

Aha, also schon wieder einmal Altruismus. Mit ihrem vorgetäuschten Orgasmus macht sie ihrem Mann ein »Geschenk«.

Andere Frauen hörten sich weniger barmherzig an, wenn sie mir zu erklären versuchten, warum sie dieses Schlafzimmerdrama mit lauter werdendem Stöhnen und glückstrahlendem Lächeln aufführen. (Unter dem Einfluß der Hollywood-Version sexueller Ekstase bin ich ganz sicher, daß vorgetäuschte Orgasmen bedeutend bezaubernder anzusehen sind als echte.)

»Ich tu's, um ihn mir vom Halse zu halten«, gestand mir eine dieser Frauen. »Anderenfalls würde er es jede freie Minute versuchen, bis er endlich einen Treffer landet. Ich kann mir durchaus vorstellen, daß es Spaß machen könnte. Wenn es bloß nicht so eine freudlose Jagd wäre.«

Diese Frau stand kurz davor zu begreifen, wer bei einem vorgetäuschten Orgasmus am Ende die Angeschmierte ist: sie selbst. Einen Orgasmus vorzutäuschen ist der äußerste Ausdruck davon, sich auf die Gefühle des Partners zu konzentrieren und nicht auf die eigenen. Die Garantie dafür, selbst nichts zu empfinden. Eines ist bemerkenswert: In dem Moment, in dem einige der Frauen aus meinen Gruppen damit aufhörten, einen Orgasmus vorzutäuschen, entdeckten sie plötzlich, daß sie die ganze Zeit über tatsächlich zum Höhepunkt gekommen waren. Sie waren so damit beschäftigt gewesen, eine gelungene Show abzuziehen, daß sie die echten Gefühle hinter der Show geleugnet hatten.

Es gibt sogar Frauen, die sich genötigt fühlen, ihren echten Orgasmus dramatisch in Szene zu setzen, um einen Mann versöhnlich zu stimmen, dem sie sonst nicht überzeugend genug ist.

»Unmittelbar vor dem Höhepunkt halte ich normalerweise den Atem an«, erzählte mir eine. »Aber weil mein Mann sich ständig darüber beklagte, daß ich keinen ordentlich gewaltigen Orgasmus hatte, streute ich ein paar Stöhner und Grunzer ein. Jetzt ist er glücklicher, aber ich bin so beschäftigt, daß ich manchmal gar nicht mehr komme.«

Die Gefahr beim Showgeschäft besteht darin, daß das echte Gefühl verlorengehen kann. Früher sagte ich immer, daß die Vortäuschung eines Orgasmus der sichere Weg sei, keinen zu bekommen, aber in den letzten Jahren habe ich eine wichtige Ausnahme dieser Regel entdeckt. In meinen Gruppen sind manche Frauen so ängstlich, zu sexuell (und damit zu flittchenhaft) zu erscheinen, daß sie Übung darin brauchen, sich selbst stöhnen zu hören, den Atem einzuziehen und die Augen zu rollen. Kurz: Sie müssen den Orgasmus ein paarmal üben, um die Hemmungen abzulegen, wie sie dabei aussehen. Sie brauchen das »Gefühl«, daß sie so wild sind. Nur dann können sie sich gestatten, sich auf die Gefühle zu konzentrieren, die sie dazu bringen, den Orgasmus zu genießen.

Aber ob ein weiblicher Orgasmus nun vorgetäuscht, verleugnet oder einfach nicht da war, die neue Betonung des großen »O« hat die Tauschhandlungen in einer Ehe häufig nur komplizierter gemacht. Die Männer tauschten Ego ein, die Frauen ihren Frieden. Und wieder einmal blieben bei diesen Transaktionen irgendwo die intimen Gefühle auf der Strecke.

»ICH LIEBE DICH... (PAUSE) ... NUN SAG DOCH MAL WAS, ZUM TEUFEL!«

»Mit anderen ist mir das nie passiert«, erklärte mir Louis, als er mich alleine aufsuchte. Und dann listete er mir, wie viele der Ehemänner und Liebhaber präorgasmischer Frauen vor ihm, all die Frauen auf, mit denen er geschlafen hatte und die nicht nur einen Orgasmus hatten, sondern sogar einen multiplen. Er war ein muskulöser Mittdreißiger mit sensibel wirkenden Augen und schien sich alle Mühe zu geben, härter und chauvinistischer zu wirken, als er eigentlich war. Es überraschte mich nicht, als er mir erzählte, er sei der jüngste von vier Brüdern und hatte es den älteren immer gleichtun wollen. Auch jetzt wieder wollte er mir zweifelsfrei versichern, daß mit seiner »Ausstattung« alles in Ordnung war, daß er sexuell einwandfrei funktionierte.

»Und nach all diesen Frauen haben Sie sich ausgerechnet für Dina entschieden, die bei Ihnen *keinen* Orgasmus bekam«, sagte ich ihm, als er mit seiner

Aufzählung fertig war. »Vielleicht sollten wir damit anfangen, uns die Gründe dafür anzusehen, warum Sie das getan haben.«

Louis antwortete, in jeder anderen Hinsicht sei Dina toll. In ihrem Job war sie supertüchtig, sie war eine großzügige Gastgeberin, eine gute Mutter und vollendete Hausfrau. Er betonte auch, daß sie eine aufmerksame Ehefrau sei, die beispielsweise immer mit dem Abendbrot wartete, bis er nach Hause kam. Mir war klar, daß er großen Respekt vor seiner Frau hatte. Seiner Meinung nach war Dinas Beruf renommierter als sein eigener und ihre sozialen Umgangsformen vornehmer. Offensichtlich war er überzeugt, sich mit seiner Ehe nach oben verbessert zu haben, und stellte Dina auf ein Piedestal. Gleichzeitig hörte sich die Dina, die er beschrieb, wie eine richtiggehende Geisha an: eine Frau, die sich ganz der Kunst verschrieben hatte, ihrem Mann Vergnügen zu bereiten, ohne zu wagen, sich selbst Lust zu gönnen.

Ich fragte Louis, ob Dina jemals von sich aus den ersten Schritt zum Sex gemacht hatte, und er verneinte das in einem Ton, dem anzuhören war, daß er diesen Gedanken für ziemlich vermessen hielt. Ich fragte, ob Dina jemals abgelehnt hatte, mit ihm zu schlafen, wenn er den Anfang machte, und er sagte: nie. Fügte allerdings hinzu, daß sie ihn immer warten ließ, bis sie absolut sicher war, daß die Kinder schliefen, was mitunter hieß, daß der Sex bis spät in die Nacht hinein verschoben wurde. Dann, klagte er, kam sie gewöhnlich auf die Idee, daß das Schlafzimmer geputzt werden müsse, und widmete sich schließlich lange Zeit der Vorbereitung – duschte, puderte sich und cremte sich den Körper ein, kämmte sich und zog ein rüschenbesetztes Nachthemd an. War sie dann im Bett, sagte er, plauderte sie gern noch in aller Ruhe und sagte dann, bevor es losging: »Ich liebe dich.«

»Und Sie sagen ihr das auch?«
»Ja.«
»Auch wenn Sie es nicht so empfinden?«
Louis zögerte ein wenig und nickte dann.

❤

Das Ritual von »Ich liebe dich« und »ich dich auch«, bevor der Sex beginnt, hat eine lange Geschichte, die bis in die Zeiten zurückreicht, als der Tausch von Sex gegen Liebe noch eindeutiger war. Eine Frau brauchte die Liebeserklärung, bevor sie den Sex zulassen konnte, weil sie die Versicherung brauchte, daß ihr Liebhaber auch noch da sein würde, wenn sich die Ergebnisse der Sexualität einstellten – in erster Linie ein Baby. Es ging dabei weniger um ein emotionales, als um ein praktisches Bedürfnis. »Ja, ich möchte ein Kind von dir«, sagte sie, »aber ich muß wissen, daß du es auch willst. Versprich mir, daß du mir hilfst, für es zu sorgen. ... Sag mir, daß du mich liebst.«

Reste dieses ursprünglichen Verhaltens sind geblieben. Viele Männer in mittleren Jahren erinnern sich daran, daß sie als Teenager vor der Sexuellen Revolution gelernt hatten, daß sie nur mit Süßholzraspeln einem Mädchen an die Wäsche konnten.

»Die Spielregel lautete, daß sich ein Mädchen nur ›flachlegte‹, wenn sie überzeugt war, daß man sie wirklich gern hatte«, erklärte mir einer dieser Männer. »Also legten wir uns alle beseelte Blicke und schmalzige Verschen zu, all das nur, um eine nackte Brust anfassen zu können. Der liebe Gott hatte verboten, daß das Mädchen es nur tat, weil sie auch geil war.«

Ein Klischee aus Fünfziger-Jahre-Filmen war: ein prüdes junges Ding schob die Hand ihres Beaus weg und sagte: »Nicht wahr, du willst doch nicht nur Sex von mir?« Was er vehement von sich wies. Schließlich zog er als Beweis einen Freundschaftsring aus der Tasche – das Symbol der Liebe. Natürlich wollte er Sex, aber er wußte, daß er einen Preis dafür zahlen mußte.

Obwohl sich die Zeiten bestimmt geändert haben, frage ich mich doch manchmal, ob die Unterschiede nicht nur stilistischer Natur sind. Selbst Ende der achtziger Jahre gibt es noch viele Frauen, wie Dina, die die berühmten drei Worte hören müssen, bevor sie mit dem Sex loslegen können. Wahrscheinlich bestehen nur wenige darauf, diese Erklärung ausgerechnet vor dem Zubettgehen zu hören, aber die Forderung existiert immer noch.

Ich fand schon immer, daß die Notwendigkeit, »ich dich auch« zu antworten, eine ziemlich trübe Angelegenheit ist. Ein schlagendes Beispiel ist folgende Anekdote, die ich von Steven gehört habe, einem jungverheirateten Ehemann.

»Beth (seine Frau) und ich waren gerade zu einem Ausflug aufs Land unterwegs und ließen es uns richtig gutgehen, als sie mir plötzlich einen Kuß gab und sagte: ›Ich liebe dich.‹ Klasse. Sowas hört man ja immer gern. Aber es ergab sich so, daß ich ausgerechnet in diesem Moment nicht das dringende Bedürfnis empfand, ihr dasselbe zu sagen. Ich dachte, da wir beide so großartiger Stimmung waren, würde das nicht so wichtig sein. Da hatte ich mich aber heftig getäuscht! Beth guckte mich einen Moment lang an, als wollte sie fragen: ›Na, hast du mir nichts zu sagen?‹, und gleich darauf fing sie an zu schmollen und sprach keinen Ton mehr mit mir. Ich wollte ihr einen Kuß geben, aber sie drehte sich weg. Kein Kuß. Ich hatte mich nicht an die Spielregeln gehalten.«

Das Bedürfnis dieser Frau nach Versicherung hatte zur Folge, die intimste Äußerung zu einer Höflichkeit zu machen, so daß die Worte »Ich liebe dich« nichts anderes waren als »Danke«, »Entschuldigung« oder »Einen guten Tag noch«. Die Etikette verlangt, daß man es sagen *muß*, auch wenn es einem nicht danach ist. Wenn »Ich liebe dich« Grundvoraussetzung für Sex wird, werden diese Worte bedauerlicherweise ihrer ursprünglichen emotionalen Macht beraubt. Wenn ein Mann sich mit diesen Worten Sex einhandelt – selbst in einem so harmlosen Ritual wie bei Louis –, bedient er sich des männlichen Gegenstücks zum vorgetäuschten weiblichen Orgasmus. Indem er *auf Befehl* »Ich liebe dich« sagt, läuft er Gefahr, die intimen Gefühle, die sich hinter diesen Worten verbergen, nie wirklich zu empfinden.

»*Jetzt machen Sie aber mal einen Punkt, Dagmar*!« Da höre ich doch schon wieder eine Frau auf einer der hinteren Bänke protestieren. »*Wir versuchen doch nur, in unser Sexualleben ein bißchen Liebe hineinzubringen. Und ausgerechnet Sie können uns daraus doch wohl keinen Strick drehen wollen.*«

Ich denke auch nicht daran. Das einzige, was ich möchte, ist, Liebe und Sex in einer Beziehung vereint zu sehen. Und jeder Versuch, *das eine gegen das andere einzutauschen*, führt nur dazu, daß Sex und Liebe weiterhin getrennt bleiben. Und das Resultat davon sind *zwei* einsame, frustrierte Menschen.

Louis' sexuelle Erfahrungen mit seiner Frau hörten sich, so wie er sie erzählte, besonders einsam an. Waren die protokollarischen »Ich liebe dich«s erst mal vom Tisch, machte sich Dina eilig an die Arbeit. Sie faßte Louis' Penis an, bearbeitete ihn mit der Hand, bis er steif war – wieder kam sie mir wie eine erfahrene Geisha vor –, und führte ihn dann ein, während sie sich mit der anderen Hand ein Kissen unter den Po schob. Trotz all dieser ihrer Tüchtigkeit nahm sich Louis ziemlich viel Zeit, bis er kam, und danach quälte er sie beide, auch noch nach all diesen Jahren, mit der ewigen Frage: »*War es für dich auch gut*?«

Louis zufolge gab Dina nie vor, einen Orgasmus gehabt zu haben. Statt dessen antwortete sie: »Das macht doch nichts, Liebling. Wenn er kommt, kommt er. Jedenfalls macht es mich zufrieden zu wissen, daß es für dich so gut war.«

Ich weiß aus erster Quelle, daß diese Antwort die meisten Männer zur Raserei treiben kann. Ich bin sicher, daß Dina auf ihre Art ehrlich war, aber ihre Antwort kam dem Märtyrertum gefährlich nahe. Louis gab zu, daß irgend etwas an dieser Antwort ihm ziemlich zusetzte, wußte zu diesem Zeitpunkt aber noch nicht genau, was es war.

Mir schien, daß Dina mit dieser Antwort wahrscheinlich eine ganze Reihe von Botschaften übermitteln wollte. Indem sie sagte, es »mache doch nichts«, gab sie Louis zunächst zu verstehen, daß sie über den Dingen stand und daß Louis als Mann nur menschlich sei und unter ihr stehe. So, wie Louis Dina auf einen Sockel gestellt hatte, war er nur zu bereit, ihr diese Haltung abzunehmen, aber sie begann ihm allmählich gegen den Strich zu gehen. Aber die gefährlichste Botschaft lag darin, daß sie das grundsätzliche Gefühl bei Louis bestärkte, das er in bezug auf ihr gesamtes Sexualleben hatte: *daß er es ganz allein machte.*

Schließlich hörte sich Dinas Äußerung »Er kommt, wenn er kommt« für mich wie ein subtiler Ansporn an, in seinen Bemühungen, ihr einen Orgasmus zu verschaffen, bloß nicht nachzulassen. Trotz all ihrer gegenteiligen Beteuerungen wollte sie Louis die Möhre ganz offensichtlich weiterhin vor der Nase herumtanzen lassen. Etwas in ihr wollte in ihm die Vorstellung lebendig halten, daß sie ihn schließlich mit einem Orgasmus belohnen würde, wenn er sie nur zur rechten Zeit am rechten Flecken rubbelte.

Aber die vielsagendste Botschaft vermittelte das Märtyrertum in Dinas letztem Satz: »Jedenfalls macht es mich zufrieden zu wissen, daß es für dich so gut war.« *Sie hatte sich für ihn geopfert, und jetzt war er ihr etwas schuldig.* Nur darum ging es im Grunde: um den Tauschhandel. Sie hatte ihm Sex gegeben, und dafür wollte sie jetzt etwas zurückbekommen, und dieses Etwas war *mehr als Sex.*

Fast jedes Paar, das mir bekannt ist, hat eine Spur von »Du bist mir etwas schuldig« laufen, insbesondere in ihren sexuellen Beziehungen. Sie stimuliert ihn mit dem Mund: *Er ist ihr etwas schuldig.* Als er beim letzten Mal mit ihr schlafen wollte, verweigerte sie sich ihm: *Sie ist ihm etwas schuldig.* Sie sagte: »Ich liebe dich«, und er lächelte nur zurück: *Er ist ihr etwas schuldig.* Sie hatte zwei Orgasmen, und er kam nur einmal: *Sie ist ihm etwas schuldig.*

Aber wo blieb Louis bei all dieser auf Gegenleistung beruhenden Sexualität? Schließlich hatte *er* Dina in meine Praxis geschleppt, und *er* machte ein Problem daraus, daß sie keinen Orgasmus bekam. War er nicht einfach wieder nur so ein Mann, der mit aller Kraft versuchte, »es ihr zu besorgen«, damit er sich als Rammler fühlen konnte und nicht mehr als Versager? Hatte er dieses »Du bist mir etwas schuldig« nicht dadurch angeregt, daß er pausenlos fragte: »War es für dich auch gut?« Und schließlich und endlich: War er nicht derjenige, der sich unter Ausschluß liebevoller Gefühle auf Hochleistungssex spezialisiert hatte?

Mit Sicherheit war ein Großteil von Louis' Gewese reiner männlicher Chauvinismus: Bei seiner Liste der Frauen, denen er es besorgt hatte, ging es um nichts anderes. Aber je mehr wir miteinander sprachen, desto mehr spürte ich eine andere Seite von ihm, bei der weniger das Empfinden eine Rolle spielte, sexuell ein Versager zu sein, als die Einsamkeit, die er mit Dina im Bett empfand.

»Aber was enthält Dina mir bloß vor?« fragte mich

Louis. »Was, glauben Sie, will sie eigentlich von mir?«

»Ich glaube, daß sie dasselbe von Ihnen möchte wie Sie von ihr«, antwortete ich. »Und das ist mehr als einfach nur ein Orgasmus. Sie möchte, daß Sie ihr Ihre Gefühle schenken.«

Aber keiner dieser Zwangs»gebenden« konnte so lange etwas fühlen, bis er/sie nicht ganz selbstsüchtig Vergnügen zu empfinden begonnen hatte.

»NIE MEHR BRINGST DU MIR BLUMEN MIT«

Die Verwaltungsleiterin eines Krankenhauses, die ich kenne, erwähnte mir gegenüber einmal beiläufig, daß sie Schwierigkeiten hatte, eine qualifizierte Kraft zur Führung der Patientenakten zu finden.

»Es ist wirklich nicht einfach«, sagte sie. »Ich brauche jemand Intelligenten und Gewissenhaften, der auf jedes Detail achtet und über ein großes Organisationsvermögen verfügt.«

»Ich weiß, wo Sie mit einem Schlag ein Dutzend perfekter Anwärterinnen auf diesen Job finden können«, antwortete ich. »Suchen Sie sich irgendeine Frau aus meinen Orgasmusgruppen aus.«

Das ist die Wahrheit. In den ausgehenden siebziger Jahren wurde mir allmählich klar, daß in diesen Gruppen von Frauen, die nie einen Orgasmus hatten, ein überproportional hoher Prozentsatz von sehr intelligenten, hochdisziplinierten Erfolgstypen versammelt ist. Von den Berufstätigen hatte eine ungewöhnlich hohe Anzahl hochbezahlte Akademiker- oder Managerposten. Die Hausfrauen wurden im allgemeinen als überragend erfahren und tüchtig angesehen; sie hielten den Haushalt und alle seine Angehörigen tipptopp. Insgesamt waren sie eine besonders reinliche, gepflegte und gut frisierte Gruppe. Mit anderen Worten: Es handelte sich um »liebe kleine Mädchen«, die sich zu »perfekten« Frauen gemausert hatten.

Tatsächlich beschrieben sich die meisten Frauen in meinen Orgasmusgruppen bereitwillig als die Sorte Mädchen, auf deren Klavier nie auch nur das kleinste Stäubchen war, die bei der Hausarbeit halfen, sich um die kleineren Geschwister kümmerten, ihre Schulaufgaben sorgfältig erledigten und nie mit einer schlechten Note nach Hause kamen. Häufig das älteste Mädchen der Familie, hatte dieses brave Mädchen gewöhnlich kritische Eltern, denen es schwer rechtzumachen war; tatsächlich war sie sicher, ihren Eltern nur gefallen zu können, wenn sie ihre eigenen Impulse und Bedürfnisse verleugnete. Und so entstand das Verhaltensmuster: Diese Mädchen lernten, auf ihr eigenes Vergnügen zu verzichten, um von den Eltern angenommen zu werden und ihre Liebe zu gewinnen. Jetzt, als erwachsene Frauen, versagten sich diese braven Mädchen in ihren Beziehungen immer noch eigenes – nicht nur sexuelles – Vergnügen, in der Hoffnung, dafür Liebe einzutauschen. Immer noch gaben sie ihr Bestes, um der Autorität wohlgefällig zu sein, nur daß die Autorität jetzt der Mann in ihrem Leben war.

Was aber geschieht, wenn der Mann in ihrem Leben plötzlich herausfindet, daß ihm am besten gefallen würde, wenn sie einen Orgasmus hätte?

Dina entsprach bis aufs I-Tüpfelchen dem Profil anorgasmischer Frauen. Sie war die Erstgeborene, ein Traum von einem Kind und eine gute Schülerin – das brave kleine Mädchen schlechthin. Und jetzt, als Top-Angestellte und erstklassige Mutter und Hausfrau, war sie die perfekte Frau. Als sie mein Büro zum erstenmal allein betrat, trug sie ein gutsitzendes Maßkostüm, und jedes einzelne Haar lag richtig.

Noch einmal lauteten Dinas erste Worte, daß sie mit

ihrer Ehe total zufrieden sei und daß sie nur komme, weil Louis darauf bestand. All das wiederholte sie ruhig und höflich.

»Hören Sie, Dina, wollen wir uns nicht etwas Zeit sparen?« sagte ich mit ernster Miene. »Warum gehen Sie nicht einfach nach Hause und fangen an, Louis einen Orgasmus vorzutäuschen? Das würde ihn bestimmt glücklich machen.«

»Es kommt überhaupt nicht in Frage, daß ich Louis anlüge«, antwortete sie kühl.

»Das höre ich gerne«, entgegnete ich sachlich. Ich hatte gemerkt, daß ich nur weiterkommen würde, wenn ich ihrer Selbstkontrolle ordentlich zusetzte. »Warum gehen Sie dann nicht nach Hause und *zwingen* sich, einen Orgasmus zu kriegen?«

Dina sah mich böse an.

»Ich glaube kaum, daß das so einfach ist«, sagte sie.

»Aber für Sie, Dina? Ich habe fest geglaubt, daß Sie alles erreichen könnten, was Sie sich einmal in den Kopf gesetzt haben.«

Dina sah mich eine Sekunde lang an, dann griff sie sich an den Kopf, und Tränen rannen ihr das Gesicht hinab. Ich reichte ihr ein Papiertaschentuch.

»Das macht Sie sauer, nicht wahr? Sie haben nie etwas nur um des Spaßes willen gemacht, oder?« fragte ich sie freundlich.

Dina weinte, weil sie beschuldigt wurde, nicht perfekt zu sein. Mehr noch, ich hatte sie des allerschlimmsten Versagens überhaupt bezichtigt – sich nicht total unter Kontrolle zu haben. Wie so viele andere brave Mädchen hatte sie Anerkennung und Liebe nur erhalten, wenn sie einem bestimmten Standard entsprach, und die Furcht, diese Anerkennung zu verlieren, wenn sie es nicht tat, versetzte sie in Angst und Schrecken.

Dina steckte mitten in einem unauflösbaren Widerspruch. Ein braves Mädchen zu sein bedeutete totale

Kontrolle, und totale Kontrolle bedeutete die Aufgabe ihrer Gefühle, auch der »sentimentalen« sexuellen. Eine perfekte Ehefrau zu sein bedeutete aber, einen Orgasmus für den Ehemann zuwege zu kriegen. Kurz: um für ihren Mann brav zu sein, mußte sie aufhören, so brav zu sein. Peng.

»Für Louis können Sie keinen Orgasmus haben«, erklärte ich ihr. »So funktioniert das einfach nicht. Sie können nur für sich selbst einen Orgasmus kriegen. Und ich finde, allmählich ist es Zeit, daß Sie merken, daß Sie sich einen verdient haben.«

»Das hört sich so an, als sei es allein meine Entscheidung, ob ich einen kriege oder nicht«, sagte Dina, die allmählich die Fassung wiedergewann.

»Das ist es auch«, antwortete ich. »Vielleicht sollten Sie mal darüber nachdenken, was Sie zu verlieren fürchten, wenn Sie einen Orgasmus zulassen.«

Dina war in einem Widerspruch gefangen, der wie ein Sprung mitten durch sie durch ging. Sie, das Urbild der Selbstkontrolle, versuchte zu leugnen, daß sie ihren eigenen Orgasmus unter Kontrolle haben könnte. Indem sie unterstellte, daß ihr Mann für ihren Orgasmus zuständig war – beziehungsweise für sein Ausbleiben –, konnte sie perfekt bleiben. Nicht sie hatte versagt, sondern er. Aber gleichzeitig gab sie damit implizit zu, daß Louis die Macht hatte, ihr einen Orgasmus zu geben oder ihn ihr zu verweigern. Und mehr Macht, scheint mir, kann kein Mensch haben. Dina spürte, daß Louis sie in der Hand hatte. Deshalb mußte sie natürlich ein bißchen Macht für sich zurückgewinnen; und deshalb stritt sie ab, auch nur das geringste Interesse an einem Orgasmus zu haben. (Später gestand sie mir, daß sie jedesmal, wenn sie mit Louis schlief, im Kopf Listen durchging: wen sie anrufen mußte, was sie noch zu erledigen hatte – eine absolut sichere Garantie für sexuelle Empfindungslosigkeit.) Indem sie ihre Erregung und den Höhepunkt zurückhielt, hatte sie die Kontrolle. Umgekehrt hieß das, wenn sie doch einen Orgasmus hätte – und folglich jegliche Kontrolle aus der Hand geben würde –, liefe sie Gefahr, alles zu verlieren, nicht zuletzt Louis' Liebe und Anerkennung. Sie hatte Louis so viel Macht gegeben, daß er sie, wenn sie nicht höllisch aufpaßte, ausradieren konnte.

Einerseits bot Dina folgenden Handel an: »Ich bin deine perfekte Frau und Geisha und schlafe immer mit dir, wenn du willst. Dafür bleibst du bei mir, betrügst mich nicht und hältst mich für die Allergrößte. Aber glaube nur nicht, daß du mich jemals ›kriegen‹ wirst, denn *ich* brauche keinen Sex.«

Aber auf der anderen Seite verlangte Dina noch einen gänzlich anderen Kuhhandel von Louis: »Ich gebe dir Sex, jetzt sieh' bloß zu, daß ich etwas empfinde. Errege mich. Gib mir das Gefühl, geliebt zu werden. Und vor allem: gib mir das Gefühl, daß *ich* liebe!«

Wie so viele erwachsene brave Mädchen sehnte sich Dina bitterlich nach Gefühlen. Sie war ihr ganzes Leben so darauf konzentriert zu geben, daß sie praktisch unfähig war, zu empfangen. Expertin war sie beim Machen – alles, inklusive Sex –, aber beim Fühlen war sie blutige Anfängerin – inklusive des Gefühls zu lieben. Und wie so viele andere Frauen, nicht nur brave Mädchen, war Dina überzeugt, daß es in der Verantwortlichkeit ihres Mannes lag, sie fühlen zu lassen. »Das ist Männerarbeit: uns zu erregen, uns fühlen zu lassen. Oder etwa nicht?« Es ist immer wieder derselbe alte Kuhhandel: Sex gegen Liebe und Liebe gegen Sex.

Nach einigem Grummeln gab Dina zu, daß sie fand, Louis würde seinen Teil der Abmachung nicht erfüllen. Und tatsächlich, als sie anfing, sich mit diesem Gedanken näher zu beschäftigen, merkte sie, daß sie großen Groll gegen Louis hegte:

»So gut wie nie macht er mal was Besonderes für

mich«, erzählte sie mir. »Nie bringt er mir Blumen oder Pralinen mit. Letztes Jahr mußte ich ihn sogar an meinen Geburtstag erinnern; und das habe ich nur getan, damit für die Kinder alles in Ordnung war.«

Über den Sex mit ihm sagte sie: »Sieben Jahre lang war er froh, daß er immer mit mir schlafen konnte, wenn er wollte. Aber glauben Sie mir, besonders spannend war das nicht. Sicher, jetzt schlägt er sich ständig mit dieser Orgasmus-Kiste rum. Aber glauben Sie mir: Wenn er erreichen könnte, daß ich einen bekomme, indem er mich am Ellbogen zwickt, würde er's tun. Und ich möchte nur einen haben, wenn wir uns wirklich lieben.«

Endlich hatte Dina zugegeben, daß sie wenigstens unter einer Bedingung ganz für sich einen Orgasmus haben wollte.

Jetzt konnte es losgehen.

NICHTS FÜR KEINEN

Dina und Louis hatten etwas mit den meisten Paaren gemein, die ich heutzutage treffe: Beide gaben sich mit aller Verzweiflung dem Sex hin, um als Gegenleistung liebevolle Gefühle zu bekommen. Louis schaffte sich ab, suchte krampfhaft nach dem »richtigen Dreh«, daß sie kommen würde, damit er endlich nicht mehr das Gefühl haben mußte, den Sex ganz allein zu machen. Er strampelte sich ab, um das Glitzern in ihren Augen zu sehen, das ihm endlich zeigen würde, daß sie ihn liebte. Und Dina versorgte Louis pflichtbewußt immer mit Sex, wenn ihn danach verlangte – versah ihn sogar mit Parfum, Puder und einem Kissen unter dem Po –, während sie nur darauf wartete, daß er sie endlich seine Liebe spüren lassen würde.

Louis' und Dinas Ehe war ein typisches Tauschgeschäft der achtziger Jahre, das – typisch! – nicht funktionieren konnte. Louis war immer noch einsam und sehnte sich nach Intimität; Dina war immer noch fühllos und sehnte sich nach Gefühlen. Es war ein Handel, bei dem keiner etwas bekam. Und dafür gibt es einen ganz einfachen Grund: *Einfach so beim Sex stellen sich keine intimen Gefühle her.* Fragen Sie alle Don Juans dieser Welt: Je mehr Sex sie haben (und mit je mehr Partnerinnen), desto einsamer fühlen sie sich.

Die grundlegende Ursache, weshalb Dina keinen Orgasmus haben konnte, bestand darin, daß sie *überhaupt nichts* empfinden konnte: keinen Zorn, keine Freude, keine Liebe. In meinen Orgasmus-Frauengruppen stellt sich häufig heraus, daß eine Frau die ganze Zeit über im technisch-physiologischen Sinne einen Orgasmus hatte, aber dennoch vermißte sie ihn – das heißt, sie empfand ihn nicht. Diese Frauen sind so zu, daß sie keinerlei Gefühle haben, und deshalb auch keinen Orgasmus. Ich erklärte Dina, daß es für sie unmöglich wäre, ihren ersten Orgasmus mit ihrem Mann zu haben, weil sie es als Aufgabe der einzigen Macht auffassen würde, über die sie in dieser Beziehung verfügte. Zunächst würde sie lernen müssen, allein und für sich einen Orgasmus zu kriegen. Vor einigen Jahren hat die Therapeutin Lonnie Barbach registriert, daß der Erfolg ihrer reinen Frauengruppen bedeutend höher war als der von Masters und Johnson, die stets mit beiden Partnern zusammen arbeiteten. Ich fragte Dina, ob ich sie für meine Frauengruppe eintragen sollte.

»Ich weiß nicht recht«, antwortete sie zögerlich.

»Befürchten Sie, daß Louis etwas dagegen hätte?«

Dina nickte.

»Nun, er wollte es doch«, sagte ich mit einem Lächeln. Und zum erstenmal lächelte Dina zurück.

❤

Ich habe immer behauptet, einer der Gründe dafür, daß wir in unserer Arbeit mit anorgasmischen Frauen eine so hohe Erfolgsrate (über achtzig Prozent) haben, liege darin, daß sie hervorragende Schülerinnen sind. Brave Mädchen, die ihre Schularbeiten machen. In diesem Fall bestehen die Schularbeiten darin, pro Tag eine Stunde allein zu verbringen, zuerst den eigenen Körper zu erkunden und die Genitalien, und später sich zu berühren und zu masturbieren. Währenddessen experimentieren wir mit Selbstbehauptungsübungen, ein anderes Mittel, diesen ewigen Selbstverleugnerinnen ein bißchen Gefühl zurückzugeben. Aber für Dina wie für die meisten Frauen in diesen Gruppen war die Furcht vor der Mißbilligung durch ihren Mann das größte Hindernis, sich die Freuden des sexuellen Höhepunkts zu gönnen. Ja, zwar *behauptete* Louis, daß er sich wünschte, sie hätte einen Orgasmus, aber bereits in der Kindheit hatte Dina gelernt, daß sie keine Anerkennung oder Liebe bekam, wenn sie ihren eigenen Empfindungen nachging. Warum sollte das hier anders sein?

Seit Jahren gibt es in meinen Gruppen immer wieder Frauen, die gelernt haben, einen Orgasmus zu bekommen, und zu Hause ihren Männern doch immer noch vorschwindeln, sie hätten keinen. Diese Frauen praktizieren das Gegenstück zu einem vorgetäuschten Orgasmus; sie täuschen vor, *keinen* zu haben. Beide Frauentypen führen ihr Theater aus demselben Grunde auf: Sie wiegen ihren Mann in Sicherheit und Glück. Sie hindern ihn daran, sie zu verlassen.

Traurige Tatsache ist, daß in den Ängsten dieser Frauen ein Quentchen Wahrheit steckt. Ich erlebe nur allzu häufig, daß derselbe Mann, der seine anorgasmische Frau in meine Praxis geschleppt hat, damit ich sie kuriere, sie hinterher aus meiner Frauengruppe herauszerrt. Er ist bis ins Mark verunsichert. »Ob ich sie wohl ebensogut befriedigen kann wie sie sich selbst?« sorgt er sich. Oder schlimmer: »Will ich wirklich eine Frau, die so große sexuelle Bedürfnisse hat? Wird sie mich nicht verschlingen?«

Manche Männer sind überwältigt, wenn ihre Frau nach Hause kommt, meine Gruppe verlassen hat und plötzlich multiple Orgasmen hat. So hatte er nicht gewettet. Ihn packt die Furcht, daß er nicht mit ihr Schritt halten kann, daß er irgendeinen imaginären Sexualwettkampf verliert, und deshalb fängt er an, an ihr herumzunörgeln. Er schimpft, der Sex sei für sie unpersönlich geworden, daß sie zu weit weg sei. Aber nie sagt er, was ihn wirklich beschäftigt: daß er fürchtet, sie könne mehr Spaß haben als er.

In Dinas Fall waren ihre Ängste glücklicherweise unbegründet. Anfänglich hatte Louis tatsächlich, wie Dina vermutet hatte, gedacht, er allein sei für ihren Orgasmus verantwortlich. Übrigens begann Dina schon nachdem sie erst wenige Wochen in der Gruppe war, sich etwas weniger penibel um den Haushalt zu kümmern; sie überließ das Geschirr sich selbst, machte weniger Hausarbeit und bat Louis zwei-, dreimal die Woche, das Abendessen aus dem Restaurant mitzubringen. Sie badete in ihrer neuentdeckten »Schlampigkeit« und Selbstsucht. Zur gleichen Zeit aber bezog sie sich zum erstenmal aktiv und liebevoll auf Louis.

»Ich weiß gar nicht, was über mich gekommen ist«, berichtete Dina eines Tages in der Gruppe. »Ich bin an Louis herangekrochen und habe ihn in den Hintern gezwickt. Im ersten Moment hatte ich Angst, wie er reagieren würde, aber dann drehte er sich um und zwickte mich zurück. Das hört sich vielleicht komisch an, aber das war der liebevollste Moment, den ich je mit ihm hatte.«

Einige Wochen später liebten sich Dina und Louis – mit Orgasmus und allen Schikanen. Sie hatten den einzigen »Tauschhandel« entdeckt, der wirklich funktioniert: Beide hatten ihren Spaß *für sich* und teilten dann die Gefühle, die sich aus diesem Vergnügen entwickelten.

SECHSTES KAPITEL

Treulos dein

Also ich mag diese ominösen Zeitschriften, in denen sich immer mal wieder Artikel über die *Fünf Anzeichen, an denen Sie erkennen, daß Ihr Mann Sie betrügt* finden.

Nummer 1 ist gewöhnlich, daß er Anzeichen ununterdrückbarer Schuldgefühle an den Tag legt, wie zum Beispiel, daß er Ihnen nicht mehr in die Augen sehen kann oder in plötzliche Depressionen verfällt, besonders bei Familienfeiern. Nummer 2 macht Sie auf seine neue Heimlichtuerei aufmerksam (»Schließt er die Tür, *bevor* er ans Telefon geht?«), Nummer 3 versetzt Sie in Alarmbereitschaft, wenn er unter Umständen plötzlich anfängt, sich mehr um sein Äußeres zu kümmern, während unter Nummer 4 vorgeschlagen wird, Sie mögen doch bittschön seine Taschen nach Quittungen des lokalen Hotelleriebetriebes durchsuchen (»Seien Sie ganz offen: Gibt es irgendeinen plausiblen geschäftlichen Grund, daß er am Donnerstag im Old Forge Motel absteigen mußte?«).

Nummer 5 ist dann natürlich der todsicherste Hinweis: Er schläft nicht mehr annähernd so häufig mit Ihnen wie sonst, und wenn, dann wirkt er schuldbewußt und in sich gekehrt.

Die Leute, die so etwas schreiben, müssen andere Paare kennengelernt haben als ich. (Abgesehen davon, lese ich nie Artikel, die verraten, woran man erkennt, daß Ihre *Ehefrau* Sie betrügt; nach meiner Erfahrung zu urteilen, sind Frauen in dieser Hinsicht ebenso aktiv wie Männer.) Jedenfalls: Wenn ich anhand der Paare, die in meine Praxis kommen, eine solche Fünf-Punkte-Liste aufstellen sollte, würde sie in etwa so lauten:

1. Zu Hause wirkt er ungezwungener und fröhlicher als sonst.
2. Er hinterläßt überall in der Wohnung Hinweise, die Ihnen helfen sollen, seine Untreue zu entdecken.
3. Er ißt besser.
4. Er läßt die Quittung für die Übernachtung im Old Forge Motel auf seinem Nachttisch liegen (vgl. Nummer 2).
5. Er möchte doppelt so oft mit Ihnen schlafen wie sonst und wirkt dabei entspannter und ungezwungener.

Natürlich übertreibe ich ein wenig, aber tatsächlich fühlen sich die meisten untreuen Ehemänner (und -frauen) bei ihrem Partner freier und sind sexuell weniger gehemmt als vor ihrem Seitensprung. Der Grund für diesen Ausbruch an Ausgelassenheit liegt darin, daß der Seitensprung etwas frischen Wind in die Enge der Ehe gebracht hat; er hat einen Freiraum in einer Beziehung geschaffen, die beide als Falle zu empfinden begonnen hatten.

»Jetzt aber mal halt, Dagmar!« werde ich an dieser Stelle bestimmt unterbrochen. *»Die sechziger Jahre sind vorbei, und die offene Ehe war eine reine Katastrophe. Ausgerechnet Sie wollen doch wohl nicht hergehen und uns Untreue als Mittel auftischen, eine Ehe aufzufrischen. Oder etwa doch?«*

Niemals. Welcher kurzfristige Nutzeffekt für eine Ehe durch Untreue auch entstehen mag, der langfristige Effekt ist nur zu oft zerstörerisch. Erst kommt das

Gefühl von Freiheit, aber dann stellen sich Schuldgefühle und gegenseitige Vorwürfe ein, und schließlich geht das Vertrauen kaputt. Was so bedauerlich ist: Ein Paar könnte genau dieselbe gefühlsmäßige Freiheit und sexuelle Ausgelassenheit auch in ihre Beziehung bringen, ohne in ein derartig destruktives Extrem zu verfallen. Wenn sie wüßten, wie, könnten sie die nötige Distanz in ihrer Beziehung herstellen, auch ohne daß er mit seiner Sekretärin ins Old Forge Motel abhauen muß.

»GERADE ALS WIR UNS SO NAH WAREN…«

»Ich weiß gar nicht, was ich eigentlich hier will«, erklärte Kelly Q., sowie sie Platz genommen hatte. »Ich kann mir nicht vorstellen, daß ich ihm das, was er mir angetan hat, jemals verzeihen kann.«

»Er« war Jack, der Mann, mit dem sie seit zehn Jahren verheiratet war und der mit dem Ausdruck äußerster Trostlosigkeit und Schuldbewußtseins auf seinem Lausbubengesicht neben ihr saß. Vor sieben Monaten hatte Jack angefangen, mit einem Mannequin der Bekleidungsfirma, in der er arbeitete, zu schlafen. Er hatte die Beziehung erst vor einem Monat abgebrochen, als Kelly sie spitzgekriegt hatte. Was sie am meisten schmerzte, sagte Kelly, war, daß sie genau gewußt hatte, wann diese Affäre ihren Anfang genommen hatte.

»Wir waren gerade nach einem Wochenende in unserem Lieblingshotel in den Poconos zurück«, sagte sie. »Die Kinder hatten wir bei der Mutter gelassen, wir tanzten bis in den frühen Morgen, frühstückten im Bett. Na eben all das. Und ich weiß nicht, wie oft wir miteinander geschlafen haben. Ganz wie in der Zeit vor unserer Heirat. Es war, als würden wir uns von neuem ineinander verlieben. Jedenfalls für *mich* war es so.«

Kelly betupfte sich die Augen mit ihrem Taschentuch, bevor sie fortfuhr.

»Und genau am nächsten Tag – ich sage Ihnen, an diesem Montag! – fängt er mit dem Mannequin an. Ich bin zu Hause, träume immer noch von unserem Wochenende, und er macht zwischen ihren Beinen Kaffeepause. Was sagen Sie zu diesem Timing?«

»Ich habe es nicht so geplant«, protestierte Jack schwach. »Es ist einfach so passiert.«

»Wie Zauberei, hm?« gab seine Frau bitter zurück. »Und wer sagt mir dann, daß es nicht wieder passiert?«

Kellys Botschaft an mich war laut und unmißverständlich: »Bestrafen Sie diesen Kerl! Und richten Sie ihn so her, daß er mich nie wieder betrügt! Dann und nur dann werde ich in Erwägung ziehen, ihm zu verzeihen und unsere Beziehung aufrechtzuerhalten.«

Andere betrogene Ehefrauen übermitteln mir diese Botschaft subtiler und mit mehr Raffinesse, aber immer läuft es auf die Vorstellung heraus, meine Aufgabe sei, ihre Männer umzuerziehen wie straffällige kleine Jungen, die moralischer Erziehung bedürfen. Jack, wie so viele andere untreue Ehemänner, erlebte seine Rolle als »böser Bube« fast mit Erleichterung: Wie wir später noch sehen werden, kann es emotional durchaus von Vorteil sein, der Schurke zu sein. So war also Jack der Sünder und Kelly die Heilige.

Ich glaube, es gibt einen Punkt, an dem ein Paradoxon so weit verbreitet ist, daß es aufhört, paradox zu sein. In der Sexualtherapie ist es fast schon die *Regel*, daß der Partner mit den »Symptomen« als »Frontmann« des Partners mit den tiefersitzenden Problemen fungiert. Eine Frau kommt zu mir, die sexuell kühl und in sich gekehrt ist, und automatisch suche ich nach dem Ehemann mit sexuellen Unsicherheiten; ein Mann sucht mich auf, der vorzeitig ejakuliert, und schon begebe ich mich auf die Suche nach seiner sexuell nervösen, ungeduldigen Frau. Vergleichbar agiert in Fällen ehelicher Untreue derjenige mit den Symptomen – der Sünder – gewöhnlich ein Problem aus, das den anderen mindestens ebenso sehr betrifft wie ihn selbst.

Aber welches Problem agierte nun Jack aus?

Ich war ebenso verblüfft über das Timing von Jacks Seitensprung wie Kelly. Ich fragte beide, ob in der Zeit vor ihrem Wochenende in den Poconos irgend etwas Ungewöhnliches vorgefallen war. Beide zuckten die Achseln. Nein.

»Wir haben uns nicht gestritten, wenn Sie das meinen«, sagte Kelly. »Wir lebten eben so wie alle anderen normalen Paare. Etwas normaler als sonst, um genau zu sein, seit Jack nicht mehr unterwegs ist.«

Vor einem Jahr war Jack vom Handelsreisenden zum Verkaufsleiter befördert worden. Seit dieser Zeit kam er zum erstenmal seit ihrer Heirat jeden Abend nach Hause. *Nach Jahren, in denen er manchmal wochenlang unterwegs war, nun jeden Abend zu Hause*! Für mich hörte sich das wie die Szenerie für einen ungewöhnlich schwierigen Anpassungsprozeß an. Ich fragte, wie sich ihre körperlichen Beziehungen entwickelt hatten, seit Jack Nacht für Nacht daheim war.

»Etwas schleppend«, antwortete Jack. »Als ich noch unterwegs war, feierten wir immer ein großes Wiedersehensfest miteinander, wenn ich wiederkam. Zwei oder drei Nächte lang hintereinander großes Schön-daß-du-wieder-bei-mir-bist im Bett. Es wurde alles etwas langweiliger, seit ich nicht mehr reise. Sie wissen schon, Routine.«

Aber dann hatten sie die Liebe wieder aufgenommen, *unmittelbar nach* dem Wochenende in den Poconos und am Anfang von Jacks außerehelichen Affäre.

»Das macht mich ja so verrückt«, sagte Kelly. »Die

ganzen Monate, die wir uns jede Nacht als Frischverliebte aufgeführt haben, und *zur gleichen Zeit* treibt er es mit seiner Kleinen. Wir haben uns mit so viel Zuneigung geliebt, und dann finde ich plötzlich heraus, daß das überhaupt nichts mit mir zu tun hatte. Das ist demütigend.«

»Empfinden Sie es nicht so«, versuchte ich Kelly zu beruhigen. »Jacks Affäre war seine Art, wieder unterwegs zu sein – *für Sie beide.*«

Jetzt paßte alles zusammen. Die ersten neun Jahre ihrer Ehe war die ganze Beziehung auf Jacks Kommen und Gehen zugeschnitten, auf Wiedersehen und Abschiede, Zeiten des Beisammenseins und Zeiten des Getrenntseins. Die Beziehung hatte einen Rhythmus, der beiden entsprach, beiden gestattete, sich von den Ausbrüchen leidenschaftlicher Intimität zu »erholen«, indem sie sich auf sich selbst mit sicheren Grenzen zurückziehen konnten. Aber als Jack plötzlich ständig daheim war, verlor die Beziehung etwas. *Beide* hatten an Unabhängigkeit verloren, an Spielraum, und das hatte sich alsbald in einer glanzlosen sexuellen Beziehung ausgedrückt. Selbst Kelly gab zu, daß sie schnell in eine langweilige Schlafzimmerroutine verfallen waren, lehnte allerdings jegliche eigene Verantwortung dafür ab. Und als sie dann ihr romantisches Wochenende in dem Hotel verbrachten, sich nachmittagelang sinnlich liebten, erlebten beide eine Explosion intimer Gefühle füreinander – überwältigende Gefühle. *Aber sie hatten keine erprobte Möglichkeit, sich wieder auf sich zurückzuziehen.* Jack ging nicht wieder auf die Reise: Er fuhr mit seiner Frau nach Hause.

Ich fragte Kelly nach ihren Gefühlen bei der Heimfahrt von diesem romantischen Wochenende, und sie behauptete, daß sie voller Liebe gewesen sei und glücklich.

»Ich habe es anders in Erinnerung«, warf Jack ein.

»Du hattest schon schlechte Laune, bevor wir noch auf der Autobahn waren. Du hast die ganze Fahrt über genörgelt, daß der ganze Spaß jetzt vorbei wäre und daß wir jetzt in unser langweiliges Alltagsleben zurückkehren. Wie die Kinder nach den Sommerferien hast du dich angehört. Immerzu hast du gemeckert: ›Warum kann es nicht immer so sein wie im Hotel? Warum kannst du zu Hause nicht auch so romantisch sein?‹ Das war schon ziemlich hart.«

So hart, daß Jack am nächsten Tag mit einer anderen ins Bett ging. Nach der überwältigenden Intimität des Wochenendes und Kellys *Forderung* nach Nonstop-Romantik bis in alle Ewigkeit war Jack weggelaufen: direkt in die Arme einer anderen Frau. So war er mit seiner Panik vor der überwältigenden Intimität umgegangen. Bei den meisten untreuen Ehemännern besteht ein Aspekt dieser Panik in ihrer Angst, verlassen zu werden; wenn er seiner Frau am nächsten ist, wird diese Angst so groß, daß er auf die Idee kommt, die Ehe von selbst aufzukündigen – dann hat er sein Schicksal wenigstens selbst in der Hand. Indem er mit einer Frau schlief, die er nicht liebte, konnte sich Jack »stark« genug fühlen, glücklich – und intim – mit seiner Frau zusammenzusein, ohne seiner Panik nachgeben zu müssen.

Ein Seitensprung kann auch die Panik, in der Intimität zu ersticken, auflösen. Eine unbekannte Anzahl von Ehemännern wird ihren Frauen plötzlich untreu, wenn sie mit ihrem ersten Kind schwanger ist – und noch häufiger beim zweiten. Die Falle des Familienlebens schnappt endgültig zu: Sex mit einer anderen Frau ist die letzte verzweifelte männliche Unabhängigkeitserklärung. Aber in Wahrheit ist es natürlich keinerlei Zeichen für Unabhängigkeit: Es ist nur ein Zeichen für verzweifelte Angst.

Als ich allein mit Jack sprach, versicherte er mir, dies

wäre seine erste und einzige außereheliche Affäre gewesen. Das kam ihm selbst merkwürdig vor.

»All die Geschichten über Handelsreisende sind wahr«, vertraute er mir an. »Ich kenne Dutzende, die in jeder Stadt ihres Gebiets eine andere haben. Ein bißchen Entschädigung muß sein, nicht wahr? Aber ich war eine Ausnahme – Mister Unangefochten-Immer-Treu. Genau bis ich für immer nach Hause kam.«

Jack begann den Zusammenhang zwischen »für immer nach Hause kommen« – wie ein Vogel mit gestutzten Flügeln – und »in das Nest einer anderen Frau zu flattern« zu begreifen.

Aber was war mit Kelly? War sie nur die Leidtragende? Die heilige Märtyrerin, die von ihrem Mann nichts anderes wollte als Liebe und Loyalität? Ich vermutete, daß Kelly ebensoviel Distanz in der Beziehung brauchte wie Jack – vielleicht sogar mehr. Dafür gab es einen besonders schwerwiegenden Hinweis: die Art und Weise, wie Kelly Jack mit ihrem Wunsch nach »ewiger Liebe« in den Ohren gelegen hatte. Das mußte mit absoluter Sicherheit genau den gegenteiligen Effekt haben, und vorbewußt war sich Kelly darüber auch im klaren. Sie benutzte ihre Forderung nach Romantik, um Jack von sich zu stoßen, damit sie selbst ein bißchen von dem Freiraum bekam, den sie so dringend benötigte. »So wirst du mich nicht mehr lieben!« schrie sie voller Panik. Eine sich selbst erfüllende Prophezeihung, die Jack jede Niederlage in ihrer Beziehung anlastete.

Aber natürlich verhielt sich auch Jack paradox. Indem er sich auf eine Affäre einließ, konnte er Kelly die ewige Liebe geben, die sie angeblich von ihm wollte. Er wurde ihr ein freizügiger, ausgelassener Liebhaber. Und weil er überdies mehr und mehr Zeit außer Haus verbrachte, um sich mit seiner Geliebten zu treffen, gab er auch Kelly den Raum, den sie brauchte. Es funktionierte solange, bis Jack seine Schulgefühle nicht länger bei sich behalten konnte.

»Warum konnte er mir das gerade in dem Moment antun, in dem wir einander so nah waren?« fragte mich Kelly.

Und meine Antwort lautete: »Er tat es *gerade weil* Sie einander so nahe waren. Und keiner von Ihnen beiden war in der Lage, mit dieser Nähe umzugehen.«

»WODURCH UNTERSCHEIDEN SICH DIE GUTEN VON DEN SCHLECHTEN?«

Jack wurde der Untreue schließlich überführt, als er einen Hotelzimmerschlüssel in der Tasche des Mantels vergaß, den er Kelly gebeten hatte, zur Reinigung zu bringen. Es war, als ließe man eine Pistole voller Fingerabdrücke am Tatort liegen. Genau wie er sich im Bett mit einer anderen Frau »wiedergefunden« hatte, »fand« er sich jetzt bei seiner Indiskretion ertappt. Er brachte es fertig, sich selbst davon zu überzeugen, daß beides kein bewußter Akt war; so mußte er weder für sein Verbrechen noch für seine Ergreifung einstehen. Als seine Schuldgefühle plötzlich übermächtig wurden, vermied er die kindliche Demütigung eines Geständnisses, indem er Kelly zum Ankläger und Richter machte. Jetzt war sie am Drücker. Er konnte einfach nur den bösen Buben spielen.

Bei diesen Alternativen ist es eine leichte Aufgabe, der böse Bube zu sein. Der böse Bube muß sich nicht mit seinen Schwäche- oder Verletzlichkeitsgefühlen auseinandersetzen – er braucht sich einfach nur schuldig zu fühlen. Und wenn er über hinreichend Erfahrung als böser Bube verfügt, kann er sich sogar noch selbst bemitleiden, während er bestraft wird. Männer scheinen eine besondere Begabung für diese Rolle zu haben; es gilt als »männlich«, böse zu sein, insbesondere sexuell. Es ist immer noch die Rolle des Aktiven und nicht die des Opfers. Ein echter Mann kann Frauen haben, soviel er will, und wenn er erwischt wird, nimmt er bereitwillig seine Strafe entgegen. Er kann diese Prozedur sogar durchlaufen, ohne groß was zu empfinden.

Aber selbst unter diesen Umständen ist es doch bemerkenswert, wie viele Männer bereitwillig die Festlegung auf den bösen Buben akzeptieren, *selbst wenn auch ihre Frauen die Treue brachen.*

»Er fing damit an«, erklärte mir erbost eine Frau. »Alles, was ich gemacht habe, war nur eine Reaktion darauf. Nur ein verzweifelter Versuch, so quitt zu werden wie irgend möglich.«

Der Gatte dieser Frau gab nicht einmal einen Piep von Protest von sich. Ihre jeweiligen Rollen von Gut und Böse waren ihnen beiden wie auf den Leib geschnitten.

Voll in diesen Rollen aufzugehen ist die letzte und letzten Endes traurigste Art, sich in einer Beziehung Freiraum zu verschaffen. In gewisser Weise hatte Jacks Aufgabe immer darin bestanden, für die nötige Distanz in ihrer Ehe zu sorgen. Zunächst hatte er diese Distanz ganz unmittelbar hergestellt, indem er die meiste Zeit unterwegs war; dann tat er es durch seine Affäre; und schließlich erreichte er den Abstand, indem er den bösen Buben spielte. Jetzt konnte er in der Ecke stehen, während Kelly verbal auf ihn eindrosch – auf diese Art liefen sie nicht Gefahr, in ihrer Intimität zu ertrinken.

Aber weder Kelly noch Jack wollten ihre Ehe aufgeben – deshalb suchten sie Hilfe. Ich fragte, ob sie bereit seien, den ersten Schritt aufeinander zu zu machen, indem sie ihren Körpern gestatteten, »Freundschaft miteinander zu schließen«, und beide stimmten zu, die Sinnlichen Übungen für Fortgeschrittene auszuprobieren.

»Konzentrieren Sie sich nur auf Ihre körperlichen Empfindungen«, sagte ich ihnen. »Schuldbewußt und ägerlich können Sie den ganzen restlichen Tag sein.«

Aber Kelly konnte sich nicht von ihrem Ärger lösen, *besonders wenn Jack an der Reihe war, sie zärtlich zu liebkosen.* Er hatte noch nicht richtig angefangen, als sie ihn schon unterbrach und wieder zu weinen anfing.

»Das erinnert mich bloß daran, was er mit *ihr* alles gemacht hat«, sagte Kelly eine Woche später mit Bitterkeit in meiner Praxis.

»Aber so habe ich sie nie berührt!« gab Jack zurück. »Das einzige, was ich mit ihr gemacht habe, war ficken!«

Auf seine Art hatte Jack seine Untreue getreulich zusammengefaßt. Indem er außerhalb des Hauses Sex ohne Emotionen suchte, war er imstande, voller Gefühl mit seiner Frau zu schlafen. Während einige Männer und Frauen den Terror der Intimität entfliehen, indem sie fühllosen Sex mit ihrem Partner haben, können andere, wie zum Beispiel Jack, diesem Terror entgehen, indem sie ihr Leben splitten: hier Liebe, dort Sex. Kelly ließ sich durch diese Erklärung natürlich nicht zufriedenstellen. Nachdem sie in der folgenden Woche die erste Sinnliche Übung noch einmal versucht hatten, erklärte sie mir, daß es einfach nicht klappte und daß sie mit der Therapie ganz aufhören wollte.

»Könnten Sie sich nicht einmal wenigstens einen Augenblick lang auf Ihre sinnlichen Empfindungen konzentrieren?« fragte ich sie.

Kelly schüttelte den Kopf. Nein.

»Dickschädel!« sagte Jack. »Als ich mit meiner Hand über deine Beine und den Rücken strich, hast du eine Weile geschnurrt wie ein kleines Kätzchen.«

»Du Schwein!« schrie Kelly errötend.

Kelly fühlte sich gedemütigt, weil Jack ihr auf die Schliche gekommen war – tatsächlich war sie in Kontakt mit ihren sinnlichen Empfindungen gekommen, wenn auch nur einen Augenblick lang. Aber was schlimmer war: Sie war deshalb so sauer, weil sie glaubte, indem sie sich gestattete, diese Gefühle zu erleben, hätte sie Jack »nachgegeben«, ihren Stolz und ihre Identität geopfert. Kelly war tatsächlich eine sinnliche Frau, die von starken Emotionen durchströmt wurde, wenn sie mit ihrem Mann schlief. Genau deshalb brauchte sie hinterher auch so viel Freiraum, um wieder zu sich selbst zurückzufinden.

»Lassen Sie es uns noch einmal versuchen«, bat ich. »Aber wenn Sie diesmal mit der Übung fertig sind, möchte ich, daß einer von Ihnen sofort das Haus verläßt. Wirklich, gehen Sie weg und kommen Sie frühestens nach zwei Stunden wieder.«

Es klappte. An den lächelnden Mienen der beiden konnte ich ablesen, daß es ein voller Erfolg war, als sie das nächstemal zu mir kamen. Dadurch, daß sie wußten, daß sie hinterher Zeit für sich hatten, um sich zu erholen, konnten sie sich so lieben wie in der Zeit, als Jack noch unterwegs war.

»Manchmal brauchen wir dieses verrückte ›Ich mach mal 'nen kleinen Spaziergang‹ heute immer noch«, erzählte mir Kelly kürzlich am Telefon. »Und ich kann Ihnen sagen, mitten im Winter ist das nicht gerade ein reines Vergnügen. Aber immer noch bedeutend besser als die Alternative, nicht wahr? Und was das beste ist: Irgendwann habe ich angefangen, Jack wieder richtig zu vertrauen.«

»ICH HATTE DOCH NICHT DAMIT GERECHNET, DASS ICH MICH VERLIEBEN WÜRDE«

Es hatte nie davon die Rede sein können, daß Jack in die andere Frau verliebt war, und das hatte das Verzeihen und Vergessen seiner Untreue ein bißchen einfacher gemacht. Die Unterscheidung zwischen Sex und Liebe war ziemlich eindeutig gewesen. Aber in anderen Fällen, die mir bekannt sind, wurde alles viel komplizierter.

Miriam L., eine aufsehenerregend aussehende Werbefachfrau, suchte mich allein auf. Sie war fünfunddreißig Jahre alt, verheiratet und hatte zwei Kinder. Wie sie sagte, liebte sie ihren Mann und die Kinder von Herzen. Aber sie sagte auch, sie sei wahnsinnig in einen Mann verliebt, mit dem sie eine Affäre hatte.

»Ich weiß selbst, daß sich das sehr kitschig anhört«, vertraute sie mir an, »aber das war nicht so vorgesehen. Ich hatte ja nicht damit gerechnet, daß ich mich verlieben würde. Es ist mir nie zuvor passiert.«

Während ihrer zwölfjährigen Ehe hatte Miriam mehrere gelegentliche Affären gehabt.

»Aber die meisten waren für mich eher ein warmer Körper als richtiggehende Affären«, sagte sie. »Ich fühlte mich nicht ganz wohl dabei, aber sexuell war es schon seit Jahren mit Greg (ihrem Mann) nicht weit her; so war es mehr eine Möglichkeit, mich hin und wieder mal richtig lebendig zu fühlen. Es hat ja niemandem weh getan. Ich konnte das immer auseinanderhalten.«

Miriam beschrieb ein Arrangement, das noch vor kurzem in erster Linie den Ehemännern vorbehalten war: »Außerhalb« hatte sie unbeteiligten Sex mit ihr praktisch fremden Partnern und zu Hause eine liebevolle emotionale Verbindung mit ihrem Mann (wenn auch nicht viel Erotik). Das perfekte Splitting, solange sie »das auseinanderhalten« konnte.

Aber dann verliebte sie sich in einen der »warmen Körper«.

»Es ist verrückt«, erzählte Miriam, »Brad (ihr Lover) ist verheiratet und hat auch schon jede Menge Affären auf dem Buckel. Deshalb war er für mich so ›sicher‹.

Keine Forderungen, keine Komplikationen. Nur Spaß miteinander, und dann ging jeder nach Hause. Aber allmählich, ganz nach und nach, fingen wir an, uns völlig anders wahrzunehmen.«

Sie erzählte, sie hätte die Veränderung bemerkt, als sowohl sie als auch Brad das Bedürfnis hatten, mehr Zeit füreinander zu finden.

»Und es ging auch nicht nur um Sex«, sagte sie. »Manchmal liegen wir im Hotel nur im Bett, küssen uns, berühren uns, umarmen uns, reden miteinander, hören Musik – und dann gucken wir auf die Uhr, merken, daß wir nach Hause müssen, und sind noch nicht einmal zusammen gewesen.«

Ich fand schon, daß sie zusammen waren, nur hatten sie nicht immer das Bedürfnis, von der sinnlichen Intimität zur puren Sexualität überzugehen. Und ich vermutete, daß Miriam seit langer Zeit zum erstenmal wieder Liebe (im Gegensatz zu Sex) machte. Tatsächlich sagte mir Miriam, daß sie diese Art langwährender sinnlicher Intimität nur mit einem einzigen anderen Menschen erlebt hatte: mit Greg, ihrem Mann, und zwar während des Jahres, in dem sie noch ohne Trauschein zusammenlebten.

»Aber damit war es buchstäblich am Tage unserer Hochzeit vorbei«, sagte sie. »Wir hatten unser Gelübde abgelegt, und plötzlich wurde Greg zu diesem leidenschaftslosen Tugendbold. Erst dachte ich, das wäre nur eine Phase, die er durchmachen muß. Aber er ist nie da rausgekommen.«

Greg schien, wie so viele andere Männer und Frauen, unwissentlich zum leidenschaftslosen Mama-und-Papa-Sex zurückgekehrt zu sein – unmittelbar in dem Moment, in dem er sich familiär gebunden hatte. Beim Sex mit seiner Frau, der zukünftigen Mutter seiner Kinder und insofern der Replik seiner eigenen Mutter, war die unbekümmerte, sinnliche Lust, der er sich mit seiner

Geliebten hingegeben hatte, nicht mehr drin. *Obwohl Ehefrau und Geliebte ein und dieselbe Person waren.*

Aber warum hatte Miriam so bereitwillig zugelassen, daß ihr Mann die ganzen Jahre über ein derartiger »Tugendbold« blieb? Vielleicht weil sie dadurch ihre Affären haben durfte? Und weil sie auf diese Art Sex und Liebe in getrennte Schubladen ihres Lebens packen konnte, ohne Angst haben zu müssen, von dem einen oder der anderen überwältigt zu werden?

Bevor ich mich mit diesen Fragen beschäftigen konnte, mußte ich wissen, was Miriam jetzt eigentlich wollte.

»Verschwinden will ich«, sagte sie mir. Tränen standen ihr in den Augen. »Jetzt hatte ich endlich bei einem einzigen Menschen Sex und Liebe zusammen – und dann ist es der *falsche.*«

Ich schlug ihr vor zu versuchen, Sex und Liebe mit dem *richtigen* Menschen zu verbinden, nämlich mit Greg. Der Grund dafür, daß sie überhaupt in diese Zwangslage gekommen war, lag darin, daß sie endlich reif genug war, sich beides zusammen zuzutrauen – und das war eine schwierige Angelegenheit. Ich sagte, wenn sowohl sie als auch Greg dazu bereit wären, könnten sie an dem Punkt wieder neu anfangen, an dem sie bei der Heirat aufgehört hatten. Aber dazu müßte sie zunächst ihre Affäre mit Brad beenden. Ich konnte nicht mit Miriam und ihrem Mann arbeiten, wenn sie zur gleichen Zeit eine sexuelle Beziehung mit jemand anders hatte. Das habe ich öfter probiert, und es klappt einfach nicht.

»Aber was ist, wenn es einfach zu spät ist?« fragte Miriam.

»Garantien kann ich Ihnen keine geben«, antwortete ich, »nur Hoffnung.«

Fast ein Jahr lang hörte ich nichts mehr von Miriam, und als sie sich dann meldete, erzählte sie mir, daß sie verschiedene Male versucht hatte, sich von Brad zu trennen, sie sei dann aber immer wieder zu ihm zurückgekehrt.

»Es war, wie wenn man versucht, das Rauchen aufzugeben«, sagte sie mit einem nervösen Lachen.

Aber dann war ihr plötzlich klar geworden, daß sie Greg aufgeben müßte, wenn es ihr nicht gelänge, mit Brad Schluß zu machen. Sie hatte registriert, daß sie an einem Punkt angelangt war, an dem sie Sex und Liebe verbinden mußte, und zwar mit ein und demselben Menschen. Im Herzen konnte sie da keinen Trennungsstrich mehr ziehen. Als sie mich aufsuchte, hatte sie Brad seit mehr als zwei Monaten nicht mehr gesehen.

»Jetzt bin ich bereit, mit Greg ganz von vorn anzufangen«, sagte sie, »aber ich kann den Gedanken nicht ertragen, daß ich plötzlich anfange, ihm von Brad und all den anderen zu erzählen. Dann hätten wir nie eine Chance.«

Moralische Ratschläge erteile ich nicht. Das ist nicht meine Aufgabe. Ich glaube, daß ein Geheimnis, wenn es nie enthüllt wird, in vielen Fällen eine Beziehung vergällen und vergiften kann, war aber überzeugt, daß Miriam in der Lage sein würde, ihre Vergangenheit ad acta zu legen und ihre Gefühle für Greg nicht damit zu belasten. Und Greg, stellte sich heraus, sprach ungewöhnlich gut auf die Therapie und die Sinnlichen Übungen an. Buchstäblich innerhalb weniger Wochen liebten er und Miriam sich zärtlich und sinnlich und genossen es in vollen Zügen.

»Wie konnten wir so viele Jahre darauf verzichten?« fragte er Miriam in meiner Praxis.

Ihre Augen füllten sich mit Tränen.

»Ich will nur an die vielen Jahre voller Liebe denken, die noch vor uns liegen«, antwortete sie.

In fast allen Fällen ehelicher Untreue, von denen ich höre, spielt das Dilemma, Sex und Liebe miteinander zu verbinden, eine gewisse Rolle. Ein Mann rennt davon und macht mit einer Frau, die er kaum kennt, den wildesten Sex, weil er sich zu gehemmt fühlt, mit der Frau, die er wirklich liebt – seiner Ehehälfte –, leidenschaftlichen Sex zu betreiben. Eine sinnliche Frau sucht sich einen sexuell verklemmten Mann zum Heiraten und hat dann plötzlich eine Affäre mit einem anderen, mit dem sie keine emotionale Beziehung herstellen kann. Diese Leute sind nicht in der Lage, mit Liebe und Sex an ein und demselben Ort klarzukommen, und so fangen sie irgendwann an, zwischen beiden hin und her zu pendeln.

In den letzten Jahren beobachte ich eine neue Variante dieser Aufspaltung: Ich nenne sie asexuelle außereheliche Affäre. Wieder einmal werden Sex und Liebe getrennt, aber in diesem Fall bleibt der unbeteiligte Sex dem Partner zu Hause vorbehalten, während die leidenschaftliche, aber nicht vollzogene Liebe mit jemand anders stattfindet – gewöhnlich mit einem Kollegen oder einer Kollegin.

Aaron S., ein fünfundvierzigjähriger Arzt, ist ein typischer Vertreter dieses Syndroms. Seit mehr als fünfzehn Jahren ist er mit einer attraktiven skandinavischen Krankenschwester verheiratet, die er während des Studiums kennengelernt hatte, aber fast immer unterhält er eine platonische, aber wahnsinnig romantische Affäre mit einer anderen Frau, meistens einer Ärztin aus seinem Krankenhaus. Er schläft regelmäßig mit seiner Frau; die romantischen Mittagspausen verbringt er im Krankenhaus, blickt seiner jeweiligen Angebeteten tief in die Augen und schimpft über das Leben, das sie nicht zusammenkommen läßt.

Aarons Arrangement scheint ziemlich harmlos, es besteht kein Grund, daß sich irgend jemand verletzt fühlen sollte. Und tatsächlich könnten solche platonischen Affären eine legitime Möglichkeit sein, etwas Freiraum in die Beziehung zu Hause zu bringen. Aber indem er sich ständig nach einer anderen Frau sehnte, ging Greg den liebevollen Gefühlen zu seiner Frau aus dem Weg. Die Alltagsempfindungen, die er ihr gegenüber hegt, könnten den erhöhten romantischen Gefühlen, die in seinen nicht vollzogenen Liebschaften aufkommen, nicht das Wasser reichen. Wie den echten Schürzenjägern ist auch ihm gelungen, Liebe und Sex getrennt zu halten, so daß ihn weder das eine noch das andere bedroht, aber beide frustrieren.

»Ich glaube, Sie sollten lernen, noch ›promisker‹ zu werden, und nicht weniger«, riet ich Aaron. »Wenn Sie Ihrer Frau schon ›untreu‹ werden, warum flirten Sie dann nicht gleich mit zwei oder drei Frauen zur selben Zeit?«

Ich schlug ihm das Experiment vor, sich jeden Tag mit einer anderen attraktiven Frau in der Cafeteria zum Mittagessen zu verabreden und sich in so viele wie möglich zu verlieben.

Zwei Wochen später kam Aaron mit einem kleinen Grinsen in meine Praxis. Er hatte sich tatsächlich von einer zweiten Frau hinreißen lassen, und dann auch noch von einer dritten, einer Ärztin. Aber in dieser Zeit war ihm auch noch etwas anderes zugestoßen: Er hatte angefangen, viel gefühlvoller mit seiner Frau zu schlafen.

»Ich gebe mich geschlagen«, erklärte er. »Was ist eigentlich los?«

»Sie haben entdeckt, daß Ihre Gefühle gar nicht so ausschließlich sind, wie Sie denken«, verriet ich ihm.

»Tatsache ist, daß Sie sich ebensogut in Ihre Frau verlieben können wie in alle anderen.«

Aber wichtiger noch: Drei romantische Flirts gleichzeitig gaben Aaron den Spielraum, den er brauchte, um sich von der Verbindung von Sex und Liebe zu Hause nicht so bedroht zu fühlen.

❤

Im Gegensatz zu Präsidentschaftskandidaten und tief religiös Empfindenden kommen die meisten Menschen gut damit zurecht, sich gelegentlich von ganzem Herzen nach einem Mann oder einer Frau zu sehnen, mit dem/der sie nicht verheiratet sind. Ein Problem wird daraus erst, wenn sie beim Sex mit ihrer Ehehälfte fast *immer* von jemand anders träumen. Oder, was sich noch verheerender auswirkt, wenn sie merken, daß sie beim Verkehr nur erregt werden, wenn sie die Augen fest zumachen und sich vorstellen, sie schliefen mit jemand anders: einem Filmstar, der Nachbarin oder mit einem/einer Geliebten aus früheren Jahren. Genau wie eheliche Untreue stellen diese Phantasien den Abstand her, den manche Menschen brauchen, um sich sexuell gehenlassen zu können. Das ist wie ein sexueller Traum, unbehelligt von der Alltagsroutine und den Verstimmungen, die zwischen Ehepartnern unweigerlich entstehen.

Und auch in diesem Fall wird doch kein Schaden angerichtet, oder?

Erst wenn es sich so anfühlt, als setze es das wirkliche Erleben herab, wenn es sich so anfühlt, als würde wieder einmal nur Sex gemacht, und nicht Liebe.

»Da habe ich nun eben gerade mit Robert Redford geschlafen«, gestand mir eine Frau, »und dann mache ich die Augen auf, gebe Harold einen Kuß und sage ihm, daß ich ihn liebe. Das kommt mir gelinde gesagt etwas schal vor.«

Die meisten Menschen haben mehrmals am Tag sexuelle Phantasien. Ausgelöst werden können sie von einem gewissen Duft, beim flüchtigen Anblick eines Schenkels, einer leichten Berührung oder von der Erinnerung an einen früheren Liebhaber. Ich bin absolut *für* Phantasien. Sie halten uns sexuell wach und lebendig; sie sind kleine Risse in dem Panzer, mit dem wir uns gegen die Alltagssinnlichkeit abschirmen. Aber wenn Phantasien zum *einzigen Ersatz* für wirkliche Intimität werden, führen sie unweigerlich zu den alten Beschwerden: »Ich empfinde nichts«, »nach dem Verkehr fühle ich mich ganz einsam« und »die liebevolle Luft ist raus«.

Es wäre ein Fehler, mit einem Schlag alle Phantasien abzustellen, die Augen weit geöffnet zu halten und »Harold« unvermittelt in unser Liebesleben plumpsen zu lassen. Im Endeffekt würden wir damit nur all unsere sexuellen und romantischen Gefühle abtöten. Es gäbe einen Kurzschluß, wie bei einem überlasteten Stromkreislauf.

»Trennen Sie sich nicht von Ihren Phantasien«, sage ich immer, »sondern geben Sie ihrem Partner gelegentlich lieber mal eine Statistenrolle darin.«

Stellen Sie sich einen Moment lang vor, ihr Partner würde sie liebkosen, während Sie allein in der Badewanne liegen und sich sanft über den Bauch und die Brüste streicheln. Redford war schon dran, jetzt ist Harold mal an der Reihe. Nach und nach können Sie Ihren »eingebildeten« Harold in Ihre Phantasien einspannen, und wenn Sie das nächstemal dann mit dem *wirklichen* Harold im Bett liegen, die Augen fest geschlossen, können Sie anfangen, diese beiden Harolde zu vermischen. Ein bißchen Gehirngymnastik, aber sie kann Ihnen den Weg zur letztendlichen Vermischung von Liebe und Sex erleichtern, den wir als lieben bezeichnen.

SIEBTES KAPITEL

Safer Sex: ein Hoffnungsschimmer

Täuschen wir uns nicht: Aids geht uns alle an, hetero oder schwul, Männer oder Frauen, Verheiratete oder Singles. Die Tragödie dieser Seuche und die Ängste, die sie begleiten, haben die Bedeutung von Sexualität nachhaltig verändert.

In dem Krankenhaus, in dem ich arbeite, sehe ich die von der Krankheit Gezeichneten, und das ist unsagbar traurig. Einige Autoren haben bewegend und eindrucksvoll über ihr Leiden geschrieben; ich will mir nicht anmaßen, es ihnen gleichzutun. Ebensowenig beabsichtige ich, technische Anleitungen zur Verhütung zu geben. Dafür gibt es Handbücher und Hilfsmittel, die allen Menschen zugänglich sind, die vernünftig genug sind, ihre Sexualität mit dem geringstmöglichen Risiko zu genießen. Nein, mein Ziel ist es vielmehr zu erkunden, wie das Schreckgespenst Aids unser Denken und Fühlen über die Sexualität als solche neu konturiert, wie es sowohl irrationale als auch begründete Ängste bestätigt; wie es sich benutzen läßt, um eine Ausrede dafür zu finden, der Erotik überhaupt abzuschwören, wie es sich auf unsere Haltung gegenüber Monogamie und Treue auswirkt und wie es sich sogar in unsere sexuellen Phantasien einschleicht. Aber ich möchte auch zeigen, daß Aids und andere geschlechtlich übertragbare Krankheiten wie Herpes ein neues Klima der

Offenheit zwischen den Geschlechtern geschaffen haben und daß sie uns letzten Endes helfen können, Experten der intimen, sinnlichen Liebe zu werden.

DIE VERSCHWÖRUNG

In Momenten ungezügelter Paranoia bin ich sicher, daß draußen im Land eine Verschwörung im Gange ist, die darauf abzielt, all das zunichte zu machen, was wir Sexualtherapeuten im Laufe der Jahre erreicht haben. Gerade hatte ich meine Frauengruppen davon überzeugt, daß die Vagina ein starkes, gesundes Organ ist, als – patsch! – das toxische Schocksyndrom auftrat. Und ich war gerade dabei, die Paare, die zu mir kamen, davon zu überzeugen, daß es keineswegs der Gesundheit abträglich ist, den männlichen Samen zu schlucken, als herauskam, daß der Samen eine Möglichkeit ist, das Aids-Virus zu übertragen. Die Hälfte meiner Arbeit als Sexualtherapeutin besteht darin, die Menschen von der Idee abzubringen, Sex sei schmutzig und gefährlich – und jetzt werden wir pausenlos davor gewarnt, daß er genau das sei: schmutzig und gefährlich.

Natürlich gibt es keine derartige Verschwörung. Diese Seuchen sind nicht vom Menschen gemacht. Und die Gefahren von geschlechtlich übertragbaren Krankheiten sind sehr real. Aber es stimmt ebenso, daß sowohl einzelne Menschen als auch gesellschaftliche Einrichtungen die gegenwärtige Aids-Panik ausnutzen, um ihr eigenes Süppchen von Prüderie und sexueller Vereinzelung am Köcheln zu halten. Sexuelle Gehemmtheit wird legitimiert, Sexualangst zur Norm.

In dem Film *David and Lisa*, der von zwei jungen Leuten handelt, die sich in einer Nervenklinik ineinander verlieben, hat David panische Angst vor jeglichem Körperkontakt. »Kontakt ist tödlich!« schreit er, und zieht sich voller Panik selbst vor der liebevoll dargereichten Hand zurück. Er ist die bemitleidenswerte Verkörperung der hysterischen Warnung unserer Mütter: »Steck das nicht in den Mund! Alles ist voller Bakterien!« und »Wasch dir die Hände! Du weißt schließlich nicht, wer das schon alles angefaßt hat!« David zog sich in die totale Isolation zurück, in eine selbstgegrabene sterile Höhle, in der er sich absolut sicher fühlte. Und unerträglich einsam.

Ich befürchte, daß die Angst vor Aids uns zu einer »Kontakt-ist-tödlich«-Gesellschaft macht. Die Anfänge beobachte ich bereits.

In der psychiatrischen Abteilung meines Krankenhauses befinden sich immer mehr Psychotiker mit übertriebenen Aids-Phobien: eine Frau zum Beispiel, die in der U-Bahn einen Mundschutz trägt, weil sie überzeugt ist, sich das Aids-Virus einzufangen, wenn einer der Fahrgäste niesen muß. Oder ein Mann, der immer, wenn er einen offenkundig Homosexuellen auf der Straße sieht, in eine Trillerpfeife stößt und laut »Die Pest!« ruft. Wie stets, verraten uns derartige Extremfälle psychotischer Ausbrüche, welche Ängste im Kern unserer Gesellschaft schlummern. In letzter Zeit begegnen mir in erschreckender Anzahl sogenannte »normale« Leute, die allen Ernstes behaupten, man könne sich Aids auf der Toilette holen. Und dabei hatten wir den Glauben an das Märchen vom Schwangerwerden auf dem Klodeckel gerade eben erst ausgerottet. Und auf Parties in letzter Zeit habe ich mitbekommen, wie intelligente, angeblich gut informierte Zeitgenossen vor ihren schwulen Freunden zurückschraken und sie nicht einmal mehr mit einem Küßchen auf die Wange begrüßten.

Aber wenn wir unter dem Motto »lieber safe als

krank« *jeder* unbegründeten Angst nachgeben, laufen wir Gefahr, uns völlig zu isolieren. Das bedeutet nicht nur das Ende der Sexualität, sondern jeglicher gefühlsmäßiger Kontakte mit anderen Menschen. Selbst Küsse und Berührungen werden suspekt. Dann haben die Feinde der Sinnlichkeit endlich gesiegt. Unisono stimmen der Staatspräsident, die Kirche und die Mama den Triumphgesang an: »Richtig so, zieht euch von allem zurück! *Kontakt ist tödlich*!«

Dieser Triumphgesang hallt täglich in meiner Praxis nach. In meiner Klinik betreue ich eine Gruppe mit Frauen, die über dreißig und noch Jungfrau sind. Es sind zumeist Frauen in gehobeneren Positionen, die sich sehnlichst wünschen, ihre großen Hemmungen ablegen und ihre ersten sexuellen Erfahrungen genießen zu können. Jahrelang war diese Gruppe eine meiner beliebtesten. Überraschend viele unberührte Frauen suchten bei mir um Hilfe nach. Aber in letzter Zeit werden es immer weniger, und ich fragte mich nach dem Grund.

»Heutzutage ist es fast eher ein Vorteil, Jungfrau zu sein«, erklärte mir eine der Teilnehmerinnen. »Ich kenne sogar welche, die in Heiratsanzeigen extra auf ihre Jungfräulichkeit hinweisen. Das wollen die Männer heutzutage, und wer das zu bieten hat, sollte ruhig damit angeben.«

Natürlich freut es mich, daß einige aus der gegenwärtigen Aids-Hysterie Nutzen ziehen können. Aber ich frage mich wirklich, wie es diesen Frauen ergehen mag, wenn ihre Anzeige Erfolg hat. Wenn sexuelle Ängste und Hemmungen zur Vorbedingung einer Partnerschaft gemacht werden, stehen uns viele sexuell unbefriedigende Ehen ins Haus. Partner, die absolut »safe« sind, stellen sich nur allzuoft als erbärmliche Liebhaber/innen heraus.

Was mich am meisten beunruhigt, ist, daß offenbar

immer mehr männliche und weibliche Singles geschlechtlich übertragbare Krankheiten vorschieben, um sich davor zu drücken, sich mit ihren eigenen sexuellen Problemen auseinanderzusetzen. Vor kurzem habe ich im *New Yorker* eine Karikatur gesehen, die einen Mann in Anzug und Weste vor dem Fernseher zeigte. Die Unterschrift lautete: »Safer Sex«. Für die sexuell Verklemmten ist Aids ein Geschenk des Himmels, *die* Entschuldigung dafür, jeglichen Kontakt mit dem anderen Geschlecht zu vermeiden. Einer meiner Patienten, ein junger Mann, litt unter periodischer Impotenz. Nach seiner letzten demütigenden Erfahrung hatte er es völlig aufgegeben, sich mit Frauen zu treffen. In der Therapie legten wir Schritt für Schritt die Geschichte seiner Angst vor Frauen frei, die bis in seine frühe Kindheit zurückreichte. Es war ein schmerzhafter Prozeß, aber gerade als er dabei war, die Wurzeln seines Problems zu erkennen, erklärte er mir plötzlich mit unverhohlener Erleichterung, daß er ohnehin nicht beabsichtige, sich seiner Potenz zu bedienen: »Jetzt mit Aids und so müßte ich ja verrückt sein.« So spricht kein Mann, der ernstlich geheilt werden möchte.

Ein anderes Beispiel: Eine fünfunddreißigjährige Frau, die seit langem unter einer Kußphobie litt, brachte mir jede Woche einen neuen Zeitungsausschnitt mit, in dem »bewiesen« wurde, daß Aids auch durch Speichel übertragen werden könne. Wie so viele schenkte auch sie lieber hysterischen Gerüchten Glauben, als daß sie sich mit ihren eigenen sexuellen Ängsten auseinandersetzte. »Sehen Sie, es stimmt doch!« berichten mir solche Patienten triumphierend. »Ich bin nicht krank, bin nur vorsichtig.« Sie bleiben natürlich gehemmt und isoliert – und Aids hat damit nicht das geringste zu tun.

Die durchaus ernstzunehmende Bedrohung durch Aids wirkt sich nicht nur auf unsere sexuellen Ängste und Phobien aus, sie nährt darüber hinaus auch ein neurotisches Mißtrauen, das wir gegeneinander hegen. Insbesondere leistet sie dem Kampf der Geschlechter Vorschub. Männer können wieder als egoistische Schmutzfinken und Frauen als Flittchen angesehen werden. Alle Warnungen, die uns unsere Mütter mit auf den Weg gegeben haben, bestätigen sich: »Was mit dir geschieht, ist den Männern egal, Hauptsache, sie kriegen ihren Willen«; »Was weißt du denn, wo der sein Ding schon alles reingesteckt hat«; und: »Na gut, sie ist sehr attraktiv, aber das ist genau die Art Mädchen, wo du dir was Schlimmes einfangen kannst.«

Wenn beim gewöhnlichen heterosexuellen Verkehr eine tödliche Krankheit übertragen werden kann, sind Männer und Frauen natürliche Feinde.

»DU BESORGST DEN WEIN UND ICH DIE KONDOME«

Aber bei all dem gibt es tatsächlich einen Hoffnungsschimmer. Die ganze Beschäftigung mit Safer Sex hat viele von uns gezwungen, offener miteinander umzugehen, als es je zuvor möglich war. Und im Ergebnis sind viele von uns, die früher vielleicht zu schuldbewußt, ängstlich oder schüchtern waren, Sex auch nur zu erwähnen, jetzt offen, geduldig und notfalls sogar selbstbewußt in Sachen Sex. Es steht zuviel auf dem Spiel, als daß wir es uns noch leisten könnten, unsere kleinen Geheimnisse voreinander zu haben. Und was für eine Erleichterung ist es, sie endlich nicht mehr hüten zu müssen.

Heutzutage wird in Restaurants mehr über Sex geredet denn je. Bei frischen Austern erzählt eine junge Frau ihrer Verabredung, daß sie in den vergangenen vier Jahren nacheinander drei Liebhaber hatte, von denen besonders einer ihr so zu denken gegeben hatte, daß sie den Aids-Test gemacht hat. Er war negativ, und wie ist es bei Ihnen? Am Nebentisch gesteht ein junger Mann seiner Verabredung bei Spaghetti Carbonara, daß er seit sechs Monaten mit keiner Frau mehr im Bett war, weil er die Sexualität einfach nicht mehr auf die leichte Schulter nehmen könne. Er sei nur noch an einer festen Beziehung interessiert, und wie ist das bei Ihnen? Und am Tisch dahinter plaudert eine ziemlich gesetzt wirkende Dame mit ihrer Verabredung darüber, daß sie sich früher nie hätte vorstellen können, ein Kondom zu benutzen, aber jetzt fände sie die ganz witzig, besonders die neuen bunten Teile, und wie ist das bei Ihnen?

»Nie in der Geschichte hat die erste Verabredung so lange gedauert wie heute«, erzählte mir kürzlich eine Frau. »Von Anfang bis Ende echte Geständnisse. Besser als Gruppentherapie. Und beim Abschiedskuß kennt einer vom anderen die ganze Lebensstatistik: mit wem er geschlafen hat, wann sie zum letztenmal beim Test war, was sie im Bett besonders gern machen. Erst wenn man das alles hinter sich hat, wird darüber gesprochen, welchen Film man am meisten mag.«

Diese neue sexuelle Glasnost-Politik finden die meisten Singles, mit denen ich mich unterhalten habe, ziemlich befreiend. Nicht nur, weil es dabei um Safer Sex geht, sondern weil *alle* sexuellen Spannungen zwischen den Leuten abgebaut werden. Sexuelle Schuldgefühle erfahren schnell Entlastung, über sexuelle Vorlieben wird ohne großes Federlesen diskutiert.

»Früher war es immer so, daß ich mich immer richtig davor graute, einem neuen Partner von dieser ekligen Affäre erzählen zu müssen, die ich vor Jahren mit einem verheirateten Mann hatte«, berichtete mir eine Frau. »Das war etwas, worauf ich nicht gerade besonders stolz bin. Aber jetzt lege ich das gleich am Anfang auf den Tisch, meine Nervosität ist weg, und dann können wir uns mit der viel wichtigeren Frage beschäftigen, was wir füreinander empfinden.«

Und ein männlicher Single in mittleren Jahren erzählte mir, daß es für ihn früher immer furchtbar schwierig war, das Thema Oralsex im Gespräch mit einer Frau aufs Tapet zu bringen, ganz davon zu schweigen, ihn anzuregen; und im Ergebnis verzichtete er meistens darauf, sich dieses spezielle Vergnügen zu gönnen.

»Aber jetzt ergibt sich das im Gespräch ganz beiläufig«, sagte er. »Ich sage so was wie: ›Wie ich höre, ist Cunnilingus immer noch ziemlich ungefährlich, was sich wahnsinnig gut trifft, weil ich das mit am liebsten habe‹, und schon ist es raus.«

Diese allgemeine sexuelle Offenheit macht es viel leichter, über alle Themen dieser Art zu sprechen, und zwar sogar im Schlafzimmer, wo es sonst immer am schwierigsten war.

»Ich habe es früher nie fertiggebracht, einem neuen Lover zu verklickern, daß ich eine bestimmte Stellung besonders gern mag«, teilte mir eine fünfunddreißigjährige Frau mit. »Aber wenn man heutzutage erst einmal diskutiert hat, wer den Wein besorgt und wer die Kondome, kann man auch leichter sagen: ›Ach übrigens, ich habe es manchmal ganz gern, oben zu liegen.‹«

Aber es gibt immer noch Menschen – überwiegend Männer –, denen diese Safer-Sex-Offenheit unangenehm ist.

»Auf einer Hochzeitsgesellschaft habe ich eine sehr attraktive Frau kennengelernt«, erzählte mir ein Mann von Anfang vierzig. »Wir haben ein bißchen miteinander getanzt, sind uns dabei immer näher gekommen, und dann zieht sie plötzlich meinen Kopf zu sich ran und flüstert mir ins Ohr: ›Sie sollten vielleicht wissen, daß ohne Präser nichts läuft.‹ Das ist die Liebe in den achtziger Jahren.«

Im Zeitalter des Safer Sex müssen wir eine neue sexuelle Etikette entwickeln. Offenheit muß nicht in Grobheiten ausarten; Freimütigkeit heißt nicht notwendigerweise, unromantisch zu sein. Statt zu sagen: »Ohne Präser läuft nichts«, könnte es bedeutend wirksamer sein zu sagen: »Ich hatte darauf gehofft, heute abend jemanden wie Sie kennenzulernen, deshalb habe ich Vorkehrungen getroffen.«

Von einem neuen Liebhaber den Aids-Test zu verlangen kann auch eine kitzlige Angelegenheit sein. Für meine schwulen Patienten, die sich seit vielen Jahren mit dem Schreckgespenst auseinandersetzen müssen, ist diese Forderung eine Selbstverständlichkeit, aber die meisten Heterosexuellen suchen noch nach Wegen, diese Bitte vorzubringen, ohne den zukünftigen Partner vor den Kopf zu stoßen. Die Notwendigkeit, den Test zu machen, mag nicht zur Disposition stehen, aber man kann es auch positiv ausdrücken, wie zum Beispiel: »Wäre es nicht toll, wenn wir uns ohne Furcht lieben könnten? Warum machen wir nicht beide den Test? Dann würden wir uns gleich viel sicherer fühlen.«

Für viele Paare ist der gemeinsame Aids-Test gleichbedeutend mit einem Treuegelöbnis.

»Das ist die moderne Methode, den anderen zu fragen, ob er mit einem geht«, erzählte mir humorvoll eine junge Frau. »Wie wenn Betty Lou völlig aus dem Häuschen ankommt und jubelt: ›Billy hat mich eben gerade gebeten, mit ihm zum Aids-Test zu gehen. Ich hatte schon gedacht, er würde nie fragen.‹«

Aber natürlich wird es auch in diesem Fall Leute geben, die sich bedrängt fühlen, wenn sie jemand auffordert, den Aids-Test zu machen. Trotzdem bringt es viel, die Karten auf den Tisch zu legen.

»Ich habe mich gelegentlich mal mit diesem Mann getroffen«, erzählte mir eine geschiedene Frau um die dreißig. »Und jetzt möchte er, daß ich mit ihm zum Test gehe. Ich weiß aber gar nicht, ob ich mich auf so etwas Ernsthaftes einlassen soll.«

»Sie können den Test doch machen lassen, ohne etwas zu versprechen. Es zwingt sie ja keiner, mit ihm Freundschaftsringe zu tauschen, wenn Sie nicht wollen.«

Aber wie schon immer in Sachen Sexualität, kommt man manchmal an einen Punkt, an dem die Etikette aufhört und Selbstachtung und Selbstbewußtsein anfangen. Ich höre oft von Männern, die ablehnend oder noch schlimmer reagieren, wenn eine Frau ein Kondom aus der Tasche oder dem Nachtkästchen holt. Manchen Männern kommt dieser Akt aufgeklärten Eigennutzes zu »aggressiv« und »unweiblich« vor. Sie fühlen sich mit anderen Worten davon bedroht, sogar entmännlicht. Ich reagiere darauf wie auch schon in den Zeiten, in denen sexuell übertragbare Krankheiten noch nicht so viel Platz in unserem Bewußtsein einnahmen: *Lassen Sie sich nichts ausreden. Man fühlt sich immer besser, wenn man die Verantwortung für sein Sexualleben selbst übernimmt.*

Lassen Sie sich aus dem gleichen Grunde auch nicht einreden, Vorsicht töte die Romantik. Ich habe wenig Verständnis für die Männer und Frauen, die meinen, daß der Sex jeglicher Romantik entkleidet würde, wenn man vorher einen Test mache. Dasselbe Argument ist vor vielen Jahren auch schon gegen die Empfängnisverhütung vorgebracht worden – daß es die Stimmung »verderbe«, ein Diaphragma einzuführen. Unsinn. Genauso wie man aus dem Einsetzen des Diaphragmas ein lustiges, aufregendes Spielchen machen kann, kann auch das Aufsetzen eines Kondoms Teil des Liebesspiels werden und muß es keineswegs unterbrechen. Frauen, rollt es eurem Partner langsam und sinnlich über, streichelt dabei seinen Penis und die Hoden. Und dabei müssen Sie nicht bierernst sein.

»Am Anfang fand ich es so steril«, erzählte mir ein

Mann, »als ob mir irgend etwas Medizinisches angepaßt würde. Aber dann fing meine Partnerin an, sich mit meinem Penis zu unterhalten, ›ihm‹ zu erzählen, wie toll ›er‹ in seinem neuen Trenchcoat aussähe, und dann wurden wir beide ganz locker.«

Gemeinsam ist der Durchführung des Aids-Tests und der Anwendung von Diaphragma und Kondom, daß all das Sie für Ihre Sexualität verantwortlich macht. Und die Verantwortung für das eigene Sexualleben zu übernehmen ist der erste Schritt zum Lieben.

Was mich zum wichtigsten Grund bringt, weshalb ich denke, daß für Singles im Zeitalter von Aids das Potential steckt, eine ganze Generation sinnlicher Liebhaber hervorzubringen. Ironischerweise bringt das Schreckgespenst sexuell übertragbarer Krankheiten Männer und Frauen dazu, das zu tun, was ich ihnen schon immer dringend angeraten habe – das Tempo ihres Sexuallebens zu drosseln. Die Vorsicht hat potentielle Liebhaber gezwungen, sich auf die Gefühle und Reize zu konzentrieren, die dem Genitalkontakt vorausgehen; bei diesen Gefühlen zu verweilen und sie sich allmählich und *bewußt* entwickeln zu lassen; und den ganzen Körper ins Liebesspiel einzubringen, wenn sie in den ganzen Sinnesempfindungen schwelgen, die von den Küssen und Zärtlichkeiten hervorgerufen werden.

»Bevor die große Angst zuschlug, war ich in allen Betten zu Hause«, vertraute mir eine alleinstehende Frau an. »Und es fällt mir nicht leicht, das einzugestehen, aber ich hatte ja keine Ahnung, was ich alles verpaßte. Dabei ist das ganze Reden über Sex, bevor es überhaupt dazu kommt, allein schon so erregend. Und dann Petting – ich dachte immer, so etwas gibt es nur in Fünfzigerjahrefilmen, und jetzt macht die ganze Welt wieder Petting. Ganz so, als hätten wir eine längst vergessene Kunst wiederentdeckt.«

Und eine Geschiedene: »Ich glaube, mit diesem ganzen Gelegenheitssex habe ich nur herauszufinden versucht, ob auch Gefühle im Spiel sind. Jetzt darf ich das vorher erkunden.«

Letzten Endes hat die Vorsicht uns gezwungen, zu der altmodischen Sexualität zurückzukehren, bei der man den anderen kennt, ihm vertraut und ihn mag, *bevor* man mit ihm ins Bett geht.

»Aha! Dagmar, genau so habe ich mir das vorgestellt. Sie sind ja ebenso konservativ wie die Keuschheitsgürteltypen, über die Sie früher immer gelästert haben.« Ich höre den Protest. *»Als nächstes sagen Sie uns noch, daß wir erst heiraten sollen, bevor wir ›Es‹ tun.«*

Falsch. Was mich nur freut, ist, daß die Paare heutzutage »Es« nicht einfach tun, sondern daß sie sich auch wieder all der intimen Gefühle besinnen, die »Ihm« vorausgehen. Sie finden heraus, daß »Kontakt nicht tötet«; sondern daß er Liebe, Sicherheit und Lebendigkeit schafft. Ich bin nur traurig, daß wir eine Tragödie gebraucht haben, um aufzuwachen.

»ICH KANN NICHT EINMAL MEHR EINE GUTE AUSSEREHELICHE PHANTASIE HABEN!«

Seien wir doch ehrlich: Nie hat soviel für Monogamie gesprochen wie heute. Im Zeitalter von Aids ist sie bestimmt das sicherste. Aber selbst über dem Ehebett lauert die Bedrohung durch Aids; sie beeinflußt unsere Gedanken, Gefühle und unsere Verhalten. Viele Verheiratete schwelgen im sicheren Hafen, den ihnen die Ehe bietet, während andere allein schon bei der Vorstellung, einen sicheren Hafen zu *brauchen*, noch mehr Platzangst in der Ehe kriegen. Dieser neue Zwang, daß die Ehe funktionieren muß – weil die Alternative so voller Gefahren steckt – fühlt sich für viele nur abtörnend an.

»Alle meine verheirateten Freunde sind so furchtbar selbstzufrieden«, erzählte mir kürzlich ein Ehemann. »Sie zerreißen sich das Maul darüber, wie schlimm es doch sein müsse, heute Single zu sein, und meinen: ›Gott sei Dank sind wir verheiratet.‹ Aber ich finde, in diesen Zeiten verheiratet zu sein ist auch ziemlich bescheuert. Als ob das einzig Gute, was man darüber sagen könnte, wäre, daß die Ehe ein risikoarmes Unternehmen sei. Selbst Treue ist nicht mehr Ausdruck von Liebe und gegenseitiger Loyalität, sondern bloß noch ein Akt des Selbstschutzes. Auch nicht gerade romantisch, oder?«

Tatsächlich hat Aids die Bedeutung von Treue – und Untreue – neu definiert. Die Idee, daß eine außereheliche Affäre dem Ehepartner einem ernsten Gesundheitsrisiko aussetzen kann, überlagert alle anderen Erwägungen. Es geht nicht mehr um Loyalität und Selbstgefühl, sondern um das persönliche Überleben. Besonders verheiratete Männer, die früher ihren Besuch bei Prostituierten als harmlos rationalisieren konnten, müssen sich den potentiell verheerenden Folgen ihres Verhaltens stellen. In meiner Praxis kommt bei Fällen ehelicher Untreue praktisch immer das Problem von geschlechtlich übertragbaren Krankheiten auf. Die verzweifelte Frage: ›Warum hast du mir das angetan‹ ist der Aufschrei eines Menschen, der in dem Betrug den Schatten des Todes an der Wand sieht. Bevor die Brücken wieder aufgebaut werden können – falls das überhaupt möglich ist –, muß ein Aids-Test gemacht werden.

Auf der anderen Seite haben mir zahlreiche Ehepaare gestanden, daß sie sich erleichtert fühlen, seit Seitensprünge kein Ausweg mehr sind.

»Als hätte ich endlich eine gute Ausrede gefunden, meinem zwanghaften Donjuanismus nicht mehr nachzugeben«, formulierte es ein Ehemann.

Aber das Fehlen von Alternativen – selbst *ausgemal-*

ter Alternativen – kostet auch seinen Preis. Eine vierzigjährige verheiratete Frau äußerte sich mir gegenüber so: »Es machte mir keinerlei Schwierigkeiten, die zufriedene, treue Ehefrau zu sein, solange ich es in meinen Phantasien mit einem großen, dunkelhäutigen Fremden treiben konnte, aber heutzutage kann ich nicht einmal mehr einen ordentlichen außerehelichen *Tagtraum* haben, ohne daß in meinem Kopf die Alarmsirenen losgehen. Ich weiß nicht, wie es Ihnen geht, aber Russisches Roulette törnt mich einfach nicht an. Das läuft dann darauf hinaus, daß es mir stinkt, daß mein Mann der einzige Kerl ist, der rumläuft. ›Safe‹ finde ich einfach langweilig.«

Ein Mann, der bei mir in Therapie war, sagte: »Früher habe ich alle meine alleinstehenden oder geschiedenen Freunde beneidet. Ich dachte, die hätten sexuell doppelt soviel Spaß wie ich. Jetzt weiß ich, daß das nicht stimmt, und beneide sie nicht mehr, sondern sie tun mir leid.«

Das war ein Mann, dessen Frau darunter litt, daß er in letzter Zeit keine Lust mehr auf Sex hatte. Offenbar funktionierte sein altes Motiv, in Konkurrenz zu seinen alleinstehenden Freunden zu treten, nicht mehr. Auf verschlungenen Pfaden war Aids für ihn zur Ausrede dafür geworden, nicht mehr mit seiner Frau zu schlafen.

Dieser Mann ist nicht der einzige, der die Auswirkungen der Aids-Tragödie als deprimierend für sein sexuelles Eheleben empfindet. Andere verheiratete Paare haben mir erzählt, daß sie das ganze Leben nicht mehr als so erregend empfinden wie früher, als Sexualität noch nicht so eng mit Krankheit und Tod verknüpft war.

»Selbst mit der einen Person, von der man weiß, daß sie sicher ist, wird Sexualität nie wieder so sorgenfrei sein wie früher einmal«, formulierte es eine Ehefrau. »Die Sexuelle Revolution ist jetzt offiziell vorbei, und wir haben verloren.«

Wenn auch nicht sorgenfrei, so empfinden doch viele Paare, mit denen ich gesprochen habe, den Sex jetzt als intimer. Daß der Partner der einzige ist, der »rumläuft«, macht viele für ihn eher noch empfänglicher. Das Wissen um die gräßlichen Alternativen zur Monogamie hat sie gezwungen, sich bewußter aufeinander zu beziehen, und das vertieft die Gefühle füreinander.

»Ich empfinde unseren Sex jetzt als viel persönlicher«, erzählte mir ein Ehemann. »Als würden wir uns mitten im Orkan zärtlich lieben.«

Und eine Frau drückte es in folgenden klaren, bewegenden Worten aus: »Wenn wir einander unseren Körper darbieten, vertrauen wir uns buchstäblich gegenseitig unser Leben an. Treue hatte nie mehr Bedeutung als heute. Miteinander schlafen ist ein Akt des Vertrauens. Kein Wunder, daß ich dabei so viel empfinde.«

ACHTES KAPITEL

Liebe und Sex verbinden

Die folgende Geschichte von Lydia und Marc L. ist traurig, hat aber ein Happy-End. Sie handelt von zwei Menschen, die einander einmal von Herzen geliebt hatten, die diese Liebe aber praktisch zerstörten, weil keiner von beiden fähig war, Gefühle der Liebe mit sexuellen Gefühlen zu verbinden. Als sie gegen Ende ihres zweiten Ehejahres in meine Praxis kamen, war ihre Fähigkeit zu emotionaler Nähe zusehends am Absterben, und ihre körperliche Beziehung beschränkte sich auf routinemäßigen, leidenschaftslosen Genitalkontakt. Sie schliefen miteinander, hatten aber schon lange aufgehört, sich liebevoll zu vereinigen.

»Er sieht mich nicht an, küßt mich nicht, spricht nicht einmal mit mir – als würde ich mit einem Fremden schlafen«, klagte Lydia in ihrer ersten gemeinsamen Stunde bei mir. »Nur einsamer ist es, weil ich mich immer noch gut daran erinnere, was für ein wunderbarer Liebhaber Marc früher war.«

»Und ich erinnere mich noch an die Zeiten, als du noch mit dem Herzen bei der Sache warst«, schoß Marc verbittert zurück.

Dieses Paar stimmte nur in einem überein: daß sie einmal wahnsinnig ineinander verliebt waren. Beide erfolgreiche Herzspezialisten, hatten sie sich mit zweiunddreißig beziehungsweise neunundzwanzig in New Orleans auf einem Medizinkongreß kennengelernt, auf dem Marc einen Vortrag über Laserangioplastie hielt.

»Mein Herz stand doch tatsächlich einen Moment lang still, als ich ihn da oben auf dem Podium sah«, erzählte Lydia. »Bekam schwache Knie wie eine schüchterne Maid aus einem Groschenroman. Das einzige, was ich denken konnte, war: ›Wer ist dieser tolle Typ – und kann ich ihn bitte, bitte haben?‹«

Auch Marc erinnerte sich, daß er vom ersten Moment an, als er Lydia auf einem Empfang im Anschluß an seinen Vortrag traf, von Lydia fasziniert war.

»Sie strahlte förmlich«, erzählte er. »Sie war nicht nur ein hübsches Ding. Sie strahlte Intelligenz, Wärme und Humor und Fraulichkeit aus. Am liebsten hätte ich sie auf der Stelle gefragt, ob sie mich heiratet.«

Ihre Affäre begann noch am selben Abend, in einem Hotelzimmer in New Orelans. Lydia hatte nie so eine Liebesnacht erlebt.

»Für eine Frau meines Alters war ich verhältnismäßig unerfahren«, sagte sie. »Ich war so mit der Schule und später der Karriere beschäftigt, daß Sex für mich unter ferner liefen kam. Und befriedigend war es bis dahin auch nie gewesen. Aber in dieser Nacht kam ich auf den Geschmack. Marc liebte mich bis zum Sonnenaufgang, und ich glaube, in diesen zehn Stunden hatte ich mehr Orgasmen als in meinem ganzen Leben zusammengenommen.«

Fünf Monate später waren sie verheiratet, und praktisch sofort fing Lydia an, sich darüber zu beschweren, daß Marc als Liebhaber nicht mehr so aufmerksam war wie zuvor.

»Ständig reitet sie auf dieser heiligen Nacht herum, in der wir uns kennengelernt hatten. Kein Wunder, daß mich das nicht anmacht. Es ist, als müßte ich mit meinem eigenen heiligen Geist von New Orleans konkurrieren.«

»Aber du hast dich doch verändert! Über Nacht«, schrie Lydia auf. »Wir waren noch nicht richtig verheiratet, da hast du dich schon wie ein sexueller Roboter aufgeführt!«

In diesem Moment wurde mir klar, daß dieses intelligente Paar mich zum Schiedsrichter in ihrer ewigen Debatte machen wollte, was zuerst war: Lydias ständige Forderungen nach Liebe »wie früher« oder Marcs in sich gekehrter, kühler Sex. Wie so viele festgefahrene Paare hatte sich ihre Beziehung auf den kindischen Kampf »Du hast angefangen« – »Nein, du« reduziert. Aber für mich war das wie die Debatte, was zuerst kam, die Henne oder das Ei, und in etwa ebenso produktiv. Marc und Lydia mußten begreifen, daß *sie beide* große Schwierigkeiten hatten, ihre liebevollen mit ihren sexuellen Gefühlen zu vermischen.

Daß Liebe und Sex so unvereinbar scheinen, ist eine der großen Tragödien des modernen Lebens. Wir leben in einer Kultur, die lebenslange Treue hochhält, die uns hinausschickt, uns einen Gefährten zu suchen, um ihn bis an unser Lebensende zu lieben, ihn zu ehren und mit ihm zu schlafen. Und wenn wir diesen Gefährten dann endlich gefunden haben, merken wir, daß es viel leichter war, mit jemand zu schlafen, den wir nicht so sehr liebten. Es scheint so, als sei mit dem ganzen System grundlegend etwas nicht in Ordnung.

»Vielleicht haben die alten Mormonen ja etwas begriffen, was uns verschlossen ist«, erzählte mir ein unglücklich verheirateter Mann. »Wenn ich drei oder vier Frauen hätte, würde ich mich weniger erdrückt fühlen und bei jeder von ihnen viel lebendiger sein. Tja, wahrscheinlich wäre ich für jede ein besserer Ehemann und Liebhaber, als ich es heute für meine einzige Frau bin. Warum dagegen ankämpfen?«

Ja, warum eigentlich?

Und doch: Tatsache ist, ob nun kulturell bedingt oder

nicht, daß sich fast jeder Mann und jede Frau, die ich kenne, danach sehnt, ein und dieselbe Person zu lieben *und* mit ihr zu schlafen. Wie Marc und Lydia sehnen sie sich danach, das Geheimnis zu erkunden, wie man in einer Beziehung Liebe und Sex miteinander verbindet.

»ICH LIEBE DICH, VERSCHWINDE!«

Als ich Marc ein paar Tage später allein traf, fragte ich ihn, wie er damit umginge, von seiner Frau nicht mehr erregt zu werden, und er verriet mir, daß er zu geistigen Spielchen Zuflucht nähme, »um ihn hochzukriegen«. Er schloß die Augen und stellte sich vor, Lydia sei eine andere. Die meisten Menschen peppen sich ihr Sexualleben gelegentlich dadurch auf, daß sie Phantasien über jemand anders haben, der nicht der Partner ist, der erwartungsvoll neben ihnen im Bett liegt.

»Es bietet den Kitzel der Abwechslung ohne den Schlamassel der Untreue«, brachte es eine Freundin von mir einmal elegant auf den Punkt.

Das ist natürlich völlig in Ordnung. Für viele Leute kann es der erste Schritt aus ihrer eingefahrenen Sexualroutine sein, wenn sie ihrem Partner gelegentlich einen eingebildeten Liebhaber überstülpen; mit »jemand Neuem« fällt es ihnen leichter, »etwas Neues« auszuprobieren – etwa eine neue Stellung oder sogar eine Sexualpraktik, die auszuprobieren sie vorher zu viele Hemmungen hatten. Dadurch kann das ganze Spektrum der Phantasie ins Schlafzimmer zurückgeholt werden, in dem die reine Nüchternheit regierte. Manche Paare teilen sich ihre Phantasien sogar mit, machen daraus ein offenes Spiel, an dem sich beide beteiligen.

»Ungefähr einmal im Monat spielen wir eine Liebesszene aus einem unserer Lieblingsfilme nach – mit Requisiten und allen Schikanen – alles, von *Vom Winde verweht* bis *A Man and a Woman*«, erzählte mir eine Ehefrau. »Wenn wir nicht zu sehr lachen müssen, haben wir tollen Sex, na, und wenn wir zu sehr lachen müssen, stört das ja auch niemanden.«

Auch dagegen habe ich keine Einwände. Im Gegenteil, wenn eine Phantasie derart gemeinsam ausgelebt wird, besteht weniger Gefahr, daß die wirkliche Person, mit der man das Spielchen treibt, »ausradiert« wird. Aber was ist, wenn Ihr Bettgespiele völlig und immer von einem Phantasieliebhaber ersetzt wird, wenn der Phantasieliebhaber zur unerläßlichen Voraussetzung wird, um überhaupt erregt zu werden, wie es bei Marc der Fall war?

Ich fragte Marc, ob in seinen Phantasien eine bestimmte Frau »die Hauptrolle« spiele, und er sagte nein, und es sei fast jedesmal eine andere, wie er auch als Single fast jedesmal mit einer anderen geschlafen hatte.

»Der Angeschmierte bin wahrscheinlich ich, oder?« meinte er unglücklich. »Ein Grund, weshalb ich so in Ekstase geriet, als ich Lydia kennenlernte, war, daß es jetzt endlich mit diesem Partnerkarussell aus wäre. Ich dachte, ich wäre endlich erwachsen geworden. Und hätte endlich eine Verbindung gefunden, die alles umfaßt, nicht nur das Sexuelle. Aber jetzt bin ich wieder ganz am Anfang, nur schlimmer.«

Marc wurde durch seine Phantasien sexuell nicht ausgefüllter, sondern nur einsamer. Die Phantasien belebten seine sexuelle Beziehung mit Lydia nicht, im Gegenteil, sie machten den Sex mit ihr mechanisch und fühllos.

Es wäre leicht, Marc einfach für einen Don Juan zu halten, der unbefriedigt von Frau zu Frau eilte und das Interesse verlor, sobald er eine Eroberung gemacht hatte. Dann könnten wir sagen, daß sich bei ihm sexuelle Gefühle nur im Angesicht einer Herausforderung einstellen – und eine Ehefrau ist schließlich kaum eine Herausforderung. Einmal verheiratet, wird sie eher zum Gegenteil: Pflicht.

Aber ich war nicht überzeugt, daß Marcs Arrangement durch die Donjuanismustheorie angemessen beschrieben wurde. Es stellte sich nämlich heraus, daß er als Single zwar immer mit anderen ins Bett ging, die meisten dieser Frauen aber »Wiederholungsfälle« waren – er hatte laufend, aber nur sporadisch sexuellen Kontakt mit ihnen. Gewöhnlich, erzählte er mir, waren es »moderne Frauen, die nicht auf zimperliche Spielchen aus waren; die wollten genauso schnell zur Sache kommen wie ich«. Er weigerte sich, diese Frauen als »Eroberungen« anzusehen, und ich glaubte ihm.

Ähnlich hätte es nahegelegen, Marc einen Heilige/Hure-Komplex zu unterstellen, ihn als einen Mann zu betrachten, der die Frauenwelt einerseits in unpersönliche Sexualobjekte: unrein, aber erotisch, und andererseits in persönliche Liebesobjekte einteilte: rein und unberührbar, von denen er die einen für den Sex benutzte und die anderen auf ein Piedestal stellte und heiratete. Im typischen Fall können Männer mit einem solchen Komplex nur mit »minderwertigen« Frauen schlafen und nur die »richtige« heiraten, eine Spaltung, die gewöhnlich zu Ehen ohne Sex führt.

Aber auch in diese Kategorie paßte Marc nicht so richtig. Zum einen waren die Frauen, mit denen er vor seiner Heirat geschlafen hatte, kaum »minderwertig«; die meisten waren hochgebildet und hatten wie Lydia einen guten Beruf. Zum anderen wäre es falsch zu behaupten, er führe eine Ehe ohne Sex. Er schlief pflichtschuldigst regelmäßig mit seiner Frau – nur eben ohne Leidenschaft und Intimität.

Und Intimität, vermutete ich, fürchtete Marc am meisten. Die Lydia, in die er sich verliebt hatte, war keine

»Heilige«; sie war für ihn sogar etwas viel Bedrohlicheres: *ein Mensch, mit dem er eine Verbindung hatte, »die alles umfaßt, nicht nur das Sexuelle«.* Seine Faszination von Lydia erkannte er als reif, als Fortschritt gegenüber seinen früheren begrenzten Affären. Bis zu diesem Punkt fand er bei seinen verschiedenen Bettgefährtinnen sexuelle Befriedigung, emotional aber blieb er unbefriedigt – isoliert, ungebunden. Aber was hielt ihn davon ab, bei ein und derselben Person sexuelle *und* emotionale Befriedigung zu finden? Warum konnte er Lydia nicht mit Körper *und* Seele lieben?

Ich fragte Marc, ob der wollüstige, schwelgerische Sex, den er mit Lydia am Anfang der Beziehung hatte, ihm jemals angst gemacht habe.

»Und wie, das fing schon in unserer ersten gemeinsamen Nacht an«, sagte er. Er schaute mich an, als könne ich Gedanken lesen. »Wir liebten uns, wir lachten, wir erzählten uns unser Leben, und dann liebten wir uns noch einmal, lachten wieder und mußten sogar ein paar lustige Tränchen vergießen. In meinem ganzen Leben hatte ich mich nie einem Menschen so nahe gefühlt. Es war wunderbar, wie mir alle diese Gefühle so durch den Körper fuhren. Aber dann, ja, dann wurde mir irgendwie kribbelig, und daraus wurde so etwas wie Panik. Ich wollte es mir nicht eingestehen – und vor allem wollte ich auf keinen Fall, daß Lydia es mitbekommt –, aber ich konnte es kaum mehr abwarten, bis sie ging. Ich war schon wahnsinnig verliebt, aber ich wollte, daß sie verschwindet, damit ich einen Moment lang allein sein konnte.«

»Und wieder zu sich kommen?« fragte ich.

»Genau.« Marc klang erleichtert, daß ich ihn verstand.

Bei all den sexuellen Erfahrungen, die Marc gemacht hatte, besteht kein Zweifel, daß Lydia die erste Frau war, die er »lieben« konnte, und daß dieses Erleben neue, machtvolle Gefühle in ihm auslöste, Gefühle von Intimität und das Gefühl emotionaler Verwundbarkeit. Präzise beschrieb Marc seine Reaktion auf diesen Ausbruch neuer Emotionen als »Panik«. Jetzt war er endlich in einer »erwachsenen« Beziehung, und was machte er? Lachte und vergoß wie ein Kind »ein paar lustige Tränchen«. Es war ihm, als verlöre er die Selbstkontrolle, und das kann besonders für einen Mann sehr, sehr gefährlich wirken. Einmal verheiratet, konnte er dieser Gefahr nicht mehr entgehen, besonders, da seine Frau ständig Intimität einforderte. Also zog sich Marc auf seine erprobte Methode der Selbstkontrolle über seine Gefühle zurück: Er *machte* wieder Sex.

Aber nur Sex mit Lydia war auch nicht einfach. Sie war immer noch die Frau, die all diese mächtigen Gefühle in ihm hervorgerufen hatte; und sie war immer noch die Frau, die er liebte. Die einzige Art, wie er ihn jetzt »hochkriegen« konnte, war, alle Emotionen zu unterdrücken und so zu tun, als wäre Lydia eine andere, jemand, mit dem er keine echte Verbindung hatte. *Marc war es zu unsicher, Liebe und Sex zu verbinden, deshalb entschied er sich für Sex ohne Gefühl.*

Wenn die Wahl zwischen Liebe und Sex besteht, behaupten Männer, sie könnten zwar ohne Liebe leben, nicht aber ohne Sex – *selbst wenn der Sex sie ständig unbefriedigt läßt.* Es scheint, als sei es nicht das sexuelle Erleben selbst, das sie brauchen, sondern die *Vorstellung* davon. Ein Mann glaubt, er sei kein richtiger Mann, wenn er »es« nicht eine bestimmte Anzahl von Malen pro Woche oder Monat triebe. Zahllose Männer haben mich aufgesucht, um von mir ein Mittelchen gegen ihr langweiliges oder nichtexistentes Sexualleben zu kriegen. Sie sagten, sie fühlten sich unnormal – unnormal, und nicht frustriert. Aber kaum daß einmal ein Mann in meine Praxis kommt, der sich unnormal fühlt, wenn er nicht wenigstens einmal in der Woche einen zärtlichen Kuß oder eine Umarmung von seiner Frau bekommt. Und ich glaube nicht, daß das daran liegt, daß er eine Umarmung weniger »braucht«.

Und trotzdem war nicht allein Lydia unglücklich darüber, was aus ihrer und Marcs Beziehung geworden war. Marc fühlte sich genauso elend. Isolierter und einsamer als zu den Zeiten, in denen er noch keine wirkliche Intimität kennengelernt hatte.

»Ich entwickele mich allmählich zu einem Zinnsoldaten«, erzählte er mir. »Kein Herz. Jedesmal entfremdet mich der Sex mehr von Lydia.«

Wenn man sich auf Marcs Angst vor Nähe konzentriert, kann man leicht übersehen, daß er sich auch nach Nähe *sehnt*. Dieses Bedürfnis hatte ihn ursprünglich zu Lydia hingezogen. Über die Bindungsängste von Männern und ihre Unfähigkeit, Nähe zu ertragen, ist schon viel geschrieben worden; die Veröffentlichung von Büchern über Ehemänner, die nie den Mund aufmachen, die Ohren auf Durchzug stellen und mit einem Fuß schon vor der Tür stehen, ist ein gutgehender Industriezweig. Aber das ist nur die Hälfte der Wahrheit. Wir waren allzu bereit, das vereinfachende Modell zu akzeptieren, das Frauen als diejenigen zeichnet, die Nähe anstreben, und Männer als distanziert. Jüngere Studien beweisen, daß die meisten Männer sich ganz genauso nach Nähe sehnen wie Frauen und daß sie die Einsamkeit, die entsteht, wenn Nähe fehlt, als ebenso verheerend empfinden. Der Hauptunterschied scheint darin zu bestehen, daß Männer größere Schwierigkeiten haben, ihr Bedürfnis nach Nähe einzugestehen und auszudrücken als Frauen.

Marc war hin und her gerissen zwischen seiner Angst vor Nähe und seinem Bedürfnis danach. Ja, seine Angst hatte ihn auf den losgelösten Sex seiner Junggesellentage zurückgeworfen. Um seine Genitalien funktionstüchtig zu halten, unterdrückte er seine Emotionen.

Aber das war nicht alles. In dem Moment, in dem er sich wieder »ungebunden« fühlte, begann er sich wieder nach Nähe zu sehnen. Solange er Liebe und Sex nicht verbinden konnte, war er dazu verdammt, sich unausgefüllt zu fühlen.

NÄHE EINKLAGEN

Aber nicht nur Marc, vermutete ich, hatte ambivalente Gefühle gegenüber Intimität. Obwohl sich Lydia ständig über Marcs »Augen-zu-Ohren-zu-Hände-auf-der-Matratze«-Sex beschwerte, war ich mir ziemlich sicher, daß mindestens ein Teil von ihr ihren Ehemann ermutigte, ein kühler Liebhaber zu bleiben.

Was mir gleich im ersten Moment an Lydia besonders auffiel, war ihr provozierendes Äußeres. Sie trüg eine tief ausgeschnittene Bluse und einen engen Minirock, was ihr zusammen mit einem ziemlich übertriebenen Make-up einen theatralischen Ausdruck verlieh. Das paßte so gar nicht zum Bild einer Frau, die derart mit ihrer Ausbildung und Karriere beschäftigt war, daß Sex bis vor kurzem relativ unwichtig für sie war. Als ich Lydia allein traf, fragte ich sie, ob sie sich schon immer so sexy gekleidet hatte.

»Nein«, sagte sie mit einem verdrießlichen Achselzucken. »Aber ich bin auch nicht mehr so verklemmt wie früher.«

Ich hielt Lydias Erscheinungsbild nicht für das Ergebnis ihres neuentdeckten sexuellen Selbstvertrauens. Ich sollte an dieser Stelle vielleicht sagen, daß ich beim Anblick einer besonders provozierend aufgemachten Frau automatisch vermute, daß sie nicht nur fehlendes sexuelles Selbstvertrauen kompensiert, sondern das Fehlen sexuellen Empfindens schlechthin. Hinter der Pose verbirgt sich häufig eine Herausforderung der Art: »Bist du Manns genug, eine Frau wie mich zu befriedigen?« Die Antwort ist natürlich, daß *kein* Mann imstande ist, sie etwas fühlen zu lassen, weil sie es nicht zuläßt. Lydias Aufmachung schien mir ausdrücken zu wollen: *»Schauen Sie mich an! An mir kann es nicht liegen, wenn mein Mann nicht von mir angetörnt wird!«*

»Glauben Sie, daß Sie die Verantwortung dafür haben, daß Marc ständig angetörnt wird?« fragte ich sie.

Plötzlich wurde Lydias Gesicht traurig.

»Falls dem so sein sollte«, sagte sie sanft, »mache ich meine Sache wohl nicht besonders gut, oder?«

»Aber das ist *unmöglich*«, erklärte ich ihr. »Er muß sich selbst antörnen – und Sie auch!«

Und das ist, auf einen kurzen Nenner gebracht, die Botschaft, die ich den Paaren übermitteln möchte. An sie zu glauben scheint ihnen am schwersten zu fallen. Denn die paradoxe Nebenbedeutung dieser Botschaft besteht darin, daß man erst dann wieder anfangen kann, Sex und Liebe zu verbinden, wenn jeder aufhört, an seinen Partner zu denken, und sich ganz auf seine eigenen Gefühle konzentriert. Egoismus ist Voraussetzung für sexuelle und emotionale Nähe. Das mag allen »Moralvorstellungen« widersprechen, die wir gelernt haben, und im Gegensatz zu allen Lehren stehen, die behaupten, daß Liebe die reine Selbstlosigkeit ist, aber es ist die dynamische Wahrheit von Beziehungen.

Für die meisten Männer und Frauen bedarf es großer Anstrengungen, das zu akzeptieren, und Lydia war da keine Ausnahme. Ganz offenbar hatte Lydia schreckliche Angst davor, sie könnte Marc verlieren, wenn sie ihn nicht antörnte. Vom ersten Moment an war sie von ihm sexuell gefesselt; sie blieb dabei, daß sie sexuell in der Nacht erwacht sei, in der *er* sie zum erstenmal geliebt hatte. *Er* hatte ihr die Orgasmen verschafft, die sie in den ganzen Jahren vermißt hatte. *Er* hatte soviel sexuelle Erfahrung, und sie war Neuling auf diesem Gebiet. In ihrer Vorstellung gründete ihre Beziehung auf Sexualität, und die Sexualität konnte sie auch wieder kaputtmachen. Sie war überzeugt, daß sie Marc brauchte, um sich sexuell wahrzunehmen, und daß sie sexy sein mußte, um ihn zu halten. Der leiseste Hinweis darauf, daß Marcs Leidenschaft nachließ, verwies Lydia auf panische Unsicherheit zurück, und diese Panik brachte sie dazu, sexuell immer provokanter aufzutreten. Aber, traurige Ironie des Schicksals, alles, was sie damit erreichte, war, daß sich Marc immer weiter zurückzog.

Ich hatte Marcs rüde Bemerkung im Ohr: »Und ich erinnere mich noch, daß du einmal mit dem Herzen bei der Sache warst.« War das nur die Klage eines verunsicherten Mannes, der eine unschuldige, prüde und sexuell zurückhaltende Frau brauchte, um sich als ganzer Mann und Herrscher fühlen zu können? Ich glaube nicht. Ich glaube, daß Marc Lydias aufrichtige Wärme, Verletzlichkeit und sogar Begeisterung vermißte, all jene Eigenschaften, die *ihm* am Anfang ihrer Beziehung ermöglicht hatten, sich so lebendig zu fühlen. Aber Lydia war so mit ihrer sexuellen Unsicherheit beschäftigt, daß sie nicht mitbekam, daß es gerade diese Eigenschaften waren, in die sich Marc verliebt hatte. Marc brauchte nur einen kleinen Anstoß, um sich von der Nähe wieder auf seinen üblichen unpersönlichen Sex zurückzuziehen, und den bekam er von Lydia: Sie benahm sich wie eine Karikatur seiner verbissenen Bettgespielinnen, die ihn früher so unbefriedigt gelassen hatten. Im Grunde forderte Lydia ihn auf, Sex mit ihr zu haben, und nicht Liebe. Auch sie hatte offenbar Angst vor Nähe.

Doch während sich Lydia sexuell provozierend verhielt, geißelte sie Marc zugleich dafür, daß er kühl und in sich gekehrt war, daß er ein »sexueller Roboter« war. Oberflächlich betrachtet scheint es außerordentlich unfair von ihr, bei ihrem Benehmen solche Forderungen zu stellen, doch ich bin wirklich fest überzeugt, daß sie sich aufrichtig nach Nähe sehnte. Nach der intimen, sinnlichen Liebe, die sie am Anfang ihrer Beziehung mit Marc erlebt hatte, machte sein Rückzug sie depressiv und ängstlich, ihn zu verlieren.

Aber das ständige nörgelige Einklagen von Nähe *ist der beste Weg, dafür zu sorgen, daß man sie nicht kriegt.* Ebenso wie Genuß-Anreger stoßen Nähe-Anreger in Wirklichkeit den anderen von sich, und ich glaube, daß sie das bis zu einem gewissen Maß auch selbst wissen. Ein Mensch, der ständig plärrt: »Mach dich nicht so zu!« oder »Zeig mir deine Gefühle« oder »Sei zärtlich, wenn du mich berührst«, bedient sich in Wirklichkeit der ältesten Form »umgekehrter« Psychologie. Denn es gibt keinen, der *auf Befehl* sich öffnen, verletzbar zeigen oder zärtlich sein kann. Sich zu öffnen ist ein riskantes Unternehmen, und wer möchte einem Aggressor gegenüber schon Risiken eingehen? Mir kommt oft der ketzerische Gedanke, daß so viele Frauen ihren Männern ständig in den Ohren liegen und Nähe einklagen, weil sie selbst so fürchterliche Angst davor haben, und das Einklagen von Nähe ist eine makellose (und trickreiche) Methode, ihr aus dem Weg zu gehen. Kratzt man ein bißchen an der Oberfläche einer Frau, die ständig brüllt: »Mach dich doch bitte auf«, so findet man oft eine verschlossene, ängstliche Person.

»Ich finde es fuchtbar, Marc mehr zu lieben, als er mich liebt«, gestand mir Lydia. Tränen standen ihr in den Augen.

»Dann ziehen Sie sich doch zurück und geben Sie ihm die Chance, Sie auch zu lieben«, riet ich ihr sanft. »Wenn Sie so weitermachen wie bisher, kommt er nie aus seiner Ecke hervor.«

Lydias Angst vor Schmerz stand ihr im Weg, genau das zu bekommen, was sie sich wünschte. Die ständige Panik davor, verlassen zu werden, machte sie so nervös, daß sie sich beeilte, es Wirklichkeit werden zu lassen – letzten Endes, um es hinter sich zu bringen. Ihre Furcht vor Schmerz wurde zur Angst vor Nähe. Die einzige sichere Möglichkeit, von Marc nicht verletzt oder enttäuscht zu werden, bestand für sie darin, sich von ihren eigenen Gefühlen für ihn zu distanzieren. Aber damit war auch sie, genau wie Marc, wieder am Ausgangspunkt angekommen.

»JETZT MÜSSEN SIE HANDELN«

Selbst nach all diesen Jahren in der Partnertherapie wundere ich mich immer noch über die komplizierten Methoden, mit denen die Menschen den liebevollen Gefühlen füreinander ausweichen. Marc und Lydia waren beide Opfer ihrer Ängste vor Nähe. Er war kühl und in sich gekehrt, sie fordernd und höhnisch. Er unterdrückte seine Gefühle, um Sex machen zu können, sie konzentrierte sich auf Sex, um möglichen Schmerz zu vermeiden. Früher waren sie das ideale Paar, jetzt die ideale Katastrophe. Genau das Gegenteil des liebenden Paares, das sie eimal gewesen waren und das sie immer noch so gerne wären.

Sie lagen mir sehr am Herzen. Früher hatten sie eine ganz besondere Beziehung gehabt, voller Liebe und Lust, und diese Liebe hatten sie ihrer Angst geopfert. Hätte ich mich auf die konventionelle Therapie verlegt, hätten wir Wochen und Wochen geredet, um allmählich an den Ursprung ihrer Ängste zu gelangen. Und nach ein paar Monaten der Innenschau wären wir vielleicht soweit gewesen, daß Marc gezwungen gewesen wäre, Lydia verbal zu versichern, daß er die Beziehung nicht aufgeben wolle, und Lydia wäre vielleicht bereit gewesen, Marc zu versprechen, nicht mehr so fordernd zu sein und ihm in ihrer Beziehung »mehr Freiraum zuzugestehen«. Aber ich vermutete, daß Marcs Worte allein nie den Punkt berühren könnten, an dem Lydia die Angst verspürte, verlassen zu werden, und daß auch Lydias Versprechen nicht hinreichen würde, Marcs Furcht zu beschwichtigen, daß er in der Beziehung ertrinken könnte.

»Sprechen funktioniert hier nicht«, sagte ich den beiden. »Sie müssen anfangen zu handeln – sinnlich.«

Die einzige Methode, die ich kenne, um Liebe und Sex zu verbinden, besteht darin zu lernen, wie man sinnliche Lust gibt und empfängt. So erobern wir uns unsere Gefühle zurück und können sie dann miteinander teilen. Ich stelle weder die spirituellen Elemente der Liebe in Abrede noch die geheimen Anziehungskräfte, die im Spiel sind, und auch nicht die komplexen psychologischen Bedürfnisse und Abwehrstrategien. Und dennoch glaube ich, daß Liebe und Sex zusammenkommen können, wenn beide Partner in der Lage sind, ihre Lust entspannt, gefahr- und anspruchslos zu erleben. An diesem Punkt hatte die Verbindung einmal ihren Ursprung genommen. Und alles fängt mit einer Berührung an.

Mir war absolut klar, daß Marc und Lydia auf der Stelle mit dem Sex aufhören mußten, wenn es ihnen jemals gelingen sollte, einander wieder zärtlich zu lieben und ihre Gefühle wieder zum Fließen zu bringen. Der Sex machte Marc nur einsamer und schuldbewußter, und er fachte Lydias Angst immer wieder an, daß Marc sich von ihr zurückzog. Schluß damit. Wir mußten den gordischen Knoten mit einem Schlag durchtrennen.

»Aber der Sex ist das letzte Glied, das uns noch verbindet«, protestierte Lydia.

»Im Moment ist er kein Verbindungsglied, sondern der Keil zwischen Ihnen«, entgegnete ich. »Damit verbinden Sie Nähe. Ich möchte, daß Sie sich wieder lieben können, und das bedeutet, daß Sie ganz von vorn anfangen müssen.«

Für dieses Paar war es voller Gefahren, einander zu lieben. Gerade die körperliche Liebe machte sie hilflos und ängstlich. Um wieder zu der wahnsinnigen Lust, die sie ihnen geben konnte, zurückkehren zu können, durften sie von diesen Gefühlen nicht länger überwältigt werden.

»Wir machen einen Schritt nach dem anderen«, sagte ich. »Und sowie Sie Angst bekommen, hören Sie auf und gehen drei Schritte zurück. Ich möchte Sie *ganz langsam* an einen Punkt zurückführen, an dem Sie sich in Ihrer Nähe zueinander absolut sicher fühlen.«

Die Sinnlichen Übungen für Fortgeschrittene erreichen Punkte, die von Worten nicht berührt werden können. Statt zu versuchen, ein kompliziertes Netz unbefriedigten Verhaltens zu entwirren, benutze ich diese Übungen, um Verhalten neu zu strukturieren. Um Sex und Liebe miteinander verbinden zu lernen, mußte Marc zunächst lernen, seine liebevollen, sinnlichen Gefühle *unabhängig* vom Sex zu erfahren, und dann bei ihnen zu verweilen, während er zu sexueller Erregung vordrang. Nur auf diese Weise konnte Marc wirklich glauben, daß er seine Gefühle unter Kontrolle hatte, und nur so konnte er seine panische Angst verlieren, in seinen Emotionen zu ertrinken. Ebenso mußte Lydia, um Liebe und Sex miteinander verbinden zu können, lernen, Marc direkt zu bitten, mit ihr zärtlich zu sein – ihr Lust zu verschaffen –, und *dann* die Erfahrung machen, daß er nicht abhaute, wenn sie es tat. Nur dann konnte sie wirklich glauben, daß Marc sie nicht verließ, wenn sie ihren Emotionen freien Lauf ließ. Die einzelnen Schritte dieser Übungen sind langsam und täuschend einfach, aber sie verändern nachdrücklich die Verhaltensweisen eines Paares.

Wenn Sie Ihrem Partner intim nahe sind, riskieren Sie, daß er Sie völlig nackt sieht – genau so, wie Sie wirklich sind. Da können Sie Ihre Gefühle nicht maskieren, Ihre körperlichen Reaktionen nicht übertünchen.

»Schau«, sagen Sie. »So bin ich! Das sind meine wirklichen Gefühle!«

An einem bestimmten Punkt bitte ich das Paar, das *letzte Geheimnis* miteinander zu teilen: Ich fordere sie auf, zusammen im »Tandem« zu masturbieren – jeder für sich, aber so, daß sie alles sehen können. Im zweiten Teil dieses Buches werden wir uns damit beschäftigen, warum die meisten Menschen solche Widerstände dagegen haben, dieses Experiment zu machen. Wie so viele andere protestierte auch Lydia, daß sie sich nichts »Unromantischeres und Unpersönlicheres« vorstellen könne.

»Unpersönlicher können Sie gar nicht mehr werden«, antwortete ich. »Aber es wird Zeit, daß Sie *aufrichtig* zueinander sind.«

Marc und Lydia mußten einander zu demystifizieren lernen, um Intimität genießen zu können. Lydia mußte Marc als eigenständiges sexuelles Wesen sehen lernen, nicht nur als ihren sexuellen Mentor und Retter. Und Marc mußte erfahren, daß Lydia zu sexueller Selbstgenügsamkeit fähig war, daß sie nicht nur von ihm abhängig war und Sex bei ihm einklagen mußte. Sie brauchten Wochen, bis sie dieses letzte Geheimnis miteinander teilen konnten, aber als es ihnen schließlich gelang, war es für beide ein plötzlicher Durchbruch.

»Ich dachte, das Ganze würde geschmacklos und erniedrigend«, verriet mir Marc später. »Aber dann es es unglaublich befreiend und bewegend. Lydia sah so unschuldig, so verwundbar aus. Ich fühlte mich ihr so nah, daß ich sie einfach in den Arm nehmen mußte.«

In diesem Moment hatte es »klick« gemacht, Sex und

Liebe hatten sich für beide verbunden. Und so blieb es. Im Laufe der nächsten Wochen, während sie die restlichen Übungen machten, fühlten sie sich mehr und mehr zueinander hingezogen. Es war nicht zu übersehen, daß der Zauber zurückgekehrt war; sie hatten sich wieder ineinander verliebt.

»Wie haben diese Nähe nicht jedesmal, wenn wir miteinander ins Bett gehen«, erzählte mir Lydia Monate später. »Nicht einmal jedes zweite Mal. Aber es ist etwas, was immer da ist, selbst wenn wir uns streiten. Wir wissen, daß wir immer wieder darauf zurückkommen werden.«

»Sex haben wir nicht mehr so häufig«, fügte Marc todernst hinzu. Doch dann mußte er plötzlich grinsen. »Aber gelegentlich lieben wir uns.«

❤

Im ersten Teil dieses Buches habe ich ein paar übliche Methoden geschildert, mit denen wir Liebe und Sex voneinander abspalten: daß beim Sex »Tempo« um der Effizienz wegen zwangsläufig dazu führt, daß wir die liebevollen Gefühle füreinander verlieren; Geschlechtsrollen, gleichgültig, wie modern und ausgeklügelt sie auch sein mögen, können uns davon abhalten, unserem Partner gegenüber gefühlsmäßige Nähe zu empfinden; der alte Kuhhandel Sex gegen Liebe beläßt beide Teile betrogen und einsam; Untreue ist ein Versuch, unser Bedürfnis nach Liebe und Sex mit unterschiedlichen Menschen zu befriedigen, aber dieser Versuch ist meistens zum Scheitern verurteilt.

Im zweiten Teil möchte ich nun zeigen, daß praktisch jedes Paar, das es wirklich will, lernen kann, wie man Liebe und Sex wieder zusammenbringt. Was auch immer die Ursprünge für diese Spaltung in einer Beziehung sein mögen, Sie können Liebe und Sex verbinden, indem Sie auf ganz neue Art mit ihren eigenen Gefühlen und denen Ihres Partners in Berührung kommen. Es ist immer ein gefühlsmäßiges Risiko, diesen Schritt zu tun, aber ich habe dieses Programm so aufgebaut, daß die Lust, die Sie erleben werden, die »Gefahren«, denen Sie begegnen, immer aufwiegen. Und wenn Sie bis zum Ende durchhalten, bin ich sicher, daß Sie die Nähe entdeckt haben – sexuell *und* emotional –, nach der Sie sich schon so lange sehnen.

ZWEITER TEIL

Sex mit Herz: die Sinnlichen Übungen für Fortgeschrittene

NEUNTES KAPITEL

»Schatz, laß uns diesen Teil des Buches auslassen, ja?«

Wir fangen mit Ihrem Sexualleben ganz von vorn an.

»Wie bitte?«

Sie haben richtig gehört. Wir fangen bei Adam und Eva neu an. Als kämen Sie aus einer anderen Welt und könnten einen Orgasmus nicht von Limonade unterscheiden. Wir werden alles ausmisten, was für Sie jemals Geltung hatte – all die erprobten wahren Stellungen, die ganze übliche Routine. Ich möchte, daß Sie sich in den kommenden Wochen strikt an die sinnliche Diät halten, die ich für Sie ausgearbeitet habe. Und das bedeutet: bis zum Ende des Programms kein Geschlechtsverkehr.

»Schatz, laß uns diesen Teil des Buches auslassen, ja?«

Schauen Sie, ich weiß ja, daß Sie das alles zu Tode erschreckt, aber bitte lassen Sie es nicht aus. Versuchen Sie es einfach mal. Bei einem ganzen Stapel von Selbsthilfebüchern, die Ihnen nicht geholfen haben, schwöre ich, daß das hier etwas ganz anderes ist. Nicht nur, daß sich Ihr Sexualleben schließlich auf eine Art erweitern wird, die Sie nie für möglich halten würden, Sie werden darüber hinaus auch eine ganze Bandbreite von tiefen Gefühlen zum Leben erwecken, die zwischen Ihnen fließen werden. Sie werden jeden Teil des Liebens als ganz eigene Einheit mit je verschiedenen Empfindungen und Gefühlen erfahren, die Sie seit Jahren vermissen. Und Sie werden diese Gefühle ohne Angst erleben lernen. Denn aus diesen Gefühlen besteht das intime Leben.

»Stop, Dagmar! Sie meinen doch bestimmt die Übungen, bei denen man sich abwechselnd berührt? Sind die nicht nur für Leute mit ernsthaften sexuellen Störungen?«

Nein, die sind für alle, die ihr Liebesleben verbessern möchten. Das sind meiner Schätzung nach etwa fünfundneunzig Prozent der Bevölkerung. Es ist zwar richtig, daß die Basis des Programms aus der Arbeit von Masters und Johnson mit Menschen entstammt, die unter sexuellen Funktionsstörungen litten. Aber im Laufe mehrerer Jahre habe ich dieses Programm so modifiziert, daß es für *jeden* Mann und *jede* Frau funktioniert, die sowohl sexuell als auch gefühlsmäßig mehr in einer Beziehung empfinden möchten. Und nach meinen überwältigenden Erfahrungen mit »normal funktionierenden« Paaren zu urteilen, funktionieren die Übungen tatsächlich. Paare, die nur miteinander schlafen konnten, entdeckten die Freuden der intimen Liebe.

Aber zunächst möchte ich erwähnen, daß viele der »ernsthaften sexuellen Störungen« sich gar nicht so sehr von den Frustrationen unterscheiden, die die meisten »normalen« Menschen erleben. Ein vorzeitig ejakulierender Mann unterscheidet sich nur graduell von einem, der zwar normal »funktioniert«, aber immer weniger Interesse am Sex hat; und eine anorgasmische Frau ist nicht weit entfernt von einer, die zwar einen Orgasmus hat, aber emotional nichts empfindet, wenn sie mit ihrem Mann schläft. Die Symptome unterscheiden sich, aber allen diesen Menschen ist gemein, daß sie ihre Gefühle vermeiden – sie überspringen oder zurückhalten. Tatsache ist, daß die Frau, die ihrem Mann gegenüber emotional abgestumpft ist, mindestens so viel von den Sinnlichen Übungen für Fortgeschrittene profitiert wie die Frau, die beim Verkehr keinen Orgasmus kriegen kann.

»Moment mal, ich bin mit meinem Sexualleben aber richtig zufrieden.«

Das ist toll – vor allem, wenn Sie aboslut aufrichtig zu sich selbst sind. Aber haben Sie sich wirklich noch nie dabei ertappt, daß Sie irgend etwas in Ihrem Liebesleben vermissen? Sinnlichkeit? Nähe? Romantik? Leidenschaft? All diese Emotionen, die tiefergehen als rein genitale Erregung? Etwas, was Lieben von reinem Sex unterscheidet?

»Sehen Sie, natürlich kann man sich immer alles noch besser vorstellen als es ist, aber ich habe aufgehört, mich mit romantischen Träumen von perfektem Sex oder einer tiefgehenden intimen Beziehung selbst zu quälen. Ich bin da jetzt ganz realistisch. Das ist doch wohl das Zeichen für Reife, oder nicht?«

Mir hört sich das eher nach Resignation an als nach Reife. Im Grunde haben Sie sich mit weniger arrangiert, als Sie verdienen – und sich auch wünschen. Hören Sie, ist es denn wirklich so schlimm zuzugeben, daß Ihr Liebesleben besser sein könnte, als es augenblicklich ist? Warum haben Sie denn sonst zu diesem Buch gegriffen?

»Okay, dann könnte also alles besser sein – besonders in der Bettenabteilung. Aber davon, daß wir uns gegenseitig den Rücken schubbern, gehen unsere Probleme auch nicht weg. Das ist doch alles viel komplexer. Zuerst müssen ganze Schichten von Zorn und Ärger abgetragen werden. Und wochenlang müßten wir uns überhaupt erst einmal aussprechen, bevor wir uns um irgendwelche Gefühle kümmern können.«

Mag ja sein. Aber ich denke, Sie haben schon monate-, vielleicht sogar jahrelang miteinander gesprochen, ohne daß Sie das einander näher gebracht hätte. Tatsache ist, daß Sie aller Wahrscheinlichkeit nach viele Ihrer Probleme lösen könnten, wenn Sie nur *aufhörten* zu sprechen und *anfingen*, sich zu berühren. Ich weiß selbst, daß sich das ziemlich simpel anhört, wie die verträumten Allheilmittel aus den Sechzigern, aber Tatsache ist: es klappt.

Mich hat einmal ein Paar aufgesucht, das jahrelang von einem Psychotherapeuten zum nächten Familientherapeuten gerannt war. Die beiden stritten sich so ziemlich über alles, was denkbar ist, von der Frage, wer das Geschirr spült, bis über die US-Politik in Mittelamerika. Einmal in der Woche hatten sie vor dem Zubettgehen Verkehr – Licht aus und dann ab die Post –, aber das einzige Gefühl, das dabei herauskam, war noch größere Entfremdung. Ich erklärte ihnen den Kern meines Programms: »Mundhalten und Ausziehen.«

»Das widersprach allem, was wir bislang geglaubt hatten«, sagte mir die Frau, Adrianne, später einmal. »Luke und ich sind verbal orientierte Menschen. Wir glaubten fest daran, daß man schon eine Lösung findet, wenn man nur lange genug über ein Problem spricht. Aber nichts hat funktioniert. Und deshalb waren wir verzweifelt und ausgelaugt genug, etwas Neus auszuprobieren, und wenn es sich auch noch so simpel anhörte.«

Schon nach zwei Wochen *stummer* Sinnlicher Übungen entdeckten die beiden, daß sie praktisch aufgehört hatten, sich zu streiten, besonders über Nichtigkeiten.

»Das stellte unser ganzes Lebensbild auf den Kopf«, verriet mir Luke. »Jetzt scheint mir unser ganzes Rumgequassel nur eine Methode gewesen zu sein, unseren Gefühlen füreinander aus dem Weg zu gehen. Wir hatten uns mit Worten gepanzert. Na, und wenn man nackt ist und schweigt, bleibt kein Panzer.«

Ich will die Bedeutung offener verbaler Kommunikation für ein Paar nicht abstreiten, bin aber überzeugt, daß die nonverbale sinnliche Therapie eine Dimension von Kommunikation berührt, an die keine Diskussion heranreichen kann. Statt sich pausenlos in den Ohren zu liegen: »Du trittst meine Bedürfnisse mit Füßen«, »du gibst mir nicht genug Freiraum«, »wir sind nicht auf derselben Wellenlänge«, findet man zur ursprünglichen Kommunikation der Berührung zurück. Und dann transzendieren die Gefühle, die Sie füreinander haben, plötzlich alles, was Sie sich bislang gegenseitig vorgehalten haben.

Bis vor kurzem teilte ich mir mein Wartezimmer mit einem Psychotherapeuten, der sich auch auf Partnertherapie spezialisiert hatte. Eines Tages kam er zu mir und sagte, wir hätten ein Problem. *Meine* Patienten, sagte er, würden *seine* Patienten durcheinanderbringen.

»Wie das denn?« fragte ich.

»Viele Ihrer Patienten schmusen doch tatsächlich da draußen«, er deutete verärgert auf das Wartezimmer. »Die können gar nicht die Hände voneinander lassen. Meine kommen damit nicht gut klar. Wenn die sich dann in meine Praxis schleppen, sind sie noch depressiver als sonst, weil sie seit Monaten nicht mehr lieb zueinander waren.«

»Das ist ja schrecklich«, antwortete ich. »Aber sehen wir es doch einmal von der positiven Seite: Vielleicht können meine Patienten Ihre ja inspirieren.«

Schon nach ein oder zwei Wochen mit den Sinnlichen Übungen für Fortgeschrittene fangen viele »meiner« Paare an, liebevoller miteinander umzugehen. Wenn sie früher reglos jeder für sich vor dem Fernseher saßen, sitzen sie jetzt Hand in Hand, den Arm über die Schulter des anderen oder mit dem Kopf im Schoß des Partners. Tatsächlich mögen sie sich automatisch mehr, wenn sie anfangen, sich zu berühren, und je mehr sie sich mögen, desto mehr wollen sie sich berühren. Ein wunderbarer Teufelskreis.

»Unsere Körper haben sich so angefreundet, daß sie nicht mehr zulassen, daß wir uns streiten«, sagte eine Frau am Ende der zweiten Woche.

Genau so funktioniert das Programm. Während der sinnliche Kontakt anfängt, Wärme und Zuneigung herzustellen, fängt Ihr Zorn an zu schmelzen, werden Ihre gegenseitigen Beschuldigungen gegenstandslos und verschwinden Ihre Schuldgefühle.

»Ich bin gar nicht sicher, daß ich wirklich möchte, daß mein Zorn ›schmilzt‹. Der ist ganz echt, und ich will ihn nicht mit irgendwelchen Schmuseübungen zudecken.«

Sie wollen sagen, Ihr Zorn ist ein guter alter Freund, den Sie nicht im Stich lassen wollen. Das kann ich verstehen. Aber mit diesen Übungen wird Ihr Zorn nicht geleugnet. Wenn Sie das Bett verlassen, können Sie ruhig Ihren Streitigkeiten weiter nachgehen. Die Übungen geben Ihnen beiden bloß die Gelegenheit zu erfahren, wie es sich anfühlt, liebevoll beieinander zu sein. Eine Art Erinnerung daran, wie es sin könnte.

»Das wird ja immer simpler, Dagmar. Wenn man nur diese Übungen machen muß, und schon stellt sich diese wunderbare Verbindung her: warum machen sie dann nicht alle Leute?«

Wenn es nach mir ginge... Aber wie Sie sich selbst überzeugen können, ist es eine haarige Angelegenheit, Menschen davon zu überzeugen, einen Anfang zu machen. In meiner Privatpraxis habe ich oft Paare, die Woche für Woche zu mir kommen, ohne zu Hause ihre Übungen zu machen. Ich sage ihnen, daß sie ihr Geld aus dem Fenster rauswerfen, daß das, was in meiner Praxis passiert ist, wirkungslos bleibt, wenn sie ihre Hausaufgaben nicht machen, und trotzdem. Die Leute mögen eben lieber stundenlang über ihre Probleme reden, als nach Hause zu gehen, sich auszuziehen und einander zu berühren. Gucken Sie sich doch nur selbst an: Sind Sie etwa schon bereit, den Sprung zu machen?

»Nun, Sie müssen ja wohl zugeben, daß es ein bißchen blöd ist, sich auszuziehen und ins Bett zu gehen, ohne miteinander schlafen zu wollen. Die ganze Vorstellung kommt mir pubertär, blöd und mehr als nur ein bißchen erniedrigend vor.«

Hören Sie, daß man sich pubertär vorkommt, ist doch gerade das Witzige. Der erste Schritt, sich von all den unausgesprochenen Regeln und Arrangements freizumachen, die unser »reifes« Leben, wie es sich jetzt gestaltet, umgeben, die ganze erwachsene Härte, die unsere Beziehungen so schal gemacht hat. Vielleicht müssen Sie das Risiko eingehen, sich wie ein Trottel zu empfinden, bevor etwas Neues in ihrem Leben passieren kann.

Aber ich denke, daß es etwas Tiefergehendes als die Furcht vor Trotteligkeit ist, die Sie zurückhält, und genau das ist es, was die meisten Menschen davon abhält, einfach anzufangen und mein Programm auszuprobieren. *Ich glaube, Sie haben einfach Angst, daß diese Übungen tatsächlich funktionieren.*

Vorbewußt haben Sie Angst, daß Sie die Kontrolle über Ihr Leben verlieren könnten, wenn Ihre Gefühle tatsächlich zu fließen beginnen, wenn Sie sich einander wirklich intim zuwenden. Sie haben Angst, daß Sie in den Gefühlen ertrinken, wenn Sie den Damm einreißen, der sie zurückhält. Sie haben Angst, Sie könnten in der Beziehung Ihre ganze Macht verlieren, wenn Sie sich unter den Berührungen Ihres Partners wirklich entspannen. Sie haben Angst, daß Sie sich wie ein zitterndes, weinendes, hilfloses Baby fühlen, wenn Sie sich endlich gehenlassen.

Es ist eine Tatsache, daß genau diese panische Angst in uns allen schlummert. *In uns allen* – in jedem Einminutenmann, in jeder Einminutenfrau, in jedem harten Burschen und in jeder Superfrau – *gibt es ein Kind, das sich danach sehnt, unablässig liebkost und gehätschelt zu werden.* Und die meisten von uns haben dieses Kind so lange verleugnet, und dieses Sehnen ist so groß geworden, daß allein die Vorstellung, dieses Kind liebevoll wahrzunehmen, uns überwältigt. Die Idee, wir könnten immer dieses Kind bleiben, wenn wir es einmal akzeptiert haben, versetzt uns in Schrecken.

In Wahrheit aber werden wir gar nicht überwältigt werden. Und darin besteht das Wunder der Sinnlichen Übungen für Fortgeschrittene. Dieses Programm ist so aufgebaut, daß wir unsere Gefühle stets unter Kontrolle behalten und ihnen nie zum Opfer fallen. Sie sind Schritt für Schritt aufeinander bezogen, damit wir uns allmählich an diese Gefühle gewöhnen können. Auf diese Weise entdecken wir, daß wir das Kind in uns berühren können, und wissen zugleich immer, daß wir starke und unabhängige Erwachsene bleiben. Nur mit diesem Vertrauen können wir allen unseren Gefühlen freien Lauf lassen. Und fließen sie einmal, fühlen wir uns lebendiger, ganzheitlicher und verliebter als seit langem. So wirkungsvoll ist dieses Programm.

»Ich habe nicht die geringste Idee, wovon Sie sprechen, Dagmar. Dieses ganze ›Kind-in-uns‹-Gequassel kommt mir wie abgestandener Psychokram vor. Ich soll ein Kind in mir haben? Und dabei habe ich seit Jahren nicht einmal ein Bäuerchen von ihm gehört. Und wenn ich unbewußt Angst haben sollte, daß ich abtauche, wenn mich mein Partner am Bauch krault, dann bin ich ja noch verrückter, als ich gedacht habe. Ich meine, in meinem Alter werde ich damit ja wohl klarkommen.«

Wunderbar. Dann kann Sie ja nichts davon abhalten, mit der ersten Übung anzufangen.

»Halt mal. Ich brauche noch ein paar Einzelheiten, bevor ich mich auf irgendwas einlasse. Wie lange dauert denn der Kram?«

Jede einzelne Berührungssitzung dauert zwischen fünfzehn Minuten und einer Dreiviertelstunde. Aber eigentlich ist jede Sitzung eine *Doppel*stunde, denn Sie wechseln sich dabei ab, sich zu berühren, das heißt also, daß jede Dopelsitzung zwischen einer halben und anderthalb Stunden lang ist. Und um das Programm voll auszuschöpfen, müssen Sie in den kommenden sechs Wochen je drei Doppelsitzungen einplanen.

»Sie machen wohl Scherze, Dagmar. In den nächsten anderthalb Monaten dreimal die Woche anderthalb Stunden? Für so etwas haben doch nur Hausfrauen und Rentner Zeit. Aber wir haben unseren Beruf, die Kinder und den Haushalt. Glauben Sie wirklich, daß ich alles stehen und liegen lasse, damit ich mit meinem Partner Rubbelrubbel spielen kann?«

Letzten Endes läuft es wohl immer auf Zeitprobleme hinaus, oder? Heutzutage scheint keiner mehr zu glauben, man könne sich ein über den anderen Tag anderthalb Stunden für »sinnloses Vergnügen« gönnen.

»Wenn ich in die Kiste gehe, war ich pausenlos siebzehn oder achtzehn Stunden auf Trab«, entgegnete mir eine Frau, nachdem ich ihr das Programm erklärt hatte. »Dann habe ich für nichts mehr Kraft, was anderthalb Stunden dauert.«

»Aber warum sind Sie dann hier?« fragte ich sie.

»Sie wissen ganz genau, warum«, antwortete sie mit finsterer Miene. »Weil wir so gut wie nie mehr miteinander schlafen!«

Unglaublich!

Paar für Paar erzählt mir, daß sie beim Zubettgehen zu müde für alles sind – von einem so »großen Akt« wie den Sinnlichen Übungen mal gar nicht zu reden. Und im nächsten Atemzug wollen sie von mir das Geheimnis eines befriedigenderen Liebeslebens wissen!

Aber was machen diese Paare eigentlich, bevor sie ins Bett gehen? Waren sie mit Freunden essen? Auf einer Cocktailparty? Im Theater? Im Kino? Wieviel anderthalb Stunden mögen sie mit Freunden und Arbeitskollegen verbracht haben.

»Was sollen wir denn machen? In den nächsten sechs Wochen wie Eremiten leben? Man kann so schnell aus allem rausfallen. Es muß die Leute doch verletzen, wenn wir die ganzen Einladungen ablehnen. Uns werden ganz schnell die Ausreden ausgehen.«

Sie können Ihren Freunden doch erzählen, daß Sie jetzt mehr Zeit miteinander verbringen wollen – und zwar im Bett.

»Jetzt werden Sie mal ernst.«

Gut, dann erzählen Sie Ihren Freunden doch etwas, was gesellschaftlich leichter zu schlucken ist, vielleicht, daß Ihr Job in letzter Zeit mehr Zeit erfordert?

Da wir gerade dabei sind: Schauen wir doch mal, was Sie sonst so treiben nach dem Abendessen und bevor Sie müde ins Bett gehen. Statistisch spricht einiges dafür, daß Sie mindestens eine Stunde lang Zeitung lesen oder im Fernsehen Nachrichtensendungen gucken. Ich finde es immer wieder verblüffend, wie viele Leute behaupten, »unausgefüllt« zu sein, wenn sie vor dem Zubettgehen nicht die Spätnachrichten gesehen haben – als könnten sie die Welt dadurch unter Kontrolle halten, daß sie sich die Nachrichten angucken. Und dann beeindruckt mich natürlich, daß diese Menschen damit im Grund meinen, Sex und Liebe seien weniger erfüllend als Nachrichtensehen. So jedenfalls haben sie sich ihre Prioritäten gesetzt.

Mal gar nicht von den anderen Fernsehsendungen zu reden. Verglichen mit der Zeit für die Liebe sind die Statistiken über den durchschnittlichen Fernsehkonsum – inklusive Videofilme – wirklich bemerkenswert, besonders wenn man bedenkt, wie viele Programme einen mehr oder weniger sexuellen Touch haben. Wenn wir uns einen abendfüllenden Film voller Sexszenen angucken, denken wir uns offenbar nichts dabei, aber anderthalb Stunden sinnlicher Berührungen scheinen unseren Terminkalender äußerst zu strapazieren. Ob wir wirklich lieber Leuten beim Sex zuschauen, als ihm selbst zu frönen?

»Sie wollen mich also wirklich so beschämen, daß ich Ihr Programm mal ausprobiere?«

Beschämen will ich Sie überhaupt nicht. Ich möchte Ihnen nur helfen, Ihre Prioritäten wieder in Ordnung zu bringen. Gerade jetzt ist eigentlich die Zeit gekommen, Ihre persönliche Prioritätenliste aufzuschreiben. An welcher Stelle rangieren gegenwärtig Sex und Sinnlichkeit bei Ihnen? Und im Idealfall? Seien Sie ehrlich. Stellen Sie den Sex nicht an die erste Stelle, wenn Sie ganz genau wissen, daß Zeit für Ihren Beruf und die Kinder vorgeht. Überlegen Sie andererseits aber auch genau, wo Sie im Vergleich zu ihren gesellschaftlichen Aktivitäten und der Freizeitgestaltung die Zeit für »sinnloses Vergnügen« einordnen. Glauben Sie wirklich, daß die Zeit für intimes Beisammensein in Ihrem Leben weniger wichtig sein sollte als Joggen und Aerobic, Tulpenpflanzen, Holzhacken, Shiatsu und der Yogakurs?

Vielleicht fällt es Ihnen leichter, Ihre Prioritäten neu zu ordnen, wenn Sie die Sinnlichen Übungen nicht länger als ermüdende und unangenehme Pflicht betrachten. Sicher, im ersten Moment machen sie Ihnen vielleicht angst, aber sie werden ganz schnell beruhigend und nicht ermüdend, faszinierend und nicht unangenehm. Und jetzt kommt der wirklich verrückte Teil meiner Arbeit: Ich werde tatsächlich versuchen, Ihnen Ihre Sinnlichkeit einzureden, indem ich ein paar ihrer »Nebeneffekte« aufzähle.

Die Sinnlichen Übungen für Fortgeschrittene werden Ihnen nämlich tatsächlich viele genau der Effekte bringen, die Sie sich von Ihren »Antistreß«-Aktivitäten erwarten. Sie helfen gegen jede Art von Streß, nicht nur gegen sexuelle Ängste. Genau wie jeder Yogakurs oder eine professionelle Massage entspannen Sie diese

Übungen, nehmen Ihnen das Beschäftigtsein mit beruflichen und persönlichen Problemen. Auch die unmittelbaren konkreten Resultate sind dieselben, die Sie auch bei jeder anderen »Antistreß«-Aktivität erzielen: Sie schlafen besser und brauchen weniger davon, Sie bekommen seltener Kopfschmerzen und Erkältungen. Und das ist der Clou: Wenn Sie die allmähliche Sinnlichkeit zu einem integralen Bestandteil Ihres Lebens machen, stehen die Chancen gut, *daß Sie länger leben!* (Ist *das* nicht wirkliche Effizienz? Sie gewinnen tatsächlich Zeit hinzu.) Ich meine das ganz ernst. Es ist erwiesen, daß Streß die Risiken von tödlichen Herz- und Gefäßkrankheiten erhöht, und diese Risiken werden infolgedessen reduziert, wenn man den Streß reduziert. Aber es gibt darüber hinaus auch immer mehr Hinweise darauf, daß Berührungen als solche bereits lebensverlängernd wirken. Vor Jahren schon hat die berühmte Fels-Studie über Waisenkinder ergeben, daß die Sterblichkeitsrate bei Babys, die regelmäßig liebkost werden, geringer ist als bei Kleinkindern, die nie körperlichen Kontakt genießen. Jüngste Studien haben ergeben, daß dasselbe auch für Erwachsene gilt: Verheiratete leben länger als Singles; selbst Menschen, die Haustiere besitzen, leben länger als Menschen, die überhaupt nichts zum Knuddeln haben. Was alles nur heißt, daß Sie Ihr Fitneßcenter oder ihren Yogakurs ruhig kündigen können, sogar gelegentlich aufs Joggen dürfen Sie mal verzichten, wenn Sie sich bloß jede Woche ein paar Stunden lang auf sinnloses Vergnügen mit Ihrem Partner oder Ihrer Partnerin verlegen.

Im nächsten Kapitel werden wir uns damit beschäftigen, wie Sie Ihre Zeit einteilen können; für den Moment reicht es völlig aus, Ihnen zu versichern, daß Zeit immer da ist, wenn Sie wirklich wollen. Und das ist eigentlich schon der halbe Grund, weshalb Sie sich auf diese drei Doppelsitzungen pro Woche einlassen sollten. Eine

Übung, Zeit für Ihre Beziehung zu »schaffen«. Sehen wir den Tatsachen doch ins Auge: Wenn Sie sich die Zeit nicht nehmen, haben Sie keine Chance, sich auch nur einmal pro Woche in Ruhe zu lieben.

»In Ordnung, Sie haben mich ja längst überzeugt. Ich würde Ihre Übungen ja gern probieren. Aber das alles hat ja keinen Sinn – es sei denn natürlich, ich würde sie allein machen. Denn Sie müssen verstehen: Nie im Leben würde es mir gelingen, Bozo dazu zu bringen, sie mitzumachen.«

Ah ja, der Bozo-Faktor (auch als Lulu-Faktor bekannt). Kommt bei fast jedem Paar zur Sprache. Einer möchte die Übungen gern ausprobieren, aber der andere hält sie für Zeitverschwendung oder, schlimmer noch, für Nerverei. Er (oder auch sie) behauptet, mit seinem (ihrem) Liebesleben, so wie es ganz ist, glücklich zu sein. Und wenn Sie dann einwenden, daß *Sie* damit vielleicht nicht ganz so glücklich sind, wenn Sie ihm sagen, daß Sie in letzter Zeit Abenteuer und Romantik vermissen, daß Sie sich ein bißchen abgestumpft fühlen und entfremdet beim Sex, ist der andere aller Wahrscheinlichkeit nach tief verletzt.

Dann blafft er Sie vermutlich an: »Willst du damit sagen, daß du nicht mehr mit mir schlafen willst? Daß du meine ganze sexuelle Art nicht magst?«

Und dann müssen Sie antworten: »Die Sexualität selbst ist nicht das Problem. Ich spreche von Gefühlen. Ich finde, wir schlafen nur noch miteinander, aber lieben uns gar nicht mehr. Und diese Übungen sollen doch eine Möglichkeit sein, diese Gefühle wiederzubekommen. Deshalb will ich sie gern mal ausprobieren.«

Und dann wird er wahrscheinlich erst richtig sauer: »Das ist ja wohl dein Problem und nicht meins. Dann kümmer dich doch selbst drum.«

Und dann haben Sie wirklich keine Wahl mehr. Denn Sie werden ihm (oder ihr) kaum verraten wollen, daß er (oder sie) wahrscheinlich genauso festgefahren ist wie Sie, daß er sich im Grunde seines Herzens genauso nach Veränderung sehnt wie Sie – und daß er, wäre er nur ganz ehrlich zu sich selbst, auch gern sinnlicher wäre, und daß sich nichts ändern wird, es sei denn, er versucht es mit so etwas Neuem und Radikalem wie den Sinnlichen Übungen. Nein, so etwas können Sie Ihrem Partner oder Ihrer Partnerin wohl kaum sagen. Oder anders ausgedrückt: wenn Sie es sagen, wird Ihr Partner es wohl kaum *verstehen.* Sagen Sie ihm also etwas, was genauso der Wahrheit entspricht, aber viel leichter zu schlucken ist.

Sie sagen: »Tu es für mich, Liebes. Ich kann diese Übungen doch nicht allein machen. Ich brauche deine Hilfe. Bitte.«

»Was? So erniedrigen soll ich mich? Kommt überhaupt nicht in Frage! Keinesfalls werde ich betteln. Ich meine, was ist, wenn er sagt: ›Gut, ich mache mit, aber nur für dich.‹?«

Dann haben Sie Glück gehabt. Sagen Sie danke. Sagen Sie ihm ruhig auch, daß er die Übungen ja nicht mögen muß – solange er nur verspricht, sie zu machen. Denn ich kann Ihnen versprechen: Nicht lange, und er *wird* sie mögen. Und Sie müssen darauf gefaßt sein, daß die Wahrscheinlichkeit nicht gering ist, daß Sie ihn nur rumkriegen, indem Sie ihm auftischen, er täte »Ihnen einen Gefallen«. Sonst würde *er* sich nämlich so erniedrigt und blöd vorkommen, daß er sie gar nicht machen würde. Und schließlich ist nur eines wichtig: Sie stehen jetzt beide an der Schwelle eines bemerkenswerten Abenteuers.

Beinahe jedenfalls. Denn zweifellos müssen noch andere Alibis und Verschiebungen in Kauf genommen werden, bevor es richtig losgehen kann. Das hört sich am Anfang oft so an:

»In Ordnung, ich mache die Übungen ja, aber jetzt ist

gerade nicht der richtige Zeitpunkt. Ich meine, du siehst doch selbst, daß ich im Augenblick so viel zu tun habe. Warum warten wir nicht bis zum Urlaub? Dann wären wir doch beide besser in Stimmung dafür.«

Worauf Sie antworten: »Falsch, Liebes. Solange ich dich kenne, hast du so viel zu tun. Ich finde, das gehört genau zu unserem Problem. Ich bitte dich doch nur um höchstens viereinhalb Stunden pro Woche, und in diesen Stunden wird der Streß ja nicht mehr, sondern weniger. Laß uns gleich anfangen, ja?«

Jetzt können Sie loslegen. Und an diesem Punkt macht Bozo vermutlich den letzten Versuch, das ganze Projekt zu kippen.

»Dir ist ja wohl hoffentlich klar, daß ich nur bereit bin, diese Übungen *ein einziges Mal* zu versuchen.«

Und Sie sagen: »Prima. Wir wär's jetzt gleich?«

ZEHNTES KAPITEL

»Ich möchte jetzt berührt werden«

ERSTE WOCHE

Werfen Sie eine Münze.

Der Gewinner wird der erste Berührte, der auch die erste sinnliche Übung initiiert.

Hören Sie, Sie können das gut und gerne jetzt gleich tun. Schmieden Sie das Eisen, solange der Wille noch da ist. Legen Sie dieses Buch einen Moment lang beiseite, werfen Sie die Münze, damit Sie wissen, wo's langgeht: wer der erste Berührende ist und wer zuerst der Berührte.

Und das macht der Gewinner: Irgendwann im Laufe der nächsten Woche sagt sie (oder er) laut: »Ich möchte jetzt berührt werden.« Dann sollte sie ihren Partner bei der Hand nehmen und ihn ins Schlafzimmer führen. Sie lassen das Licht an, ziehen sich beide aus und gehen ins Bett. Und vergessen Sie nicht, das Telefon auszuhängen.

Sie befinden sich jetzt bis zum Ende der Sitzung in einer Welt, die sich nur um Sinnlichkeit dreht. Keine Gespräche, bis Sie fertig sind – kein einziges Wort. Ihre einzige Aufgabe – ob als Berührter oder Berührender – besteht darin, sich darauf zu konzentrieren, was Sie im Körper und im Herzen spüren.

In den nächsten fünfzehn bis fünfundvierzig Minuten – das hängt vom Berührten ab – berührt der Berührende den ganzen Körper seines Partners außer Brust (auch beim Mann) und Genitalien. Ansonsten versuchen Sie so viele Körperstellen zu erkunden, wie möglich, vom Scheitel bis zu den Fußsohlen. Der Berührte liegt so entspannt wie möglich da, läßt alles auf sich einwirken und *widersteht der Versuchung, die Berührung zu erwidern.* Sie sind beim nächstenmal dran. Und denken Sie beide daran: Halten Sie sich an die Regeln, egal was auch – wörtlich oder im übertragenen Sinn – hochkommt: Genitale Stimulation, Geschlechtsverkehr und Orgasmus sind streng verboten. Davon machen Sie ein bißchen Urlaub. Sie haben später Zeit genug, alles zu tun, wonach Ihnen ist.

Wenn der Berührte das Signal gibt, werden die Rollen getauscht, der Berührte wird Berührender und umgekehrt. Aber keine Kaffeepause. Tauschen Sie nur die Plätze und erleben Sie die Empfindungen vom anderen Standpunkt aus.

Das ist für die erste Sitzung das Wichtigste. Sprechen Sie hinterher nicht darüber, keine Manöverkritik oder Analyse, ziehen Sie sich einfach die Socken an und führen Sie Ihr normales Leben weiter. Aber denken Sie daran, irgendwann im Laufe der Woche ist Ihr Partner an der Reihe, der Initiator zu sein, mit der Bemerkung »Ich möchte jetzt berührt werden« eine weitere Doppelsitzung einzuläuten. Wechseln Sie sich vor Ende dieser Woche noch einmal ab, so daß Sie die dritte und für diese Woche letzte Übung noch einmal initiieren.

»Das ist alles, Dagmar? Das ist also Ihr großes Geheimnis? Zwei Leute fassen sich abwechselnd an, wobei sie die Hauptpunkte sorgfältig umgehen, und dann, blitzschneller Wechsel, werden sie zärtlich und sinnlich Liebende? Hören Sie mal, das gibt doch alles bloß eine Riesenfrustration. Oder geht es etwa genau darum? Sie bringen uns dazu, das längste Vorspiel der Weltgeschichte zu machen, damit wir vor lauter Dankbarkeit,

daß wir es endlich richtig machen können, richtig machen?«

»Richtigmachen« gibt es nicht. Sich zu lieben ist keine Vorstellung und auch kein sportliches Ereignis. Es geht nur um *Gefühle*. Nur darum dreht es sich bei diesen Übungen. Kein Vorspiel – das Berühren führt zu gar nichts. Es ist *an sich* ein wahnsinniges Vergnügen. Und so simpel es sich auch anhören mag: ja, das ist mein »großes Geheimnis«.

Wenn Sie sich jeweils mindestens fünfzehn Minuten für ein rein passives Vergnügen gestatten, können Sie anfangen, die Kunst der sinnlichen Liebe zu erlernen. Aber für Leute, die gewöhnt sind, Sex in einem engen Terminkalender nur unter ferner liefen unterzubringen, kann das die größte Herausforderung ihres Lebens sein.

»Es kam mir wie die Hölle vor«, erzählte mir ein Mann über seine erste Erfahrung als Berührter. »Nach fünf Minuten fing ich an, die Sekunden zu zählen, bis ich ihr endlich sagen konnte, daß sie aufhören soll.«

Diesem Mann war es seit Jahren gelungen, den Großteil seiner Sinnlichkeit aus seinem Leben zu verbannen. Was für ihn zählte, war immer nur der Orgasmus – einer für sich und einer für seine Frau –, bevor er sich endlich umdrehen und ein paar Stunden Schlaf einlegen konnte. Beim Sex war er tüchtig: Er »brauchte« weniger als fünfzehn Minuten. Wie sollte er es über sich bringen, diesen ganzen Berührungskram fünfzehn Minuten lang »auszuhalten«?

»Schließen Sie die Augen und vergessen Sie die Uhr«, bat ich ihn. »Heute gibt es kein Ziel zu erreichen, also bleiben Ihnen nur Ihre Empfindungen. Und die können Sie dann auch wenigstens richtig auskosten.«

Die nächsten drei Sitzungen erlitt dieser Mann die Qualität des Berührtwerdens noch mit panischem Blick auf die Uhr. Aber in der vierten geschah dann plötzlich etwas.

»Es war, als würde ein Schalter in mir betätigt«, erzählte er mir später. »Und mit einem Schlag hatte ich so ganz tolle Gefühle in der Brust, im Bauch und in den Hüften. Ich fühlte mich wie trunken. Und als ich die Augen wieder aufmachte, waren fünfundvierzig Minuten verstrichen.«

Der »Schalter« war seine Konzentration gewesen. Er hatte sich endlich auf das zu konzentrieren begonnen, was *im Augenblick* geschah.

Der Widerstand, im sinnlichen Hier und Jetzt zu verweilen, ist die größte Ursache unserer sexuellen Frustrationen. Nervöser »Ergebnis-Sex« treibt viele Männer in die vorzeitige Ejakulation und viele Frauen dazu, den Versuch, zum Orgasmus zu kommen, »aufzugeben«. Aber »Ergebnis-Sex« unter Zeitdruck fordert auch von denjenigen von uns seinen Tribut, die »normal funktionieren«, sich aber trotzdem emotional übers Ohr gehauen, im Herzen abgestumpft und einsam fühlen, während sie den Sex hoppladihopp absolvieren. Deshalb klappen diese Übungen auch bei allen von uns, egal wie frustriert wir sind. Für jeden einzelnen besteht das Geheimnis darin, sich darauf zu konzentrieren, was er *gerade in diesem Augenblick* empfindet, ohne Hast und ohne den nächsten Schritt vorwegzunehmen. Bei den Anonymen Alkoholikern und vergleichbaren Gruppen kann man lernen, wie man nur einen Tag auf einmal erlebt. Mit meinem Programm möchte ich Ihnen beibringen, wie man nur eine Empfindung auf einmal erlebt. Es wird Sie überraschen, was für einen Unterschied das macht.

»Kommen Sie, Dagmar, jetzt tun Sie ja so, als hätten wir immer nur diesen unpersönlichen Auf-die-Plätze-fertig-los-Sex. Und das ist einfach nicht wahr. Wir streicheln uns immer erst, bevor wir soweit sind.«

Aber verweilen Sie auch wirklich bei Ihrer Sinnlichkeit? Drosseln Sie Ihr Tempo gelegentlich wirklich so, daß Sie nicht mehr wissen, wo das alles eigentlich hinführen soll? Kommen Sie jemals an den Punkt, an dem nur das von Interesse ist, was Sie gerade fühlen?

»Was soll denn das? Geht's hier um eine sinnliche Therapie oder um Zenbuddhismus? Das hört sich alles so mystisch an – und auch schrecklich künstlich.«

Ja, etwas Mystisches ist dran, das gebe ich gern zu. Letzten Endes ist es ein großes mystisches Geheimnis, warum man so tiefe Gefühle hat, wenn man zärtlich berührt wird. Teilweise hängt das natürlich damit zusammen, daß Zärtlichkeiten Erinnerungen an mütterliche oder väterliche Liebkosungen in früher Kindheit wecken. Aber erklärt das etwa, warum eine Berührung als solche so mächtig sein kann?

Den Vorwurf, mein Zugang zur Sinnlichkeit sei künstlich, weise ich allerdings entschieden zurück. Im Gegenteil, ich glaube, diese Übungen führen sie zu dem natürlichsten und grundlegendsten Kontakt zurück. Opulente Sinnlichkeit ist natürlich. Unglücklicherweise hat eine zielorientierte Gesellschaft es vermocht, sie uns auszutreiben, und zwar durch ein verunsichertes Selbstgefühl, dem es nur darum geht, beim Sex etwas zu leisten, und durch moderne Konzepte von erotischer Erfüllung, die uns so auf die Genitalien konzentrieren, daß wir ganz vergessen, daß wir auch ein Herz und einen Körper haben.

»Gut, hab' schon verstanden. Aber Sie müssen ja wohl zugeben, daß es übertrieben ist, wenn wir Brüste und Genitalien nicht berühren dürfen. Das meine ich mit künstlich – und übrigens finde ich das auch pervers.«

Das ist nicht übertrieben. Ich versuche damit nur die jahrelang eingeübte abstumpfenden und isolierenden Gewohnheiten abzubauen. Ich sagte ja schon am Anfang, daß wir Ihr Sexualleben noch einmal ganz von vorn anfangen. Und der erste Schritt besteht darin, Ihren *ganzen Körper* zu sensibilisieren, nicht bloß die Genitalien.

»Als Bob ganz sanft über meinen Arm und meine Handfläche strich, hatte ich ein ganz wahnsinniges Déjà-vu-Erlebnis«, berichtete eine Ehefrau. »Ich spürte plötzlich noch einmal, wie es war, als in der Volksschule zum erstenmal ein Junge meine Hand nahm. Das war wie ein elektrischer Stromstoß. Eine alte verheiratete Frau wie ich erlebt so was normalerweise nicht mehr.«

»Sie haben es doch aber gerade erlebt«, sagte ich. »Und das war erst der Anfang.«

Indem Sie auf der ersten Stufe dieses Programms Brust und Genitalien zunächst auslassen, geben Sie dem Rest Ihres Körpers die Chance, Versäumtes nachzuholen. Es wird höchste Zeit, daß Sie aufhören zu denken, daß die primär erogenen Zonen Ihre einzigen »sexuellen« Körperteile seien. Wir gönnen Ihren Genitalien eine kleine Pause. Sie können einfach nicht für alles herhalten, können nicht Quelle aller Ihrer Empfindungen, nicht Ihr Herz und Ihre Seele sein. Während Sie allmählich die Kontrollmechanismen außer Kraft setzen, die den Rest Ihres Körpers abstumpfen, werden Sie erleben, wie Ihr wahrer Körper sinnlich wird. Ganz bald werden Sie erotische Ellbogen, leidenschaftliche Augenlider, stürmische Kniescheiben und sinnliche Ohrläppchen haben. Von Kopf bis Fuß werden Sie eine einzige erogene Zone sein. Und ich schwöre Ihnen, *das* ist natürlich.

»Toll. Aber jetzt werde ich Ihnen mal verraten, was wirklich künstlich ist – ich meine, so ein Faß aufzumachen, wer mit der Sitzung anfängt. ›Ich möchte jetzt berührt werden.‹ Also wirklich! Wo bleiben denn da Spontaneität und Raffinesse? Und die Romantik?«

Sie wollen sagen, wo bleibt das Ratespiel »Ob sie wohl in Stimmung ist?« Und wo die Verhandlungen nach dem Muster »Beim letztenmal wolltest du und ich hatte keine Lust, aber wenn du diesmal mit mir schläfst, obwohl du eigentlich nicht möchtest, könnte ich beim nächstenmal...« Und wo bleiben die Versuchsballons, die Sie abwechselnd hochgehen ließen (gewöhnlich mit den Zehen unter der Bettdecke, wenn sie beide schon fast eingeschlafen waren), die absichtlich so zweideutig gehalten waren, daß keine Reaktion darauf nicht als persönliche Zurückweisung ausgelegt werden mußte?

Nun, diese ganze »Raffinesse«, »Spontaneität« und »Romantik« müssen ein paar Wochen lang zurückstehen, während derer Sie sie durch die direkteste und bewußteste Kommunikation ersetzen, die ich mir vorstellen kann: »Jetzt bitte. Ich möchte jetzt berührt werden.«

»Ich habe mir den Kopf vor Protest heißgeredet, als Sie uns das von dem ›Ich möchte jetzt berührt werden‹ erzählten«, vertraute mir ein Ehemann an. »Aber insgeheim fühlte ich mich dabei richtig entlastet.«

Dieser Mann hatte seine Frau seit drei Monaten nicht mehr geliebt.

»Wir haben diese Pause eingelegt, nachdem Rhea (seine Frau) mich dreimal hintereinander zurückgewiesen hatte«, fuhr er fort. »Ich hätte keine weitere Ablehnung ertragen können, also hörte ich auf zu bitten.«

Und natürlich bat ihn auch seine Frau nicht. Eine unausgesprochene Regel in ihrer Beziehung lautete, daß sie nie den Anfang machte, eine Tatsache, die ihr allmählich gegen den Strich ging. Da steckten nun beide in der Sackgasse. Wir sprachen eine Zeitlang über ihre jeweiligen Ängste und Verstimmungen, aber ich wußte, im Grunde wäre die beste Methode, mit einem einzigen Schlag die Rollen zu verändern. Ich bat sie, abwechselnd mit den Berührungen anzufangen, ohne Fragen. Nicht raffiniert, vielleicht nicht einmal romantisch, aber unendlich viel befriedigender als das, was sie bislang machten – oder eher *nicht* machten.

Für viele Paare ist es schon ein höchst kniffliges Problem, überhaupt mit dem Sex zu beginnen. Wochen, ja

Monate können vergehen, in denen sich nichts abspielt, weil er Angst hat, sie könnte ihn wieder abweisen, oder weil sie Angst hat, daß er sie zu aggressiv finden könnte; also sucht sie nach Möglichkeiten, wie er denken könnte, es wäre alles seine Idee. Oder er hat so Angst, keine richtige Erektion zu kriegen, daß er es gar nicht erst versucht. Oder sie hat solche Angst, daß sie zu lange braucht, daß sie es gar nicht erst versucht. Oder beide warten so verzweifelt auf jenen magischen Augenblick, in dem sie sich in die Arme fallen, einander die Kleider vom Leib reißen und ausgehungert ins Bett fallen, daß jedes Bedürfnis, das nicht ganz so übermächtig ist, ihnen zu kümmerlich vorkommt, als daß sie ihm nachgeben würden. Es gibt unzählige Möglichkeiten, gar nicht erst anzufangen. Deshalb lassen wir das alles in den kommenden Wochen außen vor.

Dreimal die Woche fangen Sie nur aus einem einzigen Grund an: *weil Sie es so vereinbart haben.*

Nein, raffiniert ist es nicht, wenn Sie nach den Zehnuhrnachrichten aufstehen und erklären, daß Sie jetzt berührt werden möchten. Es ist genau das Gegenteil von raffiniert: direkt, selbstsicher und – was vielleicht am schlimmsten ist – *bewußt.* Es kommt nicht aufgrund irgendwelcher äußerer Umstände zum Sex; sondern Sie übernehmen die *Verantwortung* dafür, daß es dazu kommt. Sie geben sich selbst und Ihrem Partner gegenüber zu, daß Sie möchten, daß er Ihnen Vergnügen bereitet, und zwar jetzt. Das hört sich vielleicht grob, unweiblich und unromantisch an, aber glauben Sie mir, letzten Endes werden Sie sich und Ihre Sexualität dabei als wunderbar erleben. Obwohl es nur eine Übung ist und Sie nur »Dagmars Regeln befolgen«, machen Sie mit dieser offenen Erklärung Ihrer Lust einen Schritt mit Siebenmeilenstiefeln darauf zu, Sex und Liebe selbst zu kontrollieren. Die Wartezeit ist vorüber; jetzt kümmern Sie sich selbst um Ihre Lust.

Ihre Forderung macht den Sex nicht nur bewußt, sondern auch egoistisch – im allerbesten Sinne des Wortes. Wenn Sie Ihren Partner bei der Hand nehmen, versuchen Sie noch nicht einmal, so zu tun, als beruhe ihr Bedürfnis oder der Zeitpunkt auf »Gegenseitigkeit«. Sie sagen nicht: »Ich möchte jetzt etwas für dich tun«, sondern: »Ich möchte etwas für mich tun.« Das macht den ganzen Ratespielchen ein Ende: Es ist völlig egal, ob Ihr Partner gerade in Stimmung ist oder nicht – diese Frage wird von Ihrer Vereinbarung nicht berührt. Sie wechseln sich in den nächsten Wochen dabei ab, die Initiative zu ergreifen, und *das* beruht tatsächlich auf Gegenseitigkeit, *das* ist totale Gleichberechtigung. Sie sind dabei, zum wunderbarsten gemeinsamen Urlaub Ihres Lebens aufzubrechen: zum Urlaub *von der Sorge über das, was Ihr Partner möchte und fühlt.*

Schließlich können Sie auch damit aufhören, daß irgendwelche Ängste vor sexuellem Versagen Sie davon abhalten, die Initiative zu ergreifen. Auf den ersten Stufen ist es völlig unbedeutend, ob sie eine Erektion haben, ob Ihre Scheide feucht wird, ob Sie einen Orgasmus haben oder schwer atmen. Sie können nicht versagen, weil es gar nicht um Leistung geht. Kriegen Sie einen Orgasmus, wenn er Ihren Rücken streichelt: prima. Bekommen Sie eine Erektion, wenn sie sanft Ihre Hüften massiert: auch gut. Aber das ist nicht das Ziel, nur ein Nebeneffekt.

»Gut. Dann erkläre ich also ganz bewußt und egoistisch, daß ich jetzt berührt werden möchte. Das heißt, ich werde es nur als doppelt erniedrigend empfinden, wenn er nein sagt.«

Aber er kann doch nicht nein sagen. Es gehört zu diesem Programm, daß er nicht nein sagen darf. Als Sie beide sich darauf eingelassen haben, diese Übungen zu versuchen, haben Sie sich auch darauf eingelassen, für den anderen dazusein. Total und ohne irgendwelche Fragen.

Dieser Teil der Vereinbarung ist außerordentlich wichtig. Sagt Ihr Partner: »Jetzt«, dann dürfen Sie nicht sagen: »Heute abend nicht, ich bin zu müde«, »Können wir nicht noch etwas warten? Ich muß diesen Bericht gerade noch zu Ende lesen« oder »Ich habe mich aber doch den ganzen Tag auf das Fußballspiel gefreut«. Sie können noch nicht einmal antworten: »Laß uns doch warten, bis wir sowieso ins Bett gehen.«

Wenn Sie nicht gerade in Ohnmacht gefallen sind, können Sie es tun. Sie brauchen es weder richtig noch auch nur gut zu machen. Sie müssen es einfach nur tun.

»Gut, und dann habe ich es also getan«, erzählte mir Ron, ein Ehemann aus meiner Praxis, am Ende der ersten Woche der Übungen. »Ich war ein braver Junge. Aber ich kann Ihnen sagen, jede einzelne Sekunde war mir zuwider. Ich will Sie nicht anlügen. Also Teri kam an meinen Schreibtisch, sagte ›Jetzt bitte‹, und dabei wußte sie doch verdammt genau, daß ich am nächsten Tag diesen Bericht fertig haben mußte. Und wenn Sie wirklich glauben, mich durch so was zu einem liebenden Ehemann zu machen, sind Sie noch verrückter, als ich dachte.«

»Und was meinen Sie wohl, wie ich mich gefühlt habe: zu wissen, daß er das Ganze fürchterlich findet«, fügte Teri, seine Frau, vorwurfsvoll hinzu. »Wie sollte ich meinen Spaß haben, während er in einer Stinklaune war?«

Glücklicherweise richteten sich ihre Vorwürfe mehr gegen mich als gegeneinander – ein Fortschritt in ihrer Beziehung. Eine meiner wichtisten Aufgaben als Therapeutin besteht manchmal darin, mich zum Punchingball zu machen. Trotzdem mußte ich die beiden an die Beziehung erinnern, die sie hatten, bevor auch nur die Rede von irgendwelchen Sinnlichen Übungen gewesen war.

»Was passierte eigentlich, wenn Teri mit Ihnen schlafen wollte und Sie meinten, zu beschäftigt zu sein?« fragte ich Ron.

»Nun, dann habe ich ihr ganz vernünftig erklärt, daß ich unter Zeitdruck stehe, daß der Termin nicht günstig gewählt ist und daß ich ihren Wünschen später nachkommen würde«, erklärte Ron.

»Und wie haben Sie sich dabei gefühlt?« Ich konnte mir Teris Antwort schon an ihrem Gesichtsausdruck ausmalen.

»Erbärmlich!« sagte sie »Wie ein kleines Mädchen, das gegängelt wird. Und außerdem steht er immer unter Zeitdruck. Ich kann mich nicht erinnern, daß der Termin jemals günstig gewählt gewesen wäre.«

Im Laufe der Jahre ist mir so ziemlich jede Variante des Themas »Nicht heute abend, Liebes« zu Ohren gekommen, und keine läßt viel Platz für Intimität.

Es gibt die direkte, gereizte Ablehnung: »Was ist denn mit dir los? Du führst dich ja auf wie besessen. Das einzige, woran du denkst, ist Sex.«

Und dann gibt es die Angriff-ist-die-beste-Verteidigung-Variante: »Du hast ein unglaubliches Geschick, dir immer den falschen Moment auszusuchen.«

Und schließlich gibt es natürlich noch die Märtyrerhaltung, die aber durchaus einer Zurückweisung gleichkommt: »Na gut, wenn du es denn so dringend brauchst...«

Mit meinem Programm entgehen Sie den ganzen Schuldgefühlen und Verstimmungen. Es ist ein Tauschhandel, schlicht und ergreifend: Ich bin für dich da, du bist für mich da. Eine Hand wäscht die andere. Wie ich auch Ron schon gesagt habe, ich kenne keinen schnelleren Weg zur Intimität als dieses Gelübde. Es ist das Gelübde von Vertrauen, vom Willen, sich gegenseitig Spaß zu bereiten, und so künstlich es sich in diesem Moment vielleicht noch anhört, werden Sie sich dabei klarer und besser miteinander fühlen als nach einem ganzen Jahr voller Diskussionen darüber, wer nun wem mehr gibt.

Aber Ron war immer noch nicht überzeugt.

»Gut. Trotzdem bin ich sauer auf sie, wenn ich ihr ins Schlafzimmer folge und der ganze Schreibtisch voller Arbeit ist«, meinte er.

»Gut. Dann seien Sie meinetwegen sauer«, entgegnete ich. »Aber dann tun Sie sich selbst wenigstens den Gefallen und klammern Sie sich nicht krampfhaft an Ihre Verstimmung, wenn Sie es genießen, daß Teri Sie streichelt. Und vielleicht könnten Sie sogar ein bißchen lächeln, wenn Sie merken, daß es ganz erfrischend sein kann, wenn dieser ganze Kinderkram mit dem Wer-fängt-An wegfällt, ja?«

Aber im Moment lächelten weder Ron noch Teri.

»Ich sehe immer noch nicht, wie sich da was ändern soll«, sagte sie. »Ich werde mich immer noch erbärmlich fühlen und voller Schuldgefühle sein, wenn ich weiß, daß er viel lieber arbeiten würde, als mit mir im Bett zu sein. Woher soll da mein Spaß kommen?«

»Der Spaß ist trotzdem da«, sagte ich. »Sie müssen sich nur gestatten, ihn zuzulassen. Für mich hört sich das alles an, als hätten Sie sich so an der Rolle festgebissen, immer für Vergnügen sorgen zu müssen, daß Sie selbst gar keines mehr empfinden können.«

Und dann erzählte ich Teri etwas, was sie zunächst kaum glauben konnte: »Sie haben sogar mehr von den Übungen, wenn Sie in einem Moment ›Ich möchte berührt werden‹ zu sagen lernen, wenn Sie genau wissen, daß Ron keine Lust hat. Ich weiß selbst, daß sich das wahnsinnig pervers anhört. Aber an dem Punkt, an dem Sie beide jetzt sind, ist es genau das, was Sie brauchen. Sie müssen sich davon lösen, ständig an seine Bedürfnisse zu denken, um sich endlich wieder auf Ihre eigenen konzentrieren zu können.«

Sie alle, die Sie diese Übungen ausprobieren möchten, haben nur diese eine Aufgabe – sich auf das zu konzentrieren, was Sie empfinden. Vergessen Sie alles, was Ihr Partner fühlen könnte, wenn er Sie berührt, ob es ihm Spaß macht, ob er Sie attraktiv findet, ob er müde ist. Wenn Sie nämlich an so etwas denken, lenken Sie sich selbst von Ihren eigenen Empfindungen ab. Und hören Sie vor allem nicht mit der Sitzung auf, nur weil Sie denken, er könnte sich langweilen oder hätte keine Lust mehr, Sie zu berühren. Genießen Sie die vollen fünfundvierzig Minuten, wenn Ihnen danach ist. Und lassen Sie sich nicht davon beeinflussen, daß Ihr Partner, als er der Berührte war, nur eine Viertelstunde beansprucht hat. Genießen Sie, solange Sie es aushalten können.

»Ich weiß jetzt schon, worauf das alles hinausläuft. Ich nehme schließlich meinen ganzen Mut zusammen und fange mit der ersten Doppelsitzung an. Und dann ist er beim nächstenmal dran – und nichts passiert. Nichts. Die ganze Woche über wird er nicht einmal auf die Idee kommen, auf die Schlafzimmertür zu deuten«.

Damit beschäftigen wir uns lieber am Ende der Woche. Vielleicht erleben Sie ja eine Überraschung. Aber in der Zwischenzeit gilt die Regel, daß Sie nicht an ihm herumzerren dürfen. Sie dürfen ihn noch nicht einmal daran erinnern, daß die Zeit abläuft. Kein Pieps, und wenn es am letzten Tag der Woche zehn vor Mitternacht ist. Kein Genuß-Anregen erlaubt. Das würde das ganze Gebäude gemeinsamer Verantwortung wieder kaputtmachen, das Sie gerade mühsam aufbauen. Sehen Sie nur zu, daß Sie beim erstenmal die Initiative ergreifen und für sich soviel wie möglich dabei herausholen.

»Theoretisch hört sich das ja alles ganz faszinierend an, Dagmar. Aber wollen wir uns jetzt nicht lieber mal mit der praktischen Seite beschäftigen? Unsere Siebenjährige hat einen leichten Schlaf, und unser Zwölfjähriger geht nicht vor elf ins Bett. Wann sollen wir diese

Übungen eigentlich machen – zwischen zwei und drei Uhr nachts?«

Schlimmstenfalls ja. Übrigens dürfen Sie Ihren Partner sogar mitten in der Nacht aufwecken und sagen: »Jetzt bitte. Ich möchte jetzt berührt werden.«

»Und der sagt dann: ›Jetzt. Ich möchte jetzt geschieden werden.‹«

Sagt er schon nicht. Denn beim nächstenmal darf er ja genau das gleiche machen. Noch einmal: Ich möchte wirklich nicht total pervers klingen, aber Sie werden verblüfft sein zu beobachten, wieweit Sie dieses Spielchen treiben können. Nur zu, wecken Sie ihn und sagen Sie: »Jetzt.« Und Sie da, folgen Sie ihr ruhig in die Dusche und sagen Sie: »Jetzt.« Schieben Sie die Grenzen immer weiter raus. Überzeugen Sie sich selbst, wie impulsiv Sie dieses Ich-bin-für-dich-da-du-bist-für-mich-da-Spielchen machen wird.

Allerdings gibt es tatsächlich auch eine praktische Seite, die Sie an diesem Punkt überdenken sollten. Wenn die Kinder Sie davon abhalten, sich die Zeit zu gönnen, die diese Übungen brauchen (wie sie Sie schon in der Vergangenheit von einem reichhaltigen Sexleben abgehalten haben), wird es höchste Zeit für eine Neuregelung. Wenn Sie nicht schon einen haben, besorgen Sie sich für den Anfang schleunigst einen Schlafzimmerschlüssel. Und was halten Sie davon, für eine der Sitzungen einen Babysitter zu engagieren oder ins Hotel zu gehen? Restaurant- und Kinobesuche gönnen Sie sich doch auch, warum sollten Sie es also als maßloser empfinden, dasselbe Geld auszugeben (und denselben Babysitter zu engagieren) für ein bißchen sinnloses Vergnügen? Und überhaupt: Was ist an Maßlosigkeit eigentlich so schlecht? Wem sollten Sie denn sonst etwas gönnen? Wenn Sie in dem Programm weiter sind, wenn das sinnliche Lieben integraler Bestandteil Ihres Lebens geworden ist, wird das »außerhalb Lieben« im Hotel oder im Motel vermutlich ganz oben auf der Prioritätenliste für freie Abende stehen.

Und dann gibt es noch eine Möglichkeit, die so offensichtlich auf der Hand liegt, daß man sich fragen muß, warum nicht mehr von uns darauf kommen: Man kann die Sinnlichen Übungen (und später das Lieben) auch sehr gut *mitten am Tag* machen. Genau, Sie können sich lieben, während die Sonne scheint, ohne sich darüber Gedanken zu machen, daß Sie eigentlich Ihre Brötchen verdienen müßten – oder sonst etwas »Sinnvolles« tun. Lassen Sie Ihre Kinder spielen gehen und spielen Sie selbst – mit Ihrem Partner. Viel zu viele Menschen kommen erst auf die Idee, sich zu lieben, wenn sie schon ausgezogen sind und ins Bett wollen. Es scheint einem Skandal gleichzukommen, allein die Vorstellung zu haben, sich mit der vollen Absicht wieder auszuziehen, sich gegenseitig Vergnügen zu bereiten. Aber ein Skandal ist doch toll! Im Gegenteil: je skandalöser und verbotener es Ihnen vorkommt, desto besser. Es wird höchste Zeit, daß Sie mal aus Ihren alten Gewohnheiten ausbrechen. Daß Sie sich ein bißchen dekadent fühlen.

Daß wir uns mit Vorsatz mitten am Tag entkleiden, hemmt uns. Wenn Sie um zwei Uhr mittags die Hüllen fallenlassen, können Sie sich nicht länger vormachen, daß dieses »sinnliche Intermezzo« »einfach so« geschieht. Nein, Sie selbst betreiben es. Sie tun es, weil Sie den Spaß daran haben wollen. Es fällt den meisten von uns weiß Gott leichter, uns für ein Tennisspiel mitten am Tag auszuziehen, als für ein sinnliches Vergnügen. Interessanterweise erzählen mir häufig Paare, daß sie häufig plötzlich erregt werden, wenn sie sich fürs Tennisspielen umziehen, aber leider folgen sie ihrem Impuls nur ganz selten – schließlich ist der Platz gemietet, irgend jemand wartet. Aber an diesem Samstagnachmittag wartet niemand – nur Ihre beiden Körper.

Wo ich gerade dabei bin: Gestatten Sie mir noch ein

paar weitere eher praktische Einzelheiten. Bei den Sinnlichen Übungen gibt es nichts Schlimmeres als ein kaltes Zimmer. Es fühlt sich einfach alles nicht so gut an, wenn es unter der Bettdecke stattfinden muß. Außerdem läuft es für den Berührten häufig darauf hinaus, daß er glaubt zu ersticken. Ich schlage vor, Sie besorgen sich fürs Schlafzimmer einen elektrischen Heizkörper. Unmittelbar bevor Sie mit den Sinnlichen Übungen beginnen, stellen Sie ihn einfach an. (Vielleicht sogar eine Stunde vorher.) Dann können Sie beide nackt und unbedeckt auf dem Bett liegen, die ganze Doppelsitzung lang.

Manche Paare machen auch Musik an oder entzünden Räucherkerzen. Warum nicht. Es wird später noch von der Ausstattung des sinnlichen Haushalts die Rede sein. Aber im Moment müssen Sie nur stets daran denken: Alle Entscheidungen trifft der Berührte: ob Musik angestellt wird und wenn ja, welche; Kerzen oder keine und so weiter. Der oder die Berührte ist vollauf mit seinem oder ihrem eigenen Erleben betraut.

»Was soll ich tun, wenn wir einmal ausgezogen sind und sie auf dem Bett liegt?« fragt der Berührende. *»Soll ich Sie massieren wie beim Sport?«*

Berühren Sie sie ganz so, wie Sie möchten – hier sanft mit den Fingerspitzen, dort kneten Sie vielleicht ein paar verspannte Muskelpartien – und vertrauen Sie darauf, daß sie es Sie schon wissen läßt, wenn sie sich etwas anderes wünscht. Der Berührte ist immer der Leiter. Sie wird Ihnen zeigen, wie kräftig, wie schnell und wie lange sie berührt werden möchte. Es liegt ganz in ihrer Verantwortung, also brauchen Sie nicht zu befürchten, irgend etwas falsch zu machen.

Niemand erwartet von Ihnen, daß Sie sich zu einem Experten auf diesem Gebiet auswachsen. Sie müssen die »Kunst der sinnlichen Massage« nicht büffeln oder die Meridiane aus dem Shiatsu. Ich möchte, daß Sie mit

Ihren Instinkten in Berührung kommen, nicht mit einer zusätzlichen Technik. Für meine Begriffe hat in unseren Tagen überhaupt die »Technik« der wirklichen Sinnlichkeit den Garaus gemacht. Es sind so viele Ideen im Umlauf, die uns erzählen, daß ein bestimmter neuentdeckter Punkt das letzte Geheimnis definitiver Erregung birgt, daß Sie sich zu einer Supersexualität aufschwingen, wenn Sie hier Ihre Vaginalmuskulatur anspannen, diese Creme einmassieren, hier ziehen und da drücken. Man hat uns übers Ohr gehauen, versucht, uns einzureden, daß wir nichts als eine Reihe von Computerknöpfen sind, die in der richtigen Abfolge betätigt werden müssen, um an den Jackpot zu kommen: den Superorgasmus. Ich glaube kein Wort davon.

Zunächst einmal sind wir alle viel zu unterschiedlich, als daß das wahr sein könnte: Was dem einen sein G-Punkt, ist dem anderen sein ZZ-Punkt. Unsere Körper unterscheiden sich nicht nur im Hinblick auf ihre Sensibilität voneinander, jeder einzelne empfindet auch jeden Tag anders. Am einen sind bei Ihrem Partner vielleicht die Füße ganz besonders empfindlich, am nächsten der Nacken. Deshalb muß Ihr Partner Sie auch immer führen. Kein Therapeut und kein Buch kann Ihnen verraten, wo und wie Sie den anderen berühren sollen; das kann nur er (oder sie) selbst. Und denken Sie daran: Sie suchen sowieso nicht nach ihren erogenen Punkten. Sie beabsichtigen gar nicht, Erregung oder gar einen Orgasmus hervorzurufen. Ein ganzes Spektrum von Empfindungen möchten Sie wecken – und die Emotionen, die sich daraus ergeben.

Ich halte auch deshalb nicht allzuviel von »Technik«, weil ich möchte, daß Sie eine Weile Ihren Kopf ausschalten, damit Sie Ihren irrationalen Impulsen nachgehen können. Lassen Sie Ihre Finger nur einmal Ihren Gefühlen folgen, statt dem geistigen Diagramm, das Ihnen sagt, wo ein »perfekter Liebhaber« zu streicheln hat. Denn hierin besteht das eigentliche Geheimnis: Auch Sie, der Berührende, profitiert sinnlich von diesem Experiment. Sie stehen Ihrem Partner nicht einfach wie ein massierender Roboter zur Verfügung; Sie sind nicht nur auf seine (oder natürlich auch ihre) Reaktionen eingestimmt. Auch Sie haben Empfindungsvermögen – in den Händen. Erinnern Sie sich noch an die Gefühle, die Sie als Teenager hatten, wenn Sie Ihrer Freundin mit der Hand unter den Pullover fuhren und ihren Bauch mit der Hand berührten? Wie elektrisch war das doch. Schauer liefen Ihnen durch den ganzen Körper. Und jetzt erobern Sie sich diese Schauer eben zurück.

»Dann soll ich sie also nur mit den Händen berühren?«

In dieser ersten Woche ja. In der nächsten dürfen Sie dann etwas kreativer werden. Aber im Moment berühren Sie Ihren Partner nur mit den Händen; und vermeiden Sie bitte jegliche Spielchen, versuchen Sie also nicht, auf ihrem Po ein Bild zu zeichnen oder Buchstaben auf ihrem Rücken zu malen – damit könnten Sie nämlich erreichen, daß Sie *beide* überhaupt nichts fühlen. Und nicht kitzeln: Etwas Unsinnlicheres als das gibt es wohl kaum. Entspannen Sie sich, aber erstarren Sie nicht. Bei den Berührenden besteht häufig die Tendenz, sich einfach hinzulegen, auf einen Ellbogen gestützt, und dann die ganze Sitzung über in dieser Stellung zu verharren. So kommen Sie nur an das heran, was zwischen ihren Knien und dem Hals liegt; eine Schande, wenn man bedenkt, daß gerade ihr Kopf oder die Füße an diesem Tag besonders empfindlich sein könnten. Bewegen Sie sich. Stehen Sie ruhig einmal auf und nähern Sie sich ihr wieder von der anderen Seite. Legen Sie sich herum und wenden Sie sich ihren Füßen zu. Das wird Sie schon nicht überstrapazieren.

»Und was soll ich währenddessen tun?« fragt die Be-

rührte. *»Etwa wie ein nasser Lappen daliegen, während er es mir ›tut‹?«*

Genau. Liegen Sie nur da und stimmen Sie sich auf Ihre Gefühle ein.

»Aber was soll ich eigentlich genau fühlen?«

Fühlen sollen Sie, was Sie fühlen. Nicht mehr und nicht weniger. Da gibt es keine Vorschriften. Vielleicht werden Sie sexuell erregt: Prima, dann spüren Sie dem nach. Denken Sie aber nicht, daß Sie mit diesem Gefühl irgend etwas anstellen müssen. Es kann aber genausogut sein, daß Sie beim erstenmal überhaupt nichts dergleichen empfinden. Auch gut. Das ist total normal. Fühlen Sie einfach, was Sie fühlen, und gucken Sie sich das an. Gehen Sie nur bloß nicht in die Falle zu denken: »Jetzt müßte ich aber bald erregt sein.«

Vielleicht ist Ihnen auch unbehaglich, nervös, kitzlig oder schwindlig zumute. Oder Sie werden so schläfrig, daß Sie eindösen. Auch das ist total in Ordnung. (Und übrigens, Berührender: Wenn Ihre Partnerin einschläft, während Sie sie berühren: Nehmen Sie das nicht als Zurückweisung. Das bedeutet lediglich, daß sie sich wohl fühlt und entspannt ist.)

Sie dürfen sogar traurig werden. Bei diesen Übungen fangen Männer und Frauen häufig an zu weinen. Verdrängen Sie dieses Gefühl nicht. Klammern Sie sich aber auch nicht daran fest, wenn Sie spüren, daß es verschwindet. Lassen Sie diese Emotionen durch Ihren Körper fließen wie jede andere auch.

Es ist eine Tatsache, daß diese Übungen eine Unzahl unerwarteter Gefühle mobilisieren können. Möglicherweise sind Sie im einen Moment völlig verkrampft und im nächsten dann plötzlich so entspannt, daß Sie meinen davonzugleiten. Versuchen Sie nicht, Ihre Emotionen zu kontrollieren oder vorherzusagen. Lassen Sie sich nicht von ihnen überraschen.

»Und was ist, wenn ich Angst kriege?«

Dann geht es Ihnen wie fast allen anderen auch. Viele Menschen bekommen beim erstenmal Angst, weil sie sich bei den Sinnlichen Übungen tollpatschig fühlen, als würden sie in die erste Volksschulklasse zurückversetzt. Es berührt die allgemeine Angst vor Regression. Andere bekommen Angst, weil sie die erste Übung mit unrealistischen Erwartungen überlastet hatten: Sie erhoffen sich von ihr, daß sie mit einem Schlag alle Probleme in der Partnerschaft löst. Tut sie das nicht, verlieren sie alle Hoffnung. Aber der Hauptgrund, der den Berührten angst macht, ist wohl die Sorge, ob die »Aufgabe«, die ihr Partner, also der Berührende, hat, ihm auch Freude macht. Sie fixieren sich so auf seine Gefühle – oder eher die vermeintlichen Gefühle –, daß sie selbst nur noch Angst empfinden können. Aber welche Ursache Ihre Angst auch haben mag, die beste Möglichkeit, sie zu überwinden, ist, sich allmählich auf die Empfindungen in Ihrem Körper zu konzentrieren. Versuchen Sie einfach, dabei zu bleiben. All die Gedanken, die Ihnen solche Angst einjagen, finden nur in Ihrem Kopf statt. Und der einzige Zweck, den sie verfolgen, ist, Sie davon abzuhalten zu genießen.

»Ich versteh' das alles nicht«, sagt der/oder die Berührte. *»Die ganze Zeit sagen Sie, ich sollte mich gar nicht um meinen Partner kümmern, und andererseits soll ich doch sein Führer sein. Was denn nun?«*

Sicher sind Sie sein Führer, aber Sie sollen sich nur darum kümmern, was er mit Ihnen tut, und nicht um seine Gefühle dabei.

Die ganze Zeit, während Sie der Berührte sind, haben Sie das Recht *und* die Verantwortung zu überwachen, wie Ihr Partner Sie berührt. Sie müssen ihm genau mitteilen, was Sie möchten: wo Sie berührt werden wollen, wie stark, wie sanft, wie schnell, wie langsam und wie lange. Sie korrigieren jede Berührung, die nicht ganz genau Ihren Wünschen entspricht. Und all das müssen

Sie ihm nonverbal mitteilen. Normalerweise werden Sie dazu Ihre Hand auf die seine legen und ihn dorthin führen, wo Sie berührt werden mögen.

»Wäre es nicht kultivierter und vielleicht auch weniger aggressiv, wenn ich ihm das mit ein paar Worten beibringen könnte?«

Nein. Worte haben nämlich die unangenehme Eigenschaft, einem aus der Hand zu gleiten, aus einer einfachen Bitte eine ganze Litanei von Beschwerden werden zu lassen. »Bitte sanfter am Bauch« wird im Nu zu »Kannst du denn nie mal etwas sanft tun?« Daraus kann sich ganz schnell ein heftiger Streit entwickeln, in dem frühere Verletzungen hochkommen, Sie sich gegenseitig psychoanalysieren, alles verlabern – da ist alles drin, nur eins nicht: daß Sie auf Ihre körperlichen Empfindungen lauschen. Die Worte kommen aus Ihrem Kopf, und den wollen wir im Moment außen vor lassen, damit Sie in Ihre Gefühle kommen können.

Es braucht ein bißchen Übung, aber über kurz oder lang werden Sie eine Art nonverbaler Kurzschrift entwickeln, die aus einfachen Berührungen und Gesten besteht, mit denen Sie einander andeuten, wo und wie Sie berührt werden mögen. Sie nehmen die Hand des Berührenden und leiten sie an die Stelle, an der Sie gestreichelt werden wollen, drücken ein wenig auf die Hand, wenn Sie kräftiger berührt werden wollen, na, das werden Sie schon selbst rausfinden. Das ist eine »Sprache«, die sich keinesfalls zu Diskussionen und Vorwürfen auswachsen kann.

Und so funktioniert's: Diese direkte nonverbale Kommunikation entlastet Sie beide von möglichen Schuldgefühlen und Beschuldigungen. Der Berührende braucht keine Angst zu haben, Sie »falsch« anzufassen, weil er weiß, daß Sie ihn korrigieren werden, wenn Sie nicht ganz zufrieden sind. Er braucht sich keine Sorgen zu machen, daß er Fehler machen könnte, und er braucht auch nicht ständig versuchen zu raten, was Sie gerade möchten. Sie werden verblüfft sein, wie befreiend das ist. Darüber hinaus ermöglicht es dem Berührenden, abenteuerlicher und kreativer zu werden. Er kann »Schritte« probieren, die er sich anders nie getraut hätte, denn er weiß, daß Sie es ihn einfach wissen lassen, wenn Sie es nicht mögen.

Eine Befreiung ist es aber auch für den Berührten. Sie müssen nicht die Zähne zusammenbeißen und Berührungen über sich ergehen lassen, die Ihnen zuwider sind, oder sich verkneifen. genau das zu bekommen, was Sie sich wünschen, nur weil es da irgend so ein lächerliches Schlafzimmerprotokoll gibt oder weil Sie fürchten, zu aggressiv zu wirken. Sie hatten ja eine Vereinbarung getroffen, und die gibt Ihnen beiden die Gelegenheit, genau das Vergnügen zu erhalten, das Sie haben möchten.

»Und soll ich ihm den Kopf tätscheln oder so, wenn er mich genauso berührt, wie ich es gern hab'?«

Nein, Ihre einzige Aufgabe ist es zu korrigieren – nicht zu loben. Wenn Sie einmal anfangen, Ihrem Partner ein Kompliment zu machen, weil er etwas besonders gut gemacht hat – indem Sie etwa betont lustvoll stöhnen –, dann lenken Sie sich schon wieder von Ihren Gefühlen ab. Wenn Sie ganz spontan stöhnen, gut, aber bitte bloß kein Theater. Sie müssen den Berührenden nicht aufmuntern, müssen ihn nicht bei Laune halten.

»Das kommt mir allmählich so vor, als würde ich mich bei all dem«, sagt der Berührende, *»fühlen wie ein Gigolo, der auf Auftrag Massagen erteilt.«*

Toll. Denn nun merken Sie allmählich, daß Sie nur dann etwas von dieser Übung haben, wenn Sie anfangen, sich auf Ihre eigenen Empfindungen zu konzentrieren. Sie können sich entweder wie ein Roboter-Sklave fühlen oder wie ein Mensch mit den sinnlichsten Fingerspitzen der Welt. Das liegt letzten Endes ganz in Ihrer Entscheidung.

»Trotzdem kommt mir dieses ganze Herumkommandieren irgendwie nicht richtig vor«, sagt die Berührte. *»›Berühr mich hier. Berühr mich da. Nicht so doll, schneller, langsamer.‹ Ich find' eigentlich nicht, daß ich so ein egoistisches Schwein bin. Und ich kriege ein schlechtes Gewissen, wenn ich weiß, daß er all das nur aus Pflichtgefühl tut.«*

Wunderbar, genießen Sie es doch, ein egoistisches Schwein zu sein. Wahrscheinlich brauchen Sie das, um endlich Kontakt zu Ihren Gefühlen herstellen zu können. Und, verflucht nochmal, hören Sie jetzt endlich auf, sich um *seine* Gefühle zu kümmern. Soll er doch schlechte Laune haben, wenn er mag! Soll er sich elend fühlen und sauer sein. Dieses ständige Daraufbeharren, daß er jede Minute, die er Sie berührt, aus vollen Zügen genießen soll, ist eine sichere Garantie, daß *keiner* von Ihnen etwas von dem Experiment hat. Ihre Überbeschäftigung mit dem, was er empfinden könnte – nicht nur beim Sex –, ist letzten Endes eine Art, ihn zu kontrollieren. Wie viele Beziehungen gehen kaputt, nur weil einer ständig jammert: »Aber im Grunde deines Herzens möchtest du doch gar nicht mit mir ins Kino gehen, oder?« Und wenn Sie beide dann schließlich so weit sind, daß alle möglichen Motive sorgfältig aussortiert sind, ist es zu spät, um überhaupt noch irgendwohin zu gehen. Da wird doch der Hund in der Pfanne verrückt. So kriegt keiner vom anderen mit, was er wirklich in bezug auf irgendwas empfindet.

Nachdem ich diese Übungen etlichen Hunderten von Paaren empfohlen habe, weiß ich eins: Ihr Partner wird sich bedeutend wohler fühlen, wenn Sie aufhören, darauf zu achten, wie es ihm gerade geht. Denn dann kann er der Laune, in der er sich befindet, richtig nachgehen, ohne sich darum zu kümmern, wie sich das auf Sie auswirkt. Dann haben Sie nämlich endlich diesen mörderischen Teufelskreis durchbrochen: »Wenn du nicht das und das empfindest, dann kann ich auch nicht.« Dann haben Sie endlich mit der nervigsten Frage aller Zeiten Schluß gemacht: »Macht uns das eigentlich Spaß?«

Ja, diese Übungen trainieren tatsächlich Ihren Egoismus. Sie stoppen die grundlegendste Dynamik Ihrer Beziehung: wie Sie voneinander nehmen können, während sie einander allein lassen. Und das findet im Schlafzimmer statt, wo Sie gelernt haben, nur in Begriffen von gegenseitigen und gleichzeitigen Erlebnissen zu denken. Damit machen wir jetzt Schluß. Durch höfliches und soziales Betragen ist Ihr Lieben verdorben worden, indem Sie immer auf Reaktionen des anderen erpicht sind, immer nur gefallen wollen. *Aber der erste Schritt in Richtung auf Sex mit Herz besteht in der Liebe zu Ihren eigenen Empfindungen.* In dem Moment, in dem Sie lernen, richtig zu nehmen, werden Sie ein wunderbarer Liebhaber sein. Im Laufe dieser Übungen lernen Sie, daß Egoismus das größte Geschenk ist, daß Sie einander machen können – das Geschenk, den anderen so sein und empfinden zu lassen, wie er mag. Und wenn Ihr Partner in diesem Moment etwas nicht oder besonders zu mögen scheint, brauchen Sie weder Schuldgefühle zu haben noch Dankbarkeit zu empfinden. Genießen Sie einfach seine Berührung.

»Das find' ich ja toll, Dagmar! Dann ist der Weg zum Glück also mit Egoismus gepflastert. Genau das Credo der Yuppie-Generation. Aber ich dachte eigentlich, Sie hätten uns den Weg zu wirklicher Nähe verheißen, und das ist genau das Gegenteil von Egoismus.«

Nein, das geht genau in dieselbe Richtung. Um echte Intimität füreinander empfinden zu können, müssen Sie sich erst einmal voneinander lösen. Sie müssen zunächst Ihr Getrenntsein erfahren und respektieren lernen. Zuerst akzeptieren, daß Ihre Gefühle von seinen unabhängig sind, daß sie weder von seinen Wünschen noch von seinen Launen dirigiert werden. Erst dann können Sie Ihren Emotionen freien Lauf lassen, sie zwischen Ihnen fließen lassen. Das ist kein Paradox, sondern ein Prozeß. Die meisten Menschen bleiben in ihren Beziehungen isoliert, weil sie Angst haben, in der Intimität zu ertrinken. *Wenn Sie gelernt haben, egoistisch zu sein, können Sie das Risiko der Intimität eingehen.* Indem Sie den Gefühlskontakt zu Ihrem Partner abzuschalten lernen, können Sie ihn wirklich lieben. Denn nur so können Sie sicher sein, daß Sie sich in der Liebe und in der Sexualität nicht verlieren.

»Das hört sich alles so unpersönlich an. Als sollten wir lernen, wie man es mit einem Baumstumpf treibt.«

Nein, ich möchte nur, daß Sie lernen, Ihre negativen Interaktionen abzustellen, damit Sie ganz von vorn anfangen können, sich positiv zu lieben.

Aber jetzt haben Sie mich genau dorthin gekriegt, wo ich nie hin wollte: abstrakt über etwas zu diskutieren, was Sie selbst erfahren müssen. Und darum geht es ja letzten Endes bei den Übungen: um einen Prozeß, der Sie durch die Ablösung zur Intimität führt. Eine Lektion, die Ihr Körper Ihrem Kopf und Herzen erteilt.

Aber jetzt genug geredet. Klappen Sie das Buch zu und machen Sie es erst in einer Woche wieder auf. Und denken Sie daran: In dem Moment, in dem Sie sagen: »Ich möchte jetzt berührt werden«, fängt das Experiment erst an.

ELFTES KAPITEL

Andere Menschen brauchen andere Streicheleinheiten

ENDE DER ERSTEN WOCHE

An der Art, wie ein Paar am Ende der ersten Übungswoche meine Praxis betritt, kann ich normalerweise gleich erkennen, wie sie mit den Übungen klargekommen sind. Manche kommen wie verliebte Turteltäubchen Hand in Hand ins Büro – ein sicheres Anzeichen, daß es zu funktionieren beginnt. Andere kommen in ausgesprochener Verteidigungsstellung, was im Regelfall darauf hindeutet, daß sie die Übungen nicht gemacht haben. Und dann gibt es noch die Paare, die sich schon in den Haaren haben, bevor sie richtig sitzen – gewöhnlich Hinweis darauf, daß die Übungen ein Problem zutage gefördert haben, das bereits seit Jahren unterschwellig in der Beziehung am Köcheln war. Die Reaktionen unterscheiden sich ganz erheblich, aber es kommt so gut wie nie vor, daß es überhaupt keine Reaktionen gibt. Allein der Gedanke, mit den Übungen zu beginnen, bringt die Emotionen aufs Tapet.

Sie werden sich Ihre persönliche Reaktionen aus den folgenden aussuchen müssen. Ich kann mir aber nicht vorstellen, daß Sie damit Schwierigkeiten haben werden. Tun Sie bloß sich und Ihrem Partner den Gefallen, nicht wieder darauf zu verfallen, Ihre Beziehung »auszudiskutieren«. Genau das wollen wir nämlich vermeiden. Nehmen Sie einfach die folgenden Äußerungen als Hilfe, die nächste der Sinnlichen Übungen noch zufriedenstellender zu gestalten.

❤

»WIR SCHAFFEN ES EINFACH NICHT, DIE ÜBUNGEN ZU MACHEN.«

Warum nicht?

»Wir haben zuviel Arbeit... Die Kinder waren ein Problem... Wir bekamen unerwartet Besuch... Der Besuch war schon angekündigt... Wir waren so gut wie nie zur selben Zeit zu Hause... usw. usw.« (Suchen Sie sich was aus.)

Keine der Keine-Zeit-Ausreden ist akzeptabel. Wenn Sie keine Zeit für die Übungen haben, haben Sie keine Zeit für die Liebe. Ende der Diskussion.

Wenn Sie in meiner Praxis wären, würde ich Sie jetzt darauf aufmerksam machen, daß Sie wieder das wöchentliche Honorar, das ich verlange, in den Kamin geschossen haben. Alles, was wir in meinem Büro – oder in diesem Buch – besprechen, ist wertlos, wenn Sie die Übungen nicht machen. Tun Sie sie einfach und stellen Sie sich nicht so an.

»Aber die ganze Woche über war keiner von uns in der Stimmung dazu.«

Sie müssen nicht in Stimmung sein, um mit den Übungen anzufangen. Darauf zu warten, daß die richtige Stimmung Sie überkommt, ist nämlich nichts als eine Art, sich von Ihrem Liebesleben zu verabschieden. Lassen Sie die Übungen auf Ihre Stimmung wirken, und nicht umgekehrt.

»Aber in Anbetracht der Stimmung, in der ich war, wußte ich ganz genau, daß mir die Übungen nichts bringen würden.«

Lassen Sie sich doch überraschen.

»Hören Sie, es war einfach nicht drin – ich brauchte meinen Schlaf.«

Nein, stimmt nicht. Die Übungen ersetzen Schlaf, Minute für Minute. Sie tragen ebensoviel zu Ihrer Regeneration bei.

❤

»WIR HABEN ES WIRKLICH VERSUCHT. ECHT. ABER ALS WIR GERADE MIT DER ÜBUNG ANFANGEN WOLLTEN, HABEN WIR UNS GANZ PLÖTZLICH FÜRCHTERLICH GEZANKT.«

Aha. Ganz zufällig natürlich. Häufig fangen Paare unmittelbar vor der ersten Übung einen Streit an – genauso wie sich auch viele Paare in die Haare kriegen, wenn sie miteinander schlafen wollen. Das ist die reine Angst. Ob Sie sich nun über Sexualität in die Wolle kriegen oder über die Frage, wer den Müll rausträgt, es kommt immer aufs selbe heraus: Sie vermeiden die Gefühle, die erregt würden, wenn Sie sich auf sinnliche Nähe einließen. Eine ziemlich verbreitete Reaktion. Machen Sie sich keine Sorgen darüber. Aber fangen Sie beim nächsten Mal trotzdem mit den Übungen an. Denken sie daran: Sie müssen sich in dem Moment, in dem Sie loslegen, nicht besonders mögen. Nur loslegen müssen Sie.

»Das kaufe ich Ihnen nicht ab. Hören Sie, die ganze Woche über war ich echt sauer auf ihn, weil er etwas ganz Furchtbares zu mir gesagt hat. Nun weiß ich ja nicht, wie das bei Ihnen ist, Dagmar, aber für mich ist es einfach zuviel, von jemandem gestreichelt zu werden, auf den ich sauwütend bin.«

Das ist nicht leicht. Weiß ich ja selbst. Aber überlegen Sie doch mal, warum Sie sich von Ihrem Partner nicht berühren lassen wollen, wenn Sie sauer auf ihn sind. Im

Grunde haben Sie doch wahrscheinlich Angst davor, daß Sie es genießen könnten; daß Sie dem Vergnügen, das es Ihnen bereitet, »nachgehen« könnten; daß Ihr Zorn schließlich verraucht – und daß Sie es so empfinden könnten, als hätte er »gewonnen«.

Aber das ist wirklich nicht nötig. Sie können die Berührungen genießen, ohne sich verletzlich zu fühlen und ohne ihn als Sieger zu empfinden. Mehr noch, wenn Sie sich total auf Ihr eigenes Vergnügen konzentrieren, gelingt es Ihnen wahrscheinlich sogar, das ganze als *Ihren* Sieg wahrzunehmen. Schließlich haben Sie die Forderung gestellt. Sie kriegen von ihm, was Sie wollen. Sie dürfen sogar Ihr Timing quasi als Strafe einsetzen. Warten Sie doch zum Beispiel solange, bis er es sich vor dem Fernseher gemütlich gemacht hat, und sagen Sie dann: »Jetzt. Ich möchte jetzt berührt werden.« So werden Sie sich bestimmt nicht als Verlierer fühlen.

Die meisten Paare trainieren in den ersten Wochen dieses Programms, was ich »mit Liebe loslassen« nenne. Sie lernen, wie man aufhört, sich auf die Bedürfnisse des Partners zu konzentrieren, während man sich gleichzeitig gestattet, die liebevollen Gefühle ihm gegenüber wachsen und fließen zu lassen. Aber bei einigen von Ihnen ist der Vorrat an Zorn auf den Partner so groß, daß Sie ein Stadium des »Loslassens mit Zorn« durchmachen müssen, bevor Sie beginnen können, mit Liebe loszulassen. Wenn Ihr Partner beginnt, Sie zu berühren, müssen Sie sich sagen: »Ich werde das trotz meines Ärgers auf ihn genießen. Egal, wie gut sich seine Berührungen anfühlen, er wird mich nicht damit unter der Fuchtel haben. Ich werde weder dankbar noch schwach sein. Und wenn wir das Bett verlassen, werde ich wieder sauer auf ihn sein.«

»Und auf diesem Wege sollen wir zu wirklicher Intimität kommen?«

Allerdings. Denn letzten Endes werden Sie um so weniger sauer auf Ihren Partner sein und um so zufriedener mit ihm, je egoistischer Sie werden – je mehr Lust Sie sich von Ihrem Partner zu nehmen gestatten. Und so fängt Intimität tatsächlich an. Denn der ganze Zorn, den Sie Ihrem Partner gegenüber empfinden, hat Ihre positiven Gefühle ihm gegenüber ja nicht *ersetzt*, er hat sie eher unter sich *begraben*. Egoismus ist der erste Schritt dazu, diese liebevollen Gefühle wieder zutage zu befördern.

»Aber ich bin nicht nur sauer auf ihn – ich bin ernsthaft durch mit ihm. Ich würde ihn viel lieber versohlen als streicheln.«

Wenn es wirklich so arg ist, sollten Sie vielleicht lieber Dampf ablassen, bevor Sie ins Bett gehen, um die Übungen zu machen. Vielleicht bewerfen Sie sich gegenseitig auf zehn Schritte Entfernung mit Tischtennisbällen. (Manche Leute ziehen aufgerollte Socken vor.) Machen Sie Ihrem Haß Luft. Eine angestaute Emotion kann alle anderen auch aufstauen.

Eine andere Art des Kämpfens, die ich häufig empfehle, ist der »Händchen-halten-Streit«. Dabei halten Sie sich an den Händen, während Sie sich argumentativ die Brocken um die Ohren hauen. Keine Unterbrechungen oder Entschuldigungen sind dabei erlaubt. Das fühlt sich wunderbar paradox an. Sie lassen Ihren Zorn raus, bleiben aber trotzdem »verschränkt« und sind gezwungen, den Standpunkt des anderen anzuhören. Wunder über Wunder, wenn Sie sich alles an den Kopf geworfen haben, sind Sie immer noch füreinander da. Und dann kommt es Ihnen vielleicht ganz natürlich vor, Hand in Hand ins Schlafzimmer zu gehen.

Bei manchen von Ihnen wird der Zorn so tief verwurzelt sein, daß keine dieser Techniken ausreicht. Für Sie speziell muß ich eine Ausnahme von meiner Während-der-Übungen-wird-nicht-gesprochen-Regel machen. Verleihen Sie Ihrem Ärger bei den ersten Malen laut Ausdruck, während sie den anderen berühren oder von ihm berührt werden. Erleben Sie den Widerspruch, einerseits zu sagen »Ich kann dich nicht ertragen«, und andererseits zu spüren, welche Lust es Ihnen bereitet, von ihm berührt zu werden. Wenn es soweit ist, wird Ihr Zorn verrauchen, wenn Sie sich mehr und mehr auf Ihre Empfindungen konzentrieren.

»Und was ist mir mir«, fragt der Berührende. *»Wie soll ich sie weiter streicheln, während sie mir ständig sagt, daß sie mich nicht mehr ertragen kann?«*

Sie müssen ja nicht zuhören. Machen Sie einfach nur Ihre Arbeit – Ihre Hausaufgaben. Sie können sich sogar vorstellen, daß Sie den Tisch abputzen. Sie lassen los. Kümmern Sie sich nicht darum, was der »Tisch« für Sie empfindet.

❤

»ICH WAR JA BEREIT, DIE ÜBUNGEN ZU MACHEN, ABER SIE SOLLTE ALS ERSTE ANFANGEN UND HAT ES NIE GETAN.«

Fangen Sie jetzt keine selbstherrlichen Geschichten an. Tauschen Sie lieber die Rollen. Diesmal fangen *Sie* an. Nur zu!

❤

»WIR HABEN DIE ÜBUNGEN GEMACHT. DIE WAREN JA VIELLEICHT LANGWEILIG. KEIN BISSCHEN HAB' ICH GEFÜHLT.«

Überhaupt nichts?

»Na, jedenfalls nicht viel. Vielleicht ein leichtes Kitzeln in den ersten paar Minuten, aber das hat sich dann gleich gegeben.«

Kann es sein, daß Ihnen dieses »Kitzeln« Angst gemacht hat? Daß es Ihnen einen Vorgeschmack auf den Sturzbach von Gefühlen vermittelt hat, der vielleicht losbrechen könnte, wenn Sie es nur zuließen? Und daß Sie deshalb die Schotten dicht gemacht haben, daß es sich »dann gleich gegeben hat«?

»Keinesfalls. Ich habe einfach nicht viel gespürt. Nur eben dieses Kitzeln, und das hat mir dann auch schon gereicht.«

Aber wenn man kitzlig ist, ist das ein sicheres Zeichen für Nervosität – oder wenigstens Impulsivität. Wenn es sich dabei um einen rein körperlichen Reflex handeln würde, könnten Sie ihn ja selbst auslösen – und das ist nicht möglich. Also glaube ich, daß wir jetzt mal ein für allemal klarstellen sollten, daß Sie Ihre Empfindungen unter Kontrolle haben. Wenn Sie nichts als Starrheit (oder Kitzeln) empfinden, wenn Ihr Partner Sie berührt, so deshalb, weil Sie sich selbst von Ihren anderen Gefühlen abgeschnitten haben.

Beweisen Sie es sich doch selbst. Am besten gleich.

Streicheln sie mit den Fingerspitzen Ihrer rechten Hand Ihren linken Unterarm. Entspannen Sie sich, verdrängen Sie alle Gedanken, schließen Sie Ihre Augen und konzentrieren Sie sich auf Ihre Empfindungen.

Und dann streicheln Sie sich genau so weiter, konzentrieren sich dabei aber auf Ihre Ängste. Denken Sie daran, wie nervtötend diese Übungen sein können: Überlegen Sie, was Sie sonst in diesem Moment alles tun könnten (und sollten); konzentrieren Sie sich auf die Geräusche im Nebenzimmer.

Und schauen Sie sich dann die Unterschiede zwischen den Streicheleinheiten an – beziehungsweise, wie unterschiedlich Sie sie erlebt haben. Zweifellos hat Ihnen das erste Mal bedeutend mehr Spaß gemacht.

Das ist im Grunde ganz einfach, aber wir müssen immer wieder mit der Nase darauf gestoßen werden: Wenn wir »nichts« fühlen, so einfach deshalb, weil wir nichts zulassen.

»Ist ja schon gut. Ich habe ja ein bißchen was gefühlt. Aber jedenfalls nichts Weltbewegendes.«

Sie wollen damit sagen, daß es Sie sexuell nicht erregt hat?

»Genau.«

Und wenn Ihre Gefühle nicht bis zu sexueller Erregung gehen, dann haben Sie also so gut wie nichts gefühlt? Wie kommen Sie eigentlich darauf, daß sich sofort ein Schleier sexueller Erregung über Sie legen sollte, wenn Sie von einer Hand berührt werden? Eine solche Erwartung garantiert nicht nur, daß die Übungen fehlschlagen, sondern auch, daß Sie sich selbst als Versager fühlen. Sie denken: »Schon zehn Minuten, und ich hab' immer noch keine Erektion«, und diese nervöse Überlegung wird dann zu der Verteidigung: »Ich bin ganz taub, langweile mich und möchte endlich mit diesem Quatsch aufhören.«

Aber es gibt eine Unmenge tiefgehender sinnlicher Gefühle, die uns nicht sofort in die Genitalien schießen und uns auf den Geschlechtsverkehr vorbereiten. Wenn Sie diese Tatsache einmal akzeptiert haben und gutheißen können, hören Sie auf, auf sexuelle Reaktionen zu »warten«, und dann können Sie den Unterschied erfahren, der zwischen Sex und Lieben besteht. Wenn Sie sich gestatten, in der Sinnlichkeit zu verharren, beginnen sie jeden kleinen Schritt des Liebens zu mögen. Dann werden Sie echter Kenner Ihrer Gefühle.

❤

»ABER ER BERÜHRT MICH GENAU WIE ER MICH SONST IMMER NIMMT – WIE EIN TOLLPATSCH! ER IST ABSOLUT UNFÄHIG, MICH SINNLICH ZU LIEBKOSEN.«

Was hat er falsch gemacht?

»Er hat so rauhe Hände ... Seine Hände sind zu kalt ... Er tätschelt mich wie einen Hund ... Er kommt immer auf denselben Flecken Haut zurück ... Er hat überhaupt keine Phantasie, ist völlig uninspiriert ... usw.« (Suchen Sie sich aus, soviel Sie wollen.)

Für mich hört sich das an, als würden Sie sich nur auf das konzentrieren, was Ihnen an diesem Experiment nicht gefällt, statt auf das, was Sie mögen. Dann ist es ja kein Wunder, daß Sie nichts finden, was Ihnen Freude macht.

Aber wichtiger ist: Sie haben den Berührenden offensichtlich nicht richtig geleitet – und das liegt ganz in Ihrer Verantwortung. Wenn er Sie zu rauh berührt, zeigen Sie ihm ganz genau, wie Sie es haben mögen. Wenn seine Hände zu kalt sind, wärmen Sie sie ihm. Das Spiel ist aus. Sie können ihn nicht mehr dafür belangen, daß er es »nicht richtig« macht.

»Aber er kapiert so langsam. Als ich dran war, habe ich ihn genau so berührt, wie ich gern berührt werde. Da hätte man doch denken sollen, daß er den Hinweis mitkriegt!«

Aber wie (und wie lange) Sie Ihren Partner berührten, hat nicht das geringste damit zu tun, wie er Sie berührt oder berühren sollte. Das sind total unterschiedliche Paar Schuhe. Sie erteilen sich gegenseitig doch keine Lektionen. Sie sind unterschiedliche Menschen mit unterschiedlichen Wünschen und unterschiedlichen Empfindlichkeiten. Unterschiedliche Menschen brauchen unterschiedliche Streicheleinheiten. Und Liebe bedeutet anzuerkennen, daß Sie nicht gleichzeitig dasselbe fühlen.

»Jetzt werde ich Ihnen aber mal erzählen, was mich richtig auf die Palme bringt: Ein paar Minuten nachdem er mich begrapscht hat, wie mit Bleigewichten an den Handgelenken begrapscht hat, sah ich, wie er unsere Katze genommen und sie so richtig zärtlich geknuddelt hat. Da war ich richtig neidisch auf das Tier.«

Ist doch toll. Dann wissen Sie jetzt wenigstens, daß er durchaus in der Lage ist, Sie genau so zu streicheln, wie Sie es gerne hätten. Das müssen Sie ihm nur mitteilen.

»Gut, aber wenn er mich berühren soll und ich seine Hand führe, dann läßt er sie genau da, wo ich Sie hingelegt habe. So lange, bis ich sie wieder woanders hinführe. Und als wäre das noch nicht genug, ertappe ich ihn immer wieder beim Gähnen. Nun sagen Sie aber mal, wie ich unter diesen Umständen, wenn ich von einem gelangweilten, uninspirierten Kerl gestreichelt werde, mich von all den mächtigen Gefühlen treiben lassen soll, von denen Sie ständig reden. Bin ich daran etwa auch schuld?«

Seien Sie doch bitte so freundlich und geben Sie ihm die Chance, sich zu verändern, ja? Es dauert seine Zeit, bis man eine nonverbale Sprache entwickelt hat, die ihm schnell klarmacht, was Sie von ihm wollen. Er braucht auch ein bißchen Zeit, um sich so entspannen zu können, daß er auf Ihre Bedürfnisse reagieren kann. Wenn er gähnt, so nicht aus Langeweile, sondern vor lauter Angst. Wahrscheinlich haben Sie ihn mehr als einmal wissen lassen, daß Sie ihn für einen unbeholfenen Liebhaber halten, und so hält er sich wahrscheinlich schon für einen Versager, bevor Sie mit den Übungen überhaupt angefangen haben. Wenn alles nach Prüfung riecht, ist es bestimmt nicht leicht, ein guter Liebhaber (oder Berührender) zu sein.

Ich vermute, daß Sie von einem Fachmann in Liebesdingen träumen, der schon weiß, wo und wann Sie genau berührt werden wollen, bevor Ihnen selbst das richtig klar ist. Aber diese Art Träume halten sie nur davon ab, Ihre Empfindungen im Hier und Jetzt genießen zu können. Glauben Sie mir, was Ihre Wünsche angeht, so gibt es nur einen einzigen Experten, und der sind Sie selbst.

Noch einmal: Konzentrieren Sie sich nur auf Ihre eigenen Empfindungen, und nicht darauf, was Ihr Partner fühlen könnte, wenn er Sie berührt.

❤

»SCHAUEN SIE, ICH HABE JA VERSUCHT, IHN ZU FÜHREN UND ZU KORRIGIEREN, WENN ER MICH BERÜHRT, ABER ER WIRD DANN SO ABWEHREND, DASS ICH SCHLIESSLICH AUFGEBEN MUSSTE UND MICH MIT DEM BEGNÜGT HABE, WAS VON IHM KAM.«

Woher wissen sie, daß er abwehrend war?

»Als ich seine Hand zum zehnten Mal weggenommen hatte, brüllte er mich an: ›Kannst du denn nicht einmal mit dem zufrieden sein, was ich tue! Es hat ja noch nicht einmal Sinn, auch nur zu versuchen, dir Spaß zu bereiten. Du bist einfach unmöglich!‹«

Das hört sich nach Selbstverteidigung an, oder?

»Das ist keine Selbstverteidigung, das ist die Wahrheit«, wirft Ihr Partner ein. *»Sie ist nie zufrieden. Ich meine, ich beklage mich ja auch nicht und korrigiere sie ständig, wenn sie mich berührt. Schließlich gefällt mir auch nicht alles, was sie mit mir anstellt. Aber darum mache ich doch nicht so ein Gewese.«*

Bloß kein Märtyrertum, bitte. Sie scheinen immer noch nicht zu begreifen, daß diese Korrekturen keine persönliche Kritik sind. Es sind einfach Mitteilungen. Im Grunde eine Art, Ihren Partner von der Furcht zu befreien, er könnte Sie auf eine Art anfassen, die Ihnen nicht genehm ist.

Aber es gibt nur eine Möglichkeit, wie ich die Suppe für Sie auslöffeln kann, die Sie sich selbst eingebrockt haben. In der nächsten Woche müssen Sie (der mit der Selbstverteidigung) versprechen, mindestens fünf Korrekturen vorzunehmen, wenn Sie berührt werden. Und Sie (die Sie sich beschweren) dürfen nicht mehr als fünf

Korrekturen verlangen, wenn Sie berührt werden. Vielleicht schaffen Sie es so, mit der Konkurrenz und Ihrer gegenseitigen Kritisiererei aufzuhören und wieder auf Ihre Empfindungen zurückzukommen.

❤

»ICH FINDE ES UNFASSBAR, WIE ER VON MIR BERÜHRT WERDEN MÖCHTE. ER WILL, DASS ICH IHM DEN RÜCKEN KNETE UND SEINE OBERSCHENKEL MASSIERE, ALS WÄRE ICH SEIN SPORTTRAINER UND NICHT SEINE GELIEBTE. GENAUSO HABE ICH MIR DAS IMMER VORGESTELLT: DIESER MANN HAT NICHT DAS GERINGSTE FÜNKCHEN SINNLICHKEIT IM LEIB.«

Einmal in Ihrem Leben geben Sie Ihrem Partner das, was er wirklich will, und nicht das, was Sie glauben, was er möchte. Das ist das größte Geschenk, das Sie ihm machen können. Der Respekt voreinander, der zur wirklichen Intimität führt.

❤

»SIE HAT SICH GENAU DEN BLÖDESTEN MOMENT AUSGESUCHT, UM MIR ZU SAGEN, DASS SIE JETZT BERÜHRT WERDEN WILL. ICH WAR GERADE BEIM FUSSBALLGUCKEN.«

Genau deshalb hat sie sich wahrscheinich genau diesen Moment ausgesucht – sie war es einfach leid, daß Sie immer mit etwas anderem beschäftigt waren und nie mit ihr.

»Aber so kriegt sie mich ja wohl kaum in die richtige Stimmung für den Kram.«

Nun nehmen Sie Ihre Launen mal nicht so verdammt

wichtig. Schließlich hat sie Ihre Aufmerksamkeit doch auf sich gezogen, oder etwa nicht?

❤

»ER HAT SICH GENAU DEN FALSCHEN MOMENT AUSGESUCHT, UM MIR ZU SAGEN, DASS ER JETZT VON MIR BERÜHRT WERDEN WILL. ER HAT BIS NACHTS UM HALB ZWÖLF GEWARTET, UND DA KONNTE ICH KAUM MEHR DIE AUGEN OFFENHALTEN.«

Wahrscheinlich hat er den ganzen Abend über an nichts anderes gedacht und war nur so nervös, daß er es immer wieder verschoben hat. Zweifellos fällt es ihm sehr schwer, auf diese Weise um Lust zu bitten. Nehmen Sie's ihm nicht übel.

❤

»WENN ER DRAN IST, BERÜHRT ZU WERDEN, LÄSST ER KEINEN AUGENBLICK DIE UHR AUS DEN AUGEN UND HÖRT GANZ GENAU NACH FÜNFZEHN MINUTEN AUF. WENN ICH DANN AN DIE REIHE KOMME, MÖCHTE ICH VIEL LÄNGER GESTREICHELT WERDEN. ABER DAS KRIEGE ICH VOR LAUTER SCHLECHTEM GEWISSEN NICHT FERTIG.«

Sie brauchen kein schlechtes Gewissen zu haben. Denken Sie einfach, was Sie für ein Glück haben. Das Glück, aus dem ganzen Experiment so viel für sich herausholen zu können. Genießen Sie die ganze Dreiviertelstunde, wenn Ihnen danach ist. Vielleicht helfen Sie Ihrem Partner dadurch sogar, beim nächsten Mal auch mehr für sich in Anspruch zu nehmen.

Aber Sie (den Berührten, der nie mehr als eine Viertelstunde ertragen kann) möchte ich bitten, von der nächsten Übung an jedesmal fünf Minuten mehr zuzulegen – solange, bis Sie es sich gestatten können, nicht länger auf die Uhr zu schauen. Wahrscheinlich schüchtert es Sie immer noch ein, passiv zu sein, sind Sie noch zu verklemmt, um sich zu gestatten, ganz »egoistisch« Ihr Vergnügen zu suchen. Ich sage nur: »Versuchen Sie's, es wird Ihnen gefallen.« Sie werden nichts verlieren und auch nicht zusammenbrechen. Im Gegenteil. Sie werden stärker und lebendiger werden.

❤

»WIR HABEN GEMOGELT. NACHDEM ICH ETWA ZEHN MINUTEN IHREN BAUCH GESTREICHELT HATTE, KONNTE ICH DER VERSUCHUNG NICHT LÄNGER WIDERSTEHEN UND FASSTE IHR AN DIE BRUST (ODER SCHAM. ODER BEIDES.) ABER ES WAR EINFACH TOLL. WIR WAREN BEIDE SO ERREGT WIE SEIT JAHREN NICHT.«

Gratuliere. Aber Sie haben es geschafft, den ganzen Zweck des Programms zu verfehlen. Sie sind noch so auf Sex erpicht, daß Sie sich die Lust entgehen lassen, die es bringt, in der Sinnlichkeit zu verharren und sich bei ziellosem Vergnügen aufzuhalten.

»Das können Sie nicht verstehen, Dagmar. Unser Sexleben ist seit Jahren ziemlich lahm. Diese Erregung war für uns eine einmalige Gelegenheit. Die wollten wir uns nicht durch die Lappen gehen lassen.«

Verstehen Sie mich nicht falsch; ich bin ja froh, daß Sie so erregt waren wie seit langem nicht mehr. Aber glauben Sie mir, das ist nur der Anfang einer langen Reihe sinnlicher Überraschungen, die diese Übungen für Sie bereithalten. Kurz: Sie werden immer und immer wieder so erregt werden – das geht nicht vorüber.

Das heißt, solange Sie sich nicht von Ihren ganz anderen Gefühlen abschneiden. Aber indem Sie direkt auf den Genitalsex losgegangen sind, haben Sie sich von der ganzen Skala von Empfindungen, deren Sie fähig sind, verabschiedet. Wenn Sie sich an mein Programm halten, können Sie alles bekommen: starke, intime Gefühle *und* mächtigen Sex.

❤

»WIR HABEN GEMOGELT UND UNS GELIEBT. SIE HABEN UNS DOCH GESAGT, WIR SOLLTEN UNS IN UNSEREN GEFÜHLEN VERLIEREN, ODER? UND UNSERE GEFÜHLE HABEN UNS EBEN DIREKT IN DEN SEX GETRIEBEN.«

Die Erregung kommt und geht. Gewöhnen Sie sich daran, und dann können Sie auch darauf vertrauen. Sie müssen nicht jede Gelegenheit ergreifen, als wäre sie der letzte Strohhalm.

»Genau davon spreche ich doch, Dagmar. Wir sind genau an den Punkt gekommen, an dem es qualvoll gewesen wäre, aufzuhören. Meine ganze Jugend über war ich sexuell frustriert – und ich sehe absolut nicht ein, daß ich mich dieser Pein noch einmal freiwillig selbst unterziehen sollte.«

Ah ja. Das berühmte »Mir-fallen-die-Eier-ab«-Argument. Also gut, wenn es Ihnen wirklich so schwerfällt, nicht »fertigzuwerden«, haben Sie ja immer noch die Möglichkeit zu masturbieren, wenn die Übung vorbei ist.

»Wie bitte? Ausgerechnet dann?«

Sie können auch in ein anderes Zimmer gehen, wenn Ihnen das lieber ist.

»Jetzt gehen Sie aber zu weit. Sie wollen uns wohl verarschen?«

Nein, ich will Sie nur lockern. Aber wenn Sie nicht

mögen, brauchen wir uns im Moment mit dem »letzten Geheimnis« noch nicht zu befassen. Das heben wir uns für später auf.

❤

»LETZTE WOCHE PASSIERTE ETWAS WAHNSINNIG TOLLES. IN DEN ERSTEN BEIDEN SITZUNGEN PASSIERTE SO GUT WIE GAR NICHTS. UM DIE WAHRHEIT ZU SAGEN, HATTEN WIR FAST SCHON MIT DEM GEDANKEN GESPIELT, DAS GANZE AUFZUSTECKEN. ABER BEIM DRITTEN ANLAUF FÜHLTE ICH PLÖTZLICH SO VIEL, DASS ICH RICHTIG ANFANGEN MUSSTE ZU WEINEN. ICH FÜHLTE MICH SO SICHER UND GELIEBT UND ERREGT UND LEBENDIG. ALLES AUF EINMAL. UND ICH FÜHLTE DIESE WAHNSINNIGE DANKBARKEIT GEGENÜBER MEINEM PARTNER IN MIR AUFSTEIGEN. EINE DANKBARKEIT FÜR DIE GANZE LUST, DIE ER MIR BEREITET. ABER DIESMAL WAR DIE DANKBARKEIT NICHT MIT SCHULDGEFÜHLEN VERMENGT ODER MIT DER FURCHT, VON IHM ÜBERWÄLTIGT ZU WERDEN: ES WAR GANZ REINE DANKBARKEIT, UND ICH KONNTE RICHTIG SPÜREN, WIE MEINE GANZE LIEBE FÜR IHN MIR DURCH DEN GANZEN KÖRPER FLOSS.«

»Für mich war das auch ein ganz besonderes Erlebnis«, sagt Ihr Parter. *»Es war einfach so befreiend, einmal nicht den ›guten Liebhaber‹ spielen zu müssen und mich ganz auf meine eigenen Empfindungen konzentrieren zu können. Es war, als käme mein ganzer Körper aus seiner Verpuppung herausgekrochen. Und das Verrückte ist, daß ich ihr nie zuvor soviel Vergnügen bereiten konnte und auch mich selbst nie so sexuell erlebt habe.«*

Wunderbar. Jetzt sind Sie bereit für den nächsten Schritt.

ZWÖLFTES KAPITEL

Bringen Sie Ihr Liebesleben mal ordentlich in Unordnung

ZWEITE WOCHE

Ich erinnere mich an einen Freund von mir, der nach Paris ging, um dort Malerei zu studieren. Im ersten halben Jahr erlaubte ihm sein Lehrer nur, eine einzige Farbe plus Weiß auf die Palette zu geben.

»In diesen sechs Monaten habe ich wahnsinnig viel über unser Sehen und Schaffen gelernt«, erzählte er mir später. »Ich hätte nie gedacht, wie viele Effekte man mit Grün allein erzielen kann.«

In der nächsten Woche möchte ich, daß Sie einmal selbst erleben, wie viele »Effekte« Sie erzielen können – wie sinnlich Sie werden können und wie viele Tabus Sie zu brechen vermögen –, während Sie Brüste und Genitalien immer noch nicht berühren. Das Arrangement bleibt dasselbe: Im Laufe der Woche werden Sie wieder abwechselnd drei Doppelsitzungen initiieren. Aber jetzt ist die Zeit gekommen, kreativer zu werden. Ich möchte, daß Sie einmal erkunden, auf welch unterschiedliche Weise Sie einander berühren können, und wo alles.

Liebkosen Sie den Rücken Ihres Partners mit den Füßen. Streicheln Sie ihm den Bauch mit Ihren Haaren. Erforschen Sie ihren Nabel mit der Zunge. Fahren Sie ihm mit den Fingernägeln an der Innenseite des Oberschenkels entlang. Reiben Sie Ihre Wange an ihrem Po. Es gibt unendlich viele Möglichkeiten, und alle sind unendlich angenehm. Alles ist möglich. *Es sei denn, natürlich, Ihr Partner fühlt sich dabei nicht wohl. Der (oder die) Berührte hat wie immer das Vetorecht. Er (oder sie) kann Sie stets korrigieren.*

Erinnern Sie sich an die Wonnen, die es bringt, Atem am Ohr zu spüren? Wie toll es ist, Ihren Partner leicht in den Nacken zu beißen? Nur zu viele von uns haben all diese Lüste dem puren erfolgsorientierten Genitalsex geopfert. Erobern wir sie uns zurück. Genießen wir sie.

Jetzt ist die Zeit gekommen, aus der zielorientierten Routine auszubrechen, die Sie stets dazu brachte, sich gegenseitig sofort größtmögliche genitale Stimulation zu verschaffen. Denken Sie daran, was Sie alles vernachlässigt haben: Ihre armen, zu kurz gekommenen (und häufig sehr sinnlichen) Füße; Ihr Rücken, der sich so nach Zuneigung sehnt; ihr sehnsüchtiger Nacken.

Strengen Sie Ihre Phantasie ein wenig an. Holen Sie sich die Requisiten aus dem Kleiderschrank, aus dem Spiegelschränkchen im Bad, aus dem Kühlschrank, aus dem Spielzeugregal Ihrer Kinder. Nehmen Sie eine Feder und streichen Sie ihr damit über die Beine. Fahren Sie ihr mit einer Puderquaste über den Po. Malen Sie ihm mit Fingerfarben ein Kätzchen auf den Bauch. Lassen Sie sich weitere Empfindungen einfallen, die Sie bei ihm gern erregen möchten und die Sie auch selbst erfahren wollen.

Und halten Sie auch nach neuen Orten Ausschau. Wechseln Sie die Schauplätze, und schon machen Sie langweiliger Routine und gewohnten Reaktionen den Garaus. Verlassen Sie zuerst einmal das Schlafzimmer; es stinkt nach Routine und Erwartungen. Gehen Sie mit ihr ins Wohnzimmer, breiten Sie eine Decke auf dem Fußboden aus und legen Sie sie drauf. Machen Sie ruhig einmal eine Sitzung unter der Dusche – mit

Schwamm und Seife. Setzen Sie ihn auf den Eßzimmertisch. Und wenn Sie schon einmal dabei sind, können Sie ihn auch gleich als Galadiner zelebrieren. Schmieren Sie Marmelade auf seine Lenden und lecken sie ihn sauber. Gießen Sie ihm Ahornsirup in den Nabel und nehmen Sie einen ordentlichen Schluck. Gönnen Sie sich Schlagsahne – von seiner Brust und dem Bauch.

Lassen Sie sich gehen, spielen sie, und werden sie vor allem unordentlich.

Es ist nämlich völlig unmöglich, sich einer ganzen Bandbreite sinnlicher Gefühle hinzugeben, wenn Sie nur damit beschäftigt sind, daß bloß nichts schmutzig wird. Versuchen Sie, ganz sanft die Grenzen der Sauberkeit und Ordnung zu überschreiten; gehen Sie wieder in das wunderbare Kindheitsreich von Sandkuchen und mit Essen spielen zurück. Gestatten Sie sich diese kleinen, harmlosen Grenzüberschreitungen, und das wird eine Unmenge von Gefühlen freisetzen. Wenn Sie ein bißchen leichtsinnig mit Marmelade oder Schlagsahne umgehen, Federn oder Pelze aus Spaß an der Freude zweckentfemdet zum Einsatz bringen, werden tiefsitzende sexuelle Verklemmungen von der allgegenwärtigen Vorstellung losgelöst, unsere Körper wären schmutzig und ekelerregend. Und während sie »Ihr Liebesleben in Unordnung bringen«, siehe da, erfahren Sie, daß Ihr Leben keineswegs kaputtgeht, daß Sie nicht die Selbstbeherrschung verlieren und sich keine Krankheit holen.

Ich habe mir zum Ziel gesetzt, Ihr *ganzes* Leben mit Sinnlichkeit zu erfüllen. Sinnlichkeit hat die wunderbare Eigenschaft, von einem Lebensbereich in den anderen überzuschwappen. Ich war schon immer der Überzeugung, daß Sie automatisch sinnlicher lieben könnten, wenn Sie nur lernen würden, sinnlich zu essen – langsam und genüßlich zu kauen, sich mit der Zunge innen im Mund herumzufahren, sich die Lippen zu lekken, die Struktur jedes Bissens zu erkunden und die Feinheiten jedes einzelnen Gewürzes. Und umgekehrt geht es genauso.

Wenn die Paare in dieses Stadium der Sinnlichen Übungen kommen, erzählen sie mir von allerlei neuen Empfindungen, die ihr Leben seither bereichern.

»Die Leute bei mir im Büro meinen, ich sei eine richtige Hedonistin geworden«, berichtete mir eine Frau mit unverhohlenem Stolz. »Weil ich mir ständig mit einem Seidenschal über die Wange streichele oder mit den Fingern am Stoff meiner Bluse werkele oder mir versonnen den Bauch streichele. Ein echter Genußmensch bin ich geworden.«

Eine andere erklärte mir, daß sie plötzlich von einer Duschfrau zur Liebhaberin langer heißer abendlicher Wannenbäder geworden war. Einfach, weil es so guttut. Sogar am Abwasch in warmem Seifenwasser hatte sie Spaß gefunden, wie sie meinte.

Und ein Mann erzählte mir, daß er mit einemmal mit Vergnügen den Hund Gassi führte, »weil sich die Abendluft auf der Haut so gut anfühlt.«

Diese Menschen wohnten der Renaissance ihrer eigenen Sinnlichkeit bei.

»Ich fühle mich, als erwachte ich aus der Narkose«, gestand mir eine weitere Frau. »Ich hatte ja gar nicht mitbekommen, wie abgestumpft ich war, bevor ich mit den Übungen angefangen habe.«

Am bedeutsamsten ist vielleicht, daß die Paare plötzlich merken, daß sich ihr Umgang mit anderen verändert, und auch dieser Prozeß beginnt mit den Sinnen. Sie berühren einander mitten am Tag auf eine Art, die sie seit Jahren nicht mehr erlebt hatten.

»Unsere Küche ist ziemlich klein, und ständig waren wir uns im Weg«, verriet mir Evelyn. »Aber als wir uns dann auf die Übungen eingelassen hatten, haben wir uns so richtig angebumst. Freundlich angebumst und

Heididei. Manchmal haben wir uns sogar wie in unseren allerersten Anfängen dabei richtig aneinandergekuschelt. Ich hab' keine Ahnung, was da vorgeht, aber mir gefällt's.«

Jahrelang hatte Evelyn die Sexualität mit ihrem Mann nur als ihre »eheliche Pflicht« absolviert. Die Sinnlichen Übungen sensibilisierten sie nicht nur für die Lust der Berührung, sondern befreiten darüber hinaus sie und ihren Ehemann auch von der Vorstellung, jedes Anfassen müsse sofort zu genitalem Verkehr führen. Hier handelte es sich um Berührungen »ohne Gängelband«; »Nachsetzen« war nicht erforderlich, und deshalb wurde Evelyn in die Lage versetzt, das »freundliche Anbumsen und Heididei« als solches zu genießen. Paradoxerweise befähigte sie genau das, sich im späteren Verlauf schlußendlich auch beim Sex auf ihr ureigenes Vergnügen zu besinnen.

Aber das ist noch nicht alles. Entspannter sinnlicher Kontakt macht auch liebevollere Beziehungen möglich. Im Grunde ist es ganz einfach: Wenn Sie sich gegenseitig Lust bereiten, fangen Sie an, sich mehr zu mögen. Wenn Sie die Übungen machen, kann es durchaus sein, daß Sie sich seltener streiten, besonders über Kleinigkeiten.

»Die Themen haben sich ja nicht geändert«, vertraute mir ein Mann an, der sich seit Jahren ständig mit seiner Frau stritt. »Ich meine, wir haben immer noch dieselben Meinungsverschiedenheiten, aber irgendwie kann ich mich da nicht mehr so reinsteigern wie früher.«

»Sie haben bewirkt, daß uns das Zanken überhaupt keinen Spaß mehr macht«, klagte mich eine Frau gespielt sauer an. »Jetzt machen wir viel lieber so was Langweiliges wie Händchenhalten oder uns nett unterhalten. Ein richtig banales Pärchen sind wir geworden.«

Nach ein paar Wochen mit den Übungen erzählen mir

die Paare häufig, daß sie jetzt viel zufriedenstellender miteinander sprechen können. Ich glaube, das liegt vorwiegend daran, daß uns die Übungen ermöglichen, das Anderssein des Partnes konkret zu erleben. Wenn sie das fühlt und er jenes, lernen wir, bedeutet das noch lange nicht, daß ihre Beziehung am Kaputtgehen ist. Es heißt einfach nur, daß wir unterschiedliche Menschen sind mit unterschiedlichen Empfindlichkeiten. Und so ist es auch bei den Gesprächen. Wir merken, daß wir einander ruhig zuhören können, unsere unterschiedlichen Erfahrungen und Standpunkte wahrnehmen können, ohne darin eine Bedrohung zu sehen; denn wir wissen ja, daß wir uns selbst nicht verlieren werden.

Über das allerschönste »Abfallprodukt« der Sinnlichen Übungen berichtete mir augenzwinkernd eine dreißigjährige Frau.

»Ich bin wie ein Teenager *errötet*, als mich Carl (ihr Mann) vorgestern im Büro abgeholt hat«, sagte sie. »Ich war einfach glücklich, ihn zu sehen. Ganz einfach glücklich. Können Sie sich das vorstellen?«

Kann ich tatsächlich. Diese glückliche Frau konnte ihren Mann wieder als Quelle von Lust und Trost wahrnehmen. Erst kürzlich hatte ihr Körper das erfahren, und jetzt war die Botschaft bis in ihren Kopf vorgedrungen und in ihr Herz. Und – offenbar auch in ihre Wangen.

»Das ist ja alles ganz gut und schön, abgesehen von einer Kleinigkeit: Ich kriege das blöde Gefühl nicht los, daß ich Sex gegen geschlechtslose Schmuseschmuse-Zuneigung eintausche. Wie lange können wir eigentlich an der eigentlichen Sexualität vorbeigehen, bis wir uns wie die Eunuchen miteinander verhalten?«

Keine Sorge. Sie sind dabei, sich mehr voneinander erregen zu lassen, und nicht weniger. Aber einmal beschränken Sie sich nicht nur auf erotisch-genitale Gefühle. Der Sex ist schon noch da; und der verschwindet auch nicht. Sie kümmern sich im Moment nur nicht um ihn. Noch nicht.

❤

Aber jetzt möchte ich ein Element zu Ihren Übungen hinzufügen, das Ihnen den Unterschied zwischen miteinander schlafen und sich lieben deutlicher machen wird. Ich spreche vom *Küssen.*

Ich bin immer wieder völlig verblüfft, wie viele Paare zu mir kommen, die regelmäßig Verkehr, sogar oralgenitalen Verkehr haben und sich trotzdem praktisch kaum mehr sinnlich von Mund zu Mund küssen. Manche küssen sich nur beim Verkehr, und andere noch nicht einmal dann. Für sie ist Küssen zu einem schnellen, blutleeren Schmatzer geworden, mehr ein Gruß als ein sinnlicher intimer Kontakt.

Und dafür gibt es auch einen Grund. Auf seine Art ist das Küssen bei weitem intimer als Geschlechtsverkehr. Einander mit dem Gesicht zugewandt, können wir die Individualität des anderen nicht leugnen. Wenn wir uns küssen, können wir dieses Erlebnis nicht entpersonalisieren oder uns in Phantasien über eine andere Person verlieren. Das geht alles viel besser, wenn wir nur unsere Geschlechtsorgane zusammenstecken. Ich habe das Gefühl, daß seit der Sexuellen Revolution, als der Sex zufälliger und weniger persönlich wurde, das Küssen emotional sogar noch besetzter wurde. Dieser Gedanke kam mir, als ich mit einem Callgirl sprach, das mir erzählte, daß sie nur eines nicht mit einem Freier tat: küssen. Das war ihrem Liebhaber vorbehalten. Das ist ihre letzte Intimität.

Aber mit der Intimität kommt auch die Angst. Tiefe, sinnliche Küsse aktivieren bei vielen Menschen die Kindheitsangst, von Mama »verschlungen« zu werden. Ganz tief in uns schlummert die Erinnerung an die Hilflosigkeit, die wir empfunden haben, als wir uns Mutters feuchten Schmatzern hingaben, und wenn wir uns den Küssen unseres Partnes »hingeben«, empfinden viele von uns wieder dieselbe Hilflosigkeit. Manchen Menschen macht allein schon das Feuchte selbst Angst. Das fühlt sich so unordentlich an, so ursprünglich. Mit der Feuchtigkeit unserer Genitalien kommen wir irgendwie zurecht – die sind ja »da unten«. Aber »hier oben« könnten wir in ihr ertrinken.

In der kommenden Woche rollen wir Ihr Kußleben von Grund auf neu auf. In der Mitte jeder Sitzung – wenn Sie die Rollen von Berührendem und Berührtem tauschen – möchte ich, daß Sie mit dem Küssen experimentieren. Wie beim Rest der Übungen sollten sie auch hier abwechselnd den aktiven und den passiven Part übernehmen. Wenn Ihnen aus irgendeinem Grund das Küssen zuviel wird, wenn es Ihnen zuviel Furcht bereitet, dürfen Sie sich zurückziehen oder die Notbremse ziehen.

Am Anfang dürfen Sie beide die Augen geschlossen lassen – wir werden die Intimität ganz allmählich steigern. Und versuchen Sie am Anfang auch, die Finger voneinander zu lassen. Wir werden alle Empfindungen auf ihre Lippen, die Zunge und den Mund konzentrieren. Wieder gilt: Lassen Sie es langsam angehen, und konzentrieren Sie sich ganz auf Ihre Empfindungen. Kümmern Sie sich nicht darum, ob und wie Ihr Partner reagiert; im Moment ist das völlig unerheblich. Reiben Sie Ihre Lippen gegen die ihrer Frau. Spüren Sie, wie weich sie sind, spüren Sie ihren »Schwung«. Ziehen Sie mit der Zunge die Konturen ihrer Lippen nach, teilen Sie sie. Pressen Sie allmählich Ihre Lippen auf die Ihrer Partnerin. Nuckeln und ziehen Sie an ihnen. Lassen Sie Ihre Zunge langsam in ihren Mund gleiten. Spüren Sie, wie warm und feucht das ist. Ziehen Sie sich sofort zurück, wenn einer von Ihnen es als unbehaglich oder beklemmend empfindet.

Beschränken Sie sich bei diesem ersten Mal auf je fünf Minuten. Wenn Sie beim nächsten Mal aber mögen, dürfen Sie sich ruhig doppelt so lange Zeit nehmen. Beim nächsten Mal darf der »passiv« Küssende übrigens auch zurückküssen, wenn er mag – muß aber nicht. Und Sie dürfen die Augen auflassen und sie erst später schließen.

Augenkontakt ist genau wie das Küssen mit Ängsten vor Intimität belastet. Unsere Augen, bekommen wir zu hören, seien die Fenster unserer Seele, und wir werden gewarnt, daß Menschen, die Augenkontakt vermeiden – die zu Boden schauen oder wegsehen, wenn wir ihren Blick suchen –, Intimität vermeiden und ihre Seele verbergen. Viele der New-Age-Therapien aus den sechziger und siebziger Jahren, die großen Wert auf Offenheit und Intimität legten, stellten Augenkontaktübungen in den Mittelpunkt ihrer Gruppen- und Paartherapien. Ich glaube jedoch, daß uns jeder erzwungene Augenkontakt in die Gefahr bringt, uns weiter von Intimität wegzubringen statt näher heran. Das subtile Machtspielchen »Ich bin aber viel offener und beseelter als du« kann einschüchternd wirken oder gar in Schikane ausarten. Derartige Übungen entwickeln sich ganz leicht zu Wettbewerben, wie wir sie aus unserer Kindheit kennen: »So lange gucken, bis man lachen muß.« Dabei mußte man im Grunde seine Gefühle abstellen, um gewinnen zu können. Auch in erwachsenen Beziehungen kann uns der Zwang, einander anzusehen, von anderen Gefühlen ablenken, besonders von den sinnlichen. Und deshalb widerstrebt es mir eigentlich, solche Übungen als notwendigen Schritt in Richtung auf Nähe zwingend vorzuschreiben. Andererseits stimmt aber auch, daß aufregende Gefühle zwischen uns fließen können und daß wir unglaubliche Verbindungen herstellen können, wenn wir fähig sind, einander offen und direkt in die Augen zu sehen. Deshalb möchte ich, daß Sie mit dem

Augenkontakt experimentieren, dabei aber stets *die Kontrolle über dieses Experiment behalten.*

Fangen Sie bei der zweiten »Kuß-Sitzung« mit verstohlenen Blicken an. Erzwingen Sie nichts – und versuchen Sie bitte auch nicht, glutvolle Liebesblicke herüberzu»beamen«. Und erwarten Sie nicht, daß mächtige Gefühle in Ihnen aufwallen. Schließen Sie die Augen sofort, wenn sich einer von Ihnen unbehaglich fühlt. Vorwürfe sind nicht gestattet. Wie auch bei den anderen Übungen gehen wir den intimen Kontakt ganz allmählich an. Sie müssen sich erst richtig wohl in Ihrer Haut fühlen können, bevor Sie den nächsten Schritt machen.

Jetzt kommen wir zum Hausaufgaben-Aspekt der zweiten Woche des Programms. Ich möchte, daß jeder von Ihnen ein persönliches Notizbuch führt, ein Sinnliches Tagebuch. Bewahren Sie es auf Ihrer Seite des Bettes auf, am besten in Ihrer persönlichen Nachttischschublade. Und unmittelbar nach jeder Doppelsitzung nehmen Sie Ihr Notizbuch aus der Schublade und schreiben Ihre Erfahrungen möglichst detailliert auf, indem Sie die Fragen des untenstehenden Fragebogens beantworten.

»Oh Mann, Dagmar. Gerade als es so aussah, daß die Übungen direkt Spaß machen könnten, müssen Sie daraus ein Forschungsprojekt machen. Eben haben Sie uns noch verklickert, daß wir unseren Kopf vergessen und in unsere Gefühle eintauchen sollen, und jetzt müssen wir plötzlich diese dusseligen Tagebücher führen. Ja, was denn nun?«

Beides. Wenn Sie den Fragebogen ausfüllen, sind Sie gezwungen, mehr auf Ihre Empfindungen zu achten. Als Folge davon werden Sie sich beim nächsten Mal besser auf die einzelnen Gefühlsschattierungen einstellen können und gezielter wahrnehmen, auf welche Weise Sie sich von Ihren Gefühlen abschneiden. Eine

Zeitlang wird Sie das Tagebuchschreiben nerven, aber dann bringt es Sie dazu, mehr zu empfinden.

FRAGEBOGEN

1. Wer hat die Sitzung angefangen und wann?
a. Wenn Sie es waren: Wie hat es sich angefühlt, die Initiative zu ergreifen? Antworten Sie so detailliert wie möglich. Hatten Sie mit Schüchternheit zu kämpfen oder mit der Angst, zurückgewiesen zu werden?
b. Wie haben Sie sich gefühlt, nachdem Sie den Anfang gemacht hatten? Stolz? Haben Sie sich geschämt? Haben Sie sich als leichtsinnig empfunden?

2. Haben Sie den Anfang außerhalb des Schlafzimmers gemacht?
a. Wenn nein, was glauben Sie, hat Sie davon abgehalten, einen neuen Ort auszuprobieren?
b. Wenn ja, wie haben Sie sich dabei gefühlt? Abenteuerlustig? Ängstlich? Leichtsinnig? Erregt?

3. Was hat Ihnen mehr Spaß gemacht? Die Rolle des Berührenden oder die des Berührten?

4. Hat es Sie nervös gemacht, der Berührte zu sein?
a. Hatten Sie Schuldgefühle, sich ganz egoistisch nur auf Ihr eigenes Vergnügen zu konzentrieren? Oder hat es Ihnen die Vorstellung, daß Sie beide sich abwechseln, leichter gemacht, das Vergnügen ohne schlechtes Gewissen zu genießen?
b. (Männer) Empfanden Sie sich als schwach und entmännlicht, als Sie passiv dalagen, während

Ihre Partnerin Sie liebkoste? Oder wurden Sie dabei erregt wie bei einer Geisha oder Masseuse?

c. Ist es Ihnen schwergefallen, der Versuchung zu widerstehen, die Berührung zu erwidern?

5. Konnten Sie Ihren Partner völlig vergessen und ganz in Ihren eigenen Empfindungen aufgehen?

6. Haben Sie sich Gedanken darüber gemacht, ob Sie sexuell erregt waren oder nicht?

a. (Männer) Haben Sie sich vergewissert, ob Sie eine Erektion hatten? (Frauen) Haben Sie sich vergewissert, ob Sie feucht wurden? Oder konnten Sie Ihre Genitalien ganz vergessen und sich einfach auf Ihre Empfindungen konzentrieren?

b. Fanden Sie die Übungen sexuell frustrierend, oder konnten sie Ihre Erregung genießen, ohne von der Idee ergriffen zu werden, einen Orgasmus zu bekommen?

7. Wo hat es Ihnen am meisten Spaß gemacht, berührt zu werden? Seien Sie bei Ihren Angaben so genau wie möglich.

a. Haben Sie einen Körperteil neu entdeckt, bei dem es Ihnen besonderen Spaß machte, als er berührt wurde?

b. Machen Sie Skizzen Ihres Körpers (von vorne und hinten), und zeichnen Sie darauf diejenigen Stellen ein, die am empfindlichsten waren.

8. Welche Berührungen haben Ihnen am meisten Lust bereitet?

a. Beschreiben Sie Ihre Empfindungen. Seien Sie so detailliert und poetisch wie irgend möglich.

9. Wie haben Sie sich bei den Berührungen gefühlt? Aufgeregt? Ruhig? Sexuell erregt? Verträumt? In Hochstimmung? Voller Liebe? Beseelt? Melancholisch?

10. Wie haben sich Ihre Gefühle im Verlauf der Sitzung verändert?

11. Wie oft haben Sie Ihren Partner »gelenkt« oder »korrigiert«?
   a. Hätten Sie ihn gerne häufiger korrigiert, hatten aber Angst, ihn zu verletzen oder zu fordernd zu erscheinen?
   b. Hat Ihr Partner irgend etwas getan, was Sie davon abhielt, ihn häufiger zu korrigieren?

12. Wie kamen Sie dazu, die Hand Ihres Partnes auf eine andere Körperstelle zu lenken? Schien es Ihnen so, als hätte eine Stelle genug gehabt? Oder hat sich ein anderer Flecken Haut nach Zuneigung »gesehnt«?

13. Wie lange haben Sie sich gestattet, berührt zu werden?
   a. Aus welchen Gründen haben Sie beschlossen, die Sitzung zu beenden? Hätten Sie lieber noch weitergemacht, fanden aber, das hätte Sie »egoistischer« gemacht?
   b. Glauben Sie, daß Sie sich beim nächsten Mal mehr Zeit gönnen können?

14. Fanden Sie es langweilig, den Berührenden zu spielen?
   a. Haben Sie gehofft, Ihr Partner würde Ihnen bald sagen, daß er genug hätte?

15. Waren Sie besorgt, Ihren Job nicht gut genug zu machen?
    a. Waren Sie sauer, verletzt oder haben Sie sich zurückgezogen, wenn Ihr Partner Sie korrigiert hat? Warum, glauben Sie, haben Sie sich so gefühlt?

16. Waren Sie in der Lage, für sich selbst Vergnügen dabei herauszuholen, Ihren Partner zu berühren, oder waren Sie zu sehr damit beschäftigt, wie er reagieren würde, um selbst etwas zu empfinden?

17. Hat sich für Sie durch diese Übung etwas verändert? Sind irgendwelche neuen Gefühle hochgekommen?

18. Haben Sie dabei irgend etwas über sich erfahren, was Sie vorher noch nicht wußten?

Wenn man diesen Fragebogen beantwortet, hat man eine wunderbare Gelegenheit, total ehrlich zu sich selbst zu sein. Widerstehen Sie der Versuchung, einfach zu schreiben: »Es war ganz toll.« Zwingen Sie sich, auch die kleinsten Details Ihres Erlebnisses aufzuschreiben. Schreiben Sie (zum Beispiel): »Zuerst habe ich gezögert und wußte nicht so recht, wie ich ihn bitten sollte, mich zu berühren, und in den ersten Minuten war ich nur damit beschäftigt, wie er sich wohl fühlt, so daß ich gar nicht dazu kam, auf meine eigenen Gefühle zu achten...« Glauben Sie mir, wenn Sie die subtilen Unterschiede und Veränderungen Ihrer Gefühle registrieren können, sind Sie auf dem besten Weg, viel sinnlicher zu werden, als wenn Sie sich die ganze Zeit einfach »toll« fühlen.

Und jetzt kommt der wirklich schwere Teil. Am Ende dieser zweiten Woche des Programms möchte ich, daß Sie beide einen Termin vereinbaren, an dem Sie einander Ihre Tagebücher vorlesen. Verabreden Sie sich außerhalb Ihrer Wohnung, zum Beispiel in einem Café oder in einer Bar. Dort lesen Sie sich Ihre Eintragungen dann nacheinander laut vor.

»Sie machen wohl Witze. Sie sind ja wild entschlossen, daß wir uns voreinander demütigen sollen, nicht wahr?«

Ganz im Gegenteil. Nicht gedemütigt werden Sie sich fühlen, sondern befreit. Diese Erfahrung wird eine der befreiendsten sein, die Sie jemals gemacht haben, denn Sie finden endlich Gelegenheit zu akzeptieren, daß Ihre Erfahrungen unterschiedlich sind. Was für eine Erleichterung, endlich von der absurden Vorstellung befreit zu werden, Sie müßten immer zur selben Zeit dasselbe fühlen.

»Aber diese ›Geständnisse‹ werden unsere Beziehung auch noch des letzten Fünkchens Romantik berauben. Das artet ja in Gruppentherapie aus.«

Nein, tut es nicht. Denn die Regeln lauten: Keine Diskussion, keine Kritik und keine Analyse. Wenn Sie Ihre Eintragungen vorlesen, darf Ihr Partner nur zuhören. Er darf Sie nicht unterbrechen, darf keine Grimassen schneiden und darf noch nicht einmal die Augen ungläubig verdrehen. Und wenn Sie fertig sind, ist es ihm keinesfalls gestattet, Ihren Bericht zu kritisieren oder zu analysieren.

Weiß der Himmel, es wird ihn in den Fingern jucken. Die meisten Leute sind absolut sicher, ihr Partner hätte »einen Fehler gemacht« oder »alles falsch verstanden«. Sie können einfach nicht glauben, daß das Erlebnis des anderen sich total von dem unterschieden hat, das sie selbst hatten. Bill, ein Mann aus meiner Praxis, war fest davon überzeugt, daß seine Frau Ruth in ihrem Tagebuch log.

»Sie hat geschrieben, daß ich ihre Schenkel geknetet hätte. Aber ich weiß ganz genau, daß das nicht stimmt. Ich habe sie nur getätschelt. Noch nicht einmal die Zimmertemperatur hat sie richtig angegeben. Sie hat geschrieben, daß es kalt gewesen wäre – und dabei war es sogar ziemlich warm.«

»Aber Sie haben nicht dieselbe Erfahrung gemacht«, erklärte ich ihm ungefähr zehnmal. »Ihr Tätscheln ist für sie kneten. Auf diesem Gebiet gibt es keine objektive Wahrheit. Sie müssen lernen, Ruth ruhig zuzuhören, ohne ihr Ihren Standpunkt zu oktroyieren.«

Bill empfand die Vorstellung, er könnte die Gefühle seiner Frau nicht total unter Kontrolle haben, natürlich als Bedrohung. Er mußte ihre Tagebucheintragungen ziemlich häufig hören, bevor er entdecken konnte, daß er durch dieses Experiment von der Verantwortung für die Gefühle seiner Frau befreit wurde, daß er nicht immer Schuldgefühle kriegen mußte, wenn sie nicht das fühlte, was sie fühlen wollte.

Manche Leute sind versucht, ihren Partner zu unterbrechen, weil ihre Gefühle verletzt werden. Als ein Ehemann einmal berichtete, daß es ihn gelangweilt hatte, seine Frau zu streicheln, schrie sie auf: »Mein Gott, und dabei habe ich mich so gut gefühlt. Jetzt hast du alles kaputtgemacht.«

»Aber Sie *haben* sich doch wohl gefühlt«, erklärte ich ihr. »Und mit nichts, was er sagt, kann er Ihnen das wegnehmen. Wenn Sie das einmal wirklich glauben können, wird es Ihnen schon viel bessergehen.«

Die Wahrheit ist: Es fällt uns bedeutend leichter zuzugeben, daß wir uns beschissen fühlten, während unser Partner sich amüsiert hat, als anzuerkennen, daß wir es uns haben gutgehen lassen, während er sich langweilte. Wie immer würden wir unserem Partner lieber Vorwürfe machen als ihm gegenüber ein schlechtes Gewissen haben.

Die destruktivste Versuchung besteht wahrscheinlich darin, die Reaktion des Partners zu psychoanalysieren. Eine Ehefrau, die ich kenne, hat die ganze Zeit über, in der ihr Mann seine Eintragungen vorlas, mit dem Kopf genickt und dann gesagt: »Damit hast du bewiesen, was ich schon immer gesagt habe – daß du sehr gehemmt bist. Genau wie dein Vater.«

Der Himmel möge uns vor Gesponsen verschonen, die sich als Therapeuten aufspielen. Eine der ganz großen Geißeln unserer Zeit! Unter dem Vorwand der »Offenheit« wird der Intimität in einer Beziehung damit nur allzuhäufig ein Bärendienst erwiesen.

Kurz und gut: Halten Sie den Mund und respektieren Sie die Individualität Ihres Partners. Um sein Tagebuch vorlesen zu können, braucht man Mut und Vertrauen. Vielen Paaren fällt es leichter, wenn sie während des Vorlesens Händchen halten. Das kann ich nur unterstützen. Wenn Ihr Partner fertig gelesen hat, sind Sie dran. Und dann wird es Zeit, daß Sie beide Ihre Notizbücher zuschlagen und das Abendessen bestellen.

DREIZEHNTES KAPITEL

Teilen Sie Ihr intimstes Geheimnis miteinander

DRITTE WOCHE

Jetzt haben Sie die Stufe der Sinnlichen Übungen für Fortgeschrittene erreicht, auf der Sie bereit sind, sich wieder der genitalen Sexualität zuzuwenden.

Aber wir werden die Sexualität auf eine ganz neue Art und Weise wieder in Ihr Leben einführen. In dieser einen Woche möchte ich, daß Sie jede der drei Doppelsitzungen damit beenden, daß Sie gleichzeitig voreinander masturbieren – ich nenne das »Tandemmasturbation«. Ich weiß, das hört sich wie das genaue Gegenteil von Intimität an, aber glauben Sie mir eins: Wenn Sie sich einmal trauen, diese Grenze zu durchbrechen, wenn Sie das letzte Geheimnis, das Sie voreinander haben, miteinander teilen, haben Sie die Chance, eine tiefe Nähe zueinander zu erleben, die in Zukunft jeden Aspekt Ihrer Beziehung bereichern wird. Das ist keinesfalls eine leere Versprechung. Immer und immer wieder habe ich beobachtet, daß Paaren mit dieser »Tandemmasturbation« ein echter Durchbruch gelungen ist. Mit diesem im Grunde so einfachen Akt verschwinden ganze Schichten von Hemmungen, werden jahrelange sexuelle Mißverständnisse hinfällig. Plötzlich bekommen zwei Menschen, die nie fähig waren, sich einander wirklich zuzuwenden, nahen Kontakt zueinander.

»Es war wie ein Blitz, der mein Bewußtsein erweitert hat«, erklärte mir Lester. »Irgendwie mystisch. Nur, daß es absolut lebendig war. Zum erstenmal in meinem ganzen Leben konnte ich Margot (seine Frau) richtig sehen – als sexuelles Wesen, das genau wie ich seine eigenen Gefühle und Ängste hat. Das war so was wie: ›Himmel! Sie existiert ja nicht nur in meinem Kopf, sie ist ja ganz wirklich, und ich liebe sie!‹«

Nicht jeder erlebt die erste »Tandemmasturbation« ganz so dramatisch wie dieser Mann; aber ich habe mich schon daran gewöhnt, daß die Leute davon sprechen, Grenzen würden »fallen«, und vor allem sagen sie immer, ihr Partner wäre ihnen so »wirklich« vorgekommen. Was am wichtigsten ist, ist, daß die meisten Paare anders miteinander umgehen, nachdem sie diese Erfahrung gemacht haben – mit mehr Verständnis und beträchtlich weniger Angst und Zorn. Wenn sie danach sinnlichen Kontakt aufnehmen, sind ihre Gefühle zumeist viel stärker und ihr Zusammengehörigkeitsgefühl viel intensiver. Ein Enthüllungseffekt, der seine Wirkung nicht verfehlt.

»Na Wahnsinn, dann funktioniert das also – genau wie 'ne Schocktherapie. Aber dann sind mir ja Elektroschocks noch lieber als so eine Prozedur. Ich weigere mich, mich so vor meinem Partner bloßzustellen und zu demütigen. Das ist nur eklig und total unnötig.«

Schauen Sie, ich weiß, daß Ihnen bei der Vorstellung gemeinsamer Masturbation mulmig zumute wird. Genau deshalb ist sie doch auch so wichtig – damit Sie diese Angst überwinden können. Wenn Sie diese Erfahrung einmal gemacht haben, merken Sie, daß Sie nicht vor Scham im Boden versinken und Ihren Partner auch nicht kaputtmachen damit. Wenn Sie das alles einmal wirklich begriffen haben, wird eine enorme Last von Ihrer Beziehung genommen.

»Was für eine Last denn? Sie tun ja grad so, als hätte

ich mein Leben lang wahnsinniges Bedürfnis gehabt, diese ›Tandemmasturbation‹ mit meinem Partner durchzuziehen. Aber ich wäre nicht einmal in meinen wildesten Phantasien auf so eine Idee gekommen. Und deshalb wird da überhaupt keine Last weggenommen.«

Doch. Denn im Laufe der Jahre bin ich zu der Überzeugung gekommen, daß sich in unseren Gefühlen in bezug auf Masturbation die grundlegendsten Gefühle in bezug auf unsere eigene Sexualität und die unseres Partners widerspiegeln. Sie bekommen mit, was Sie am Sex »schmutzig« finden, was Sie für »egoistisch« halten, was Ihnen an der Sexualität des anderen angst macht und wodurch Ihre eigene bedroht wird. Es ist bemerkenswert, was für Gefühle alle zum Vorschein kommen, wenn Sie dieses Experiment machen.

Viele Frauen haben ihren Mann nie richtig ejakulieren *sehen*, und allein die Vorstellung widert sie an.

»Ich werde auch weiterhin glücklich und zufrieden durchs Leben kommen, ohne daß ich Zeuge bin, wie er seinen Schlabber im ganzen Zimmer verspritzt«, entgegnete mir einmal eine Frau namens Rhoda L. voller Ekel. »Seien wir doch ehrlich: Manche Dinge im Leben sieht man besser nicht.«

»Sie finden also, daß es besser ist, wenn er seinen ›Schlabber‹, wie Sie sagen, in Ihrer Vagina los wird, wo Sie ihn nicht sehen müssen«, fragte ich sie. »Aber erklären Sie Ihre Scheide damit nicht selbst zum Mülleimer?«

Ich fand es außerordentlich wichtig, daß Rhoda einmal sähe, wie ihr Mann ejakulierte, denn ich war fest davon überzeugt, daß ihr bei den kruden Vorstellungen, die sie hatte, dieses Erlebnis ganz gut bekommen würde. Dann könnte sie endlich aufhören, Sexualität als schmutzig und erniedrigend zu betrachten. Und wirklich, als sie sich dann schließlich zwang zuzusehen, wie ihr Mann zum Höhepunkt kam, fing sie an zu lachen.

»Max (ihr Man) war zunächst wie vor den Kopf geschlagen«, erzählte sie mir. »Er dachte nämlich, daß ich mich über ihn lustig machte. Aber dann habe ich ihm erklärt, daß ich über mich selbst gelacht hatte. Ich meine, da war ich nun zwanzig Jahre mit ihm verheiratet, ich habe ihn Tausende von Malen im Bad gesehen, habe gesehen, wie er sich übergab, wie er umkippte und zusammenbrach. Und warum habe ich über diese Angelegenheit hier so ein Faß aufgemacht?«

Mit einem Schlag hatte diese Frau den Sex demystifiziert, hatte sich selbst von ihren übertriebenen Vorstellungen sexuellen »Drecks« befreit, der sie so gehemmt hatte.

»Demystifiziert? Das einzige, was sie gemacht hat, ist, den Sex auf Badezimmerniveau zu bringen. Und wo bleibt da die Romantik?«

Romantik kann erst entstehen, wenn wir aufhören, so viel Angst voreinander zu haben. Bevor Rhoda den Körper von Max richtig lieben konnte, mußte sie ihn zunächst einmal als *real* erleben. Ja, das war genau der Körper, den sie Tag für Tag im Bad sah; er war weder gefährlich noch schmutzig. Ein Körper, an dem er Spaß hatte – *und der auch ihr Spaß machen könnte.*

Der Mann einer anderen Frau berichtete mir, daß sich seine Frau plötzlich die Ohren zuhielt, als er bei der ersten »Tandemmasturbation« kurz vor dem Kommen war. Sie hatte tatsächlich Angst, er würde vor ihren Augen explodieren. Als diese Frau erlebte, daß der Penis ihres Mannes kein Feuerwerkskracher war, konnte sie ihn endlich lieben lernen.

Aber es gibt auch viele Männer, die Angst haben, ihre Masturbation könnte ihre Frau vor den Kopf stoßen.

»Lucy ist so sensibel«, erzählte mir Arnold unter vier Augen. »Ich möchte ihr das nicht zumuten.«

»Sie halten Ihre Frau also für zu sensibel für Sexualität?« erwiderte ich.

Dieses Paar schlief seit Jahren immer seltener miteinander. Beide behaupteten, sie hätten das Bedürfnis danach verloren. Ich war allerdings überzeugt, daß das Bedürfnis schon noch vorhanden war. Sie hatten es nur unter ihren Ängsten begraben. Und eine ganz grundlegende Angst war Arnolds Gefühl, seine Frau sei über die Häßlichkeit der Fleischeslust »erhaben«. Er hatte seine Frau auf ein Piedestal gestellt und sich selbst in den Gully. Kein Wunder, daß sie kein Bedürfnis mehr hatten. In dieser Stellung konnten sie ja nie aneinander rankommen.

Arnolds Haltung ist unter Männern weit verbreitet. Er hielt seine eigene Sexualität für schmutzig und zerstörerisch. Sie könnte »eine gute Frau« »verletzen«. Bevor er und seine Frau Spaß aneinander finden konnten, mußte sie demystifiziert werden; sie mußte vom Piedestal herunter- und ins Bett gezerrt werden. Nun, mit der »Tandemmasturbation« ging das ganz schnell. Die Übung fiel ihr viel leichter, als Arnold sich jemals hätte vorstellen können.

»Mann, was war das geil!« schwärmte Arnold nach der ersten Sitzung zu Hause. Er hatte die bemerkenswerte Feststellung gemacht, daß seine Frau genauso sexuell war wie er. Bei weitem nicht »verletzt« vom Anblick seiner Selbstbefriedigung, war sie ganz erleichtert, auf die Erde zurückgebracht worden zu sein in das Reich entspannter, »schlüpfriger« Lust. Das hatte ihr Mut gegeben, ihren Teil des Geschäfts beizusteuern – gleichzeitig vor seinen Augen zu masturbieren. Jetzt hatten sie plötzlich beide wieder das Bedürfnis.

»Seit diesem Tag sind wir nicht mehr wiederzuerkennen«, erzählte mir Arnold mehrere Wochen darauf. »Und ich kann Ihnen sagen: Das Beste daran ist, daß wir nicht mehr so verdammt *vorsichtig* miteinander umgehen.«

In der Tat werden die meisten Beziehungen von zuviel »Vorsicht« belastet. Aber man kann praktisch nicht intim miteinander umgehen, wenn man pausenlos vorsichtig ist. Das schönste Geschenk, das uns die »Tandemmasturbation« zu machen hat, ist, daß wir uns gegenseitig akzeptieren können. Beide Partner bekommen ein neues Bewußtsein von sich: »Ich habe dich in deinem intimsten Moment gesehen, in deiner größten Nacktheit. Und du hast mich auch in dieser Nacktheit gesehen. Wir haben unser intimstes Geheimnis miteinander geteilt und sind immer noch füreinander da. Und viel intimer können zwei Menschen nicht miteinander werden.« – *»Das muß man Ihnen lassen, Dagmar. Nur Sie sind in der Lage, Masturbation zu einem Ausdruck von Intimität zu machen. Aber dabei vergessen Sie etwas, weil es Ihnen wohl nicht in den Kram paßt: Masturbation ist etwas, was man allein macht. Da braucht man niemanden zu.«*

Und genau deshalb macht allein schon die Vorstellung, dem Partner dabei zuzuschauen, so viele Menschen nervös. Sie werden mit einer unserer größten Ängste konfrontiert: Er (oder sie) kann sich selbst viel besser befriedigen, als Sie es jemals vermögen werden. Besonders Männer werden häufig von der Furcht gequält: »Ich hätte nie soviel Ausdauer, könnte mich nie so schnell und kräftig bewegen. Wer kann es mit ihrer Hand aufnehmen?«

Umgekehrt sträuben sich auch Leute, deren Partner sexuell nicht auf sie eingeht, gegen diese Übung, weil es sie an all die Zurückweisungen erinnert, die sie einstekken mußten.

»Mensch, heutzutage besteht mein Sexualleben praktisch nur noch aus Masturbation«, sagte mir einmal eine Frau in mittleren Jahren. »Die Übvung erinnert mich genau daran – daß wir seit Gott weiß wie lang nicht mehr miteinander geschlafen haben.«

»Lassen Sie Ihr Geheimnis jetzt endlich mal raus«,

ermunterte ich sie. »Sie können sich bei ihrem Mann nicht ganz fallenlassen, solange Sie sich mit Ihrer eigenen Sexualität nicht wohl fühlen. Und das ist der erste Schritt, Ihr gemeinsames Sexleben wieder auf Vordermann zu kriegen.«

Viele Menschen – in erster Linie Frauen – lehnen die »Tandemmasturbation« aus dem umgekehrten Grund ab: weil sie Angst haben, daß ihr Partner sich unzulänglich fühlen könnte.

»Ich weiß ganz genau, was Henry (ihr Mann) denken wird«, sagte Wendy zu mir. »Daß ich dabei besser bin als er. Oder schlimmer noch: daß er ein so mieser Liebhaber ist, daß ich es mir selbst besorgen muß.«

»Dieses Risiko müssen Sie schon eingehen«, antwortete ich ihr. »Aber ich vermute eher, daß es ihn erleichtert – vielleicht nicht sofort, aber später bestimmt.«

Henry lebte ständig mit der Angst, kein guter Liebhaber zu sein; eine Angst, die wie eine sich selbst erfüllende Prophezeiung funktioniert. Die Last der Überzeugung, seine Frau müsse sich sexuell frustriert durchs Leben schlagen, nur weil er seinen »Job« nicht richtig machte, hatte dazu geführt, daß sich Henry ganz von diesem »Job« zurückzog. Ein Teufelskreis. Aber glücklicherweise machte die »Tandemmasturbation« dem schnell ein Ende. Statt sich noch tiefer in dieser Angst zu verstricken, war Henry erleichtert, als er miterlebte, daß Wendy durchaus in der Lage war, ihre sexuellen Bedürfnisse selbst zu befriedigen. Das nahm ihm den Druck. Wendy war nicht auf ihn angewiesen, um einen Orgasmus kriegen zu können; jetzt konnten sie sich ohne die Ängste einer von Abhängigkeiten belasteten Beziehung begegnen. Und es half Henry, Zugang zur einzigen Möglichkeit zu finden, ein »besserer« Liebhaber zu werden: indem er sich auf seine eigenen sexuellen Empfindungen konzentrierte.

Wieder einmal merken Sie, daß wir den Weg zur Intimität nur über den Egoismus finden – Ihren eigenen und den Ihres Partners. Bei der »Tandemmasturbation« können Sie weder vergessen, daß Sie ihre eigene Sexualität kontrollieren, noch, daß Sie und Ihr Partner völlig unterschiedliche sexuelle Erfahrungen machen. Diese beiden Hauptprinzipien erlauben Ihnen, zu abenteuerlichem und intimem Lieben vorzudringen.

Indem Sie akzeptieren, daß Sie allein für Ihre sexuelle Befriedigung verantwortlich sind, können Sie aufhören, Ihrem Partner unbefriedigende sexuelle Erlebnisse in die Schuhe zu schieben. Das bedeutet aber auch, daß Sie von hemmender Kritik Ihres Partners verschont werden. Masturbation ist der erste Schritt zur Erkenntnis, daß Ihre Sexualität Ihnen allein gehört. Die Sexualität und die Lust. Wenn Sie dann den nächsten Schritt machen und Ihre Sexualität mit Ihrem Partner teilen, sind Sie sich dieser Tatsache ganz sicher. Sie wissen, daß Sie diese Lust nicht verlieren, wenn Sie sie teilen.

Eines der befreiendsten Ergebnisse dieser Übung ist, daß einer der Partner, wenn er irgendwann einmal total übermüdet oder kränkelnd im Bett liegt, sagen kann: »Du, ich bin so kaputt. Wie wär's: Möchtest du es dir nicht selbst machen, und ich gucke zu?«

Wenn Sie an den Punkt kommen, an dem Sie derartig frei miteinander umgehen können, ist in Ihrer Beziehung die Intimität an die Stelle der Scham getreten.

»Theoretisch hört sich das ja alles ganz faszinierend an, Dagmar, aber mit der Wirklichkeit hat das alles überhaupt nichts zu tun. Ich meine, ich habe meiner Partnerin bis heute nicht erzählt, daß ich masturbiere, und soviel ich weiß, tut sie es selbst nicht. Ich bin noch nicht einmal sicher, daß ich auch nur darüber reden möchte. Mal ganz zu schweigen davon, es plötzlich voreinander zu machen.«

Das überrascht mich keineswegs. Im Gegenteil, ich

bin sogar ziemlich sicher, daß die Masturbation in den meisten Ehen als Geheimnis gehütet wird. Was ziemlich merkwürdig ist, wenn man mal genauer darüber nachdenkt. Ich kenne Hunderte von Paaren, die seit zig Jahren das Bett miteinander teilen, zusammen die Steuererklärung machen, die ein Herz und eine Seele sind und denen es trotzdem nie gelingt, dieses »verbotene Thema« zur Sprache zu bringen. Wenn ich anfange, mit den Paaren über Masturbation zu sprechen, behaupten die allermeisten, daß sie es seit der Pubertät schon nicht mehr gemacht hätten. Wenn ich die Partner dann aber einzeln treffe, »gestehen« sie mir, daß sie sich in Wahrheit regelmäßig selbst befriedigen, und zwar schon immer. Manchen Leuten fällt es sogar leichter, einen Seitensprung zu beichten als zuzugeben, daß sie masturbieren.

Die Scham vor der Masturbation ist in den meisten von uns tief verwurzelt. Nur ganz wenige Menschen konnten in ihrer Kindheit angstfrei masturbieren. Wenn ihnen die Eltern nicht erklärt hatten, Masturbation sei »Selbstbefleckung«, gab es bestimmt irgendwo einen Mitschüler, der die Kunde verbreitete, man bekäme davon Warzen an den Händen, würde nicht mehr wachsen oder bekäme einen Dachschaden davon. Und sogar diejenigen, die als Erwachsene über diese Ammenmärchen herausgewachsen sind, hängen häufig dem viel gefährlicheren Mythos an, Masturbation sei nur etwas für Häßliche und Einsame und erfolgreiche Menschen würden »es« nicht allein machen. »Ich brauche das nicht«, sagen manche Männer. »Dafür habe ich eine Frau.«

In Ehen, in denen nur selten miteinander geschlafen wird, kann es besonders erniedrigend werden, wenn einer dem anderen erklärt, er (oder sie) masturbiere.

»Ich denke, ich hatte mich wohl darauf verlassen, daß sie jegliches Interesse am Sex verloren hätte«, erzählte mir ein Mann, der in einer ziemlich sexlosen Ehe lebte.

»Aber als wir dann zu der Übung mit der ›Tandemmasturbation‹ kamen, gab ich zu, daß ich es mir vier- oder fünfmal die Woche mache. Ich dachte, jetzt würde sie mir bestimmt eine runterhauen, aber dann drehte sie sich nur zu mir um und sagte, daß es bei ihr genauso wäre. Wir waren überhaupt nicht sauer aufeinander, sondern haben bloß gelacht. Ich glaube, vor lauter Erleichterung darüber, daß es endlich raus war.«

Tatsächlich erleben es die meisten Paare als Befreiung, wenn sie sich ihr »Geheimnis« gestehen. Ohne es recht zu bemerken, hatten sie beide ein ganzes Päckchen voller Schuldgefühle mit sich herumgeschleppt. Das Geständnis – häufig ein gegenseitiges Geständnis – beginnt die Schuldgefühle sofort zu verringern. Und der nächste Schritt, sich das Geheimnis richtig zu *zeigen*, räumt dann noch mit dem letzten Rest schlechten Gewissens auf.

»Aber vielleicht masturbiert mein Partner tatsächlich nie. So was gibt es nämlich auch.«

Weiß ich. Aber auf das Risiko hin, für pervers gehalten zu werden, muß ich sagen, daß ich finde, jeder Mensch sollte sich gelegentlich selbst befriedigen. »Nur um im Geschäft zu bleiben«, wie es einer meiner Kollegen so treffend ausdrückt. Vor Jahren haben Masters und Johnson völliges Neuland betreten, als sie erklärten, wenn wir wieder Spaß am Sex haben wollten, sollten wir unsere frühesten sexuellen Erfahrungen wiederbeleben. Damit meinten sie, daß wir Petting machen sollten. Aber in Wirklichkeit hatten wir unsere ersten sexuellen Erfahrungen mit uns selbst, und deshalb sollten wir eigentlich da wieder anfangen. Das kann eine sehr heilsame Erfahrung sein, die uns dazu bringt, uns sexuell wieder als lebendig zu erleben.

Menschen, die seit längerer Zeit überhaupt keinen Sex irgendwelcher Art hatten, empfehle ich gewöhnlich, eine Woche lang jeden Tag allein zu masturbieren.

Mehr brauchen sie häufig nicht, um die »taube Körpermitte« wiederzubeleben, die Menschen haben, die ihren sexuellen Gefühlen so lange ausgewichen sind, daß sie sich reflexartig abtörnen. Es ist ein Anfang. Es macht ihnen klar, daß sie ein Sexleben haben, wenn auch noch kein gemeinsames. Veränderungen der sexuellen Reaktionen fangen bei einem selber an. Wenn es Ihnen nicht gelingt, für sich allein mit diesen Veränderungen klarzukommen, wird es Ihnen sehr schwerfallen, sie mit Ihrem Partner zusammen zu erleben, oder, wie es Woody Allen positiver ausdrückte: »Ich bin ein wahnsinnig toller Liebhaber, weil ich so oft allein übe.«

❤

Ich glaube immer noch, daß ich mich unmöglich überwinden kann, es mir vor meinem Partner zu machen. Vielleicht ist meine Scham ja irrational, mag sein. Aber sie ist Teil meiner Person.«

Schwierig wird es, aber nicht unmöglich. Es gibt eine Methode, sich viel von der Angst zu nehmen, und die heißt: Regeln einhalten. Masturbieren Sie *gleichzeitig.* Auf diese Weise fühlt sich keiner bloßgestellt, denn Ihr Partner konzentriert sich ja nicht auf Sie.

Einige von Ihnen möchten sich dieser Übung unter Umständen allmählich annähern. Dann masturbieren Sie vielleicht zunächst unter der Bettdecke oder drehen sich voneinander weg. Beim nächsten Mal können Sie die Decke dann ein bißchen wegschieben, bis Sie sich in aller Offenheit ganz wohl fühlen.

Schauen Sie, ich weiß ganz genau, daß Sie alles versuchen werden, um dieser Übung zu entkommen. Sie ist kitzlig, daran besteht gar kein Zweifel. Aber sie kann auch ein Abenteuer sein, das so aufregend ist wie ein »erstes Mal«. Und sie ist ein Riesenschritt in Richtung auf sinnliche Intimität.

VIERZEHNTES KAPITEL

Herrliche Äpfelchen und anderes Obst

VIERTE WOCHE

Ein jungverheirateter Mann beschrieb mir einmal, was er für eines der größten Rätsel des Lebens hielt:

»Ich kann mich noch in allen Einzelheiten daran erinnern, wie ich zum erstenmal eine nackte Brust berührte«, begann er. »Ich war wie im Taumel. Meine Freundin und ich küßten uns, und ich fuhr ihr mit der Hand unter den Pulli, über den Bauch und dann... mein Gott, was für ein herrliches Äpfelchen. So glatt! So weich! Das war nicht von dieser Welt. Ich war vierzehn Jahre alt und befand mich im siebten Himmel. Ich kam buchstäblich im Nu. Das war vor nur fünfzehn Jahren. Jetzt bin ich mit einer Frau verheiratet, die wirklich tolle Brüste hat, aber wenn ich sie anfasse, könnte ich genausogut ihren Ellbogen berühren. Viel aufregender ist das auch nicht. Was ist bloß aus den herrlichen Äpfelchen geworden?«

Klagen dieser Art höre ich in meiner Praxis häufiger. Was ist aus der Spannung geworden, die der erste Kuß erzeugt hat? Die erste Berührung einer weiblichen Brust? Der erste Quicky?

»Gehen mir etwa die Hormone aus?« fragte mich einmal ein Mann allen Ernstes.

Die Aufregung, die eine Erfahrung bringt, wenn man sie zum erstenmal macht, läßt sich nie ganz wiederholen, ob es sich nun um die erste Berührung einer weiblichen Brust handelt oder um die erste Mousse au chocolat. Richtig einzigartig und unschuldig können solche Erfahrungen nur ein einziges Mal sein. Aber das heißt natürlich nicht, daß die einzige Alternative Langeweile und Abgestumpftheit heißen muß. Das tun wir schon selbst, indem wir unsere Gefühle abblocken. Unsere Hormone lassen uns nicht im Stich, aber wir unsere Gefühle. Ein Teil dieser Übungen besteht genau darin, diese Gefühle zurückzuerobern und ein Großteil der Spannungen vom »ersten Mal« zurückzuholen.

»Na, jetzt weiß ich endlich, warum wir uns drei Wochen lang nicht an den Brüsten anfassen durften. Damit sie wieder richtig zu verbotenen Früchten werden! Sie lassen uns wie vierzehnjährige Hüpfer zappeln, damit wir nachher wieder ein Tabu brechen können. Ziemlich billiger Trick.«

Hören Sie, was funktioniert, funktioniert. Aber nicht nur, weil es verboten ist, lechzen Sie so danach, Brüste zu berühren oder an den Brüsten berührt zu werden. Wahrscheinlich haben Sie sich im Laufe der Jahre so darauf konzentriert, die Brust (und Genitalien) zu stimulieren, daß Sie praktisch den ganzen Rest Ihres Körpers ausgeschlossen haben. Brüste waren Ihnen die Knöpfe, an denen gedreht werden mußte, um eine sexuelle Reaktion hervorzurufen. Die mußten die ganze Arbeit tun und haben deshalb sowohl für den Berührten als auch für den Berührenden an Empfindlichkeit verloren. Aber nach drei Wochen Sinnlicher Übungen ist Ihr ganzer Körper empfindlich wie seit Jahren nicht mehr. Ihre Brüste haben sich »ausgeruht« und sind jetzt wieder bereit und ganz wild darauf mitzumachen.

In der kommenden Woche möchte ich, daß Sie die Brüste – aber noch nicht die Genitalien – in jeder Ihrer drei Doppelsitzungen einbeziehen. Aber das heißt natürlich, daß der Berührende nicht als allererstes nach den Brüsten langen darf und sich dann wieder total darauf konzentrieren und den ganzen Rest ignorieren soll. Dann würden Sie ja nur wieder mit Ihren schlechten Angewohnheiten anfangen. Der oder die Berührte entscheidet, wann genau er (oder sie) an der Brust berührt werden möchte. Legen Sie seine/ihre Hand dorthin, wenn Sie dazu bereit sind. Versetzen Sie zuerst Ihren ganzen Körper in Schwingungen; dann wird die Berührung der Brüste hinterher um so ekstatischer.

Denken Sie daran, daß der Berührte immer die Kontrolle behält. Wenn sie (oder er) nicht glücklich ist darüber, wie sie berührt wird, ist es ihre Aufgabe, Ihnen ganz genau zu zeigen, wie sie es gerne hätte. Dazu kann sie Ihre Hand nehmen und sie führen. Oder sie kann es Ihnen zeigen, indem sie sich ihre Brüste in einer »Objektlektion« selbst streichelt. Und wenn sie dann einmal anders berührt werden möchte, signalisiert sie Ihnen das auch. Aber Vorträge sind nicht gestattet, kein Wort. »Sprich nicht von Liebe, zeig sie mir.« Und wenn sie sich schließlich irgendwann nicht mehr wohl fühlt oder nervös wird, darf sie die Hand des Berührenden nehmen und sie ganz woanders hinlegen.

Traurige Wahrheit ist, daß viele Frauen während ihrer ganzen Ehe ihren Männern abgestumpft gestatten, ihre Brüste auf eine Weise zu berühren, die ihnen nicht zusagt, weil sie zu schüchtern oder ängstlich sind, um eine Art von Zärtlichkeit zu bitten, an der sie richtig Spaß finden. Jetzt besteht die Chance, das zu ändern. Aus ebendiesem Grunde finden viele Frauen gerade dieses Stadium der Übungen besonders befriedigend.

»Zum erstenmal seit achtzehn Jahren konnte ich Ralph endlich einmal dazu bringen, nicht ständig in meine Brustwarzen zu zwicken und sie statt dessen ganz sanft zu streicheln...«, erzählte mir Geneviève. »Davon habe ich seit Jahren geträumt, aber wenn das nicht zu den Übungen gehört hätte, glaube ich nicht, daß ich jemals den Mut gehabt hätte, ihn darum zu bitten. Und ich glaube auch nicht, daß er es sonst so gut aufgenommen hätte.«

Man kann Genevièves Mann kaum einen Vorwurf daraus machen, daß er ihre Brüste »falsch« berührt hatte, da sie ja ein Geheimnis daraus gemacht hatte, wie es »richtig« ging. Aber mit Hilfe der Regeln, denen die Übungen folgen, konnte sie das Eis brechen und ihm ganz genau zeigen, was sie sich wünschte. Und Ralph seinerseits hatte ein bißchen Kontrolle aufgegeben, um auf die Bedürfnisse seiner Frau einzugehen. Am Ende waren beide glücklicher. Von da an »durften« beide einander immer zeigen, was sie wirklich mochten.

»Ich könnte schwören, daß ich Ralph von diesem Tag an mehr liebte«, vertraute mir seine Frau an. »Ob das wohl möglich ist?«

»Oscar Wilde sagte in etwa einmal, Liebe sei Dankbarkeit für Vergnügen«, antwortete ich. »Innerhalb eines einzigen Tages haben Sie den Schritt von Unlust zu Lust gemacht. Natürlich ist das Grund genug, ihn mehr zu lieben.«

Der Mann einer anderen Frau war total verblüfft über ihre Reaktion auf die erste Brust-Berührungs-Sitzung.

»Sie zog meinen Kopf an ihre Brüste und machte ganz deutlich, daß ich an ihren Warzen saugen sollte«, erzählte er mir. »Mir blieb die Spucke weg. Ich meine, das habe ich mir seit Jahren gewünscht, aber ich war mir absolut sicher, daß sie das haßte. Ich erinnere mich sogar ganz deutlich, daß sie mich einmal davon abgehalten hat, es zu tun.«

»Wann war das?« fragte ich ihn.

Der Mann rieb sich die Augen, dann lächelte er überrascht.

»Ungefähr vor zwanzig Jahren«, sagte er dann.

Diese Anekdote hört sich vielleicht komisch an, aber

in meiner Praxis höre ich fast jede Woche irgendeine Variante davon. Einer hatte dem anderen *einmal* gesagt, daß er oder sie irgend etwas nicht mochte, und seither galt das als Tabu. Aber es ist eine Tatsache, daß sich unsere Bedürfnisse von einem Tag zum anderen unterscheiden, und nicht bloß von einem Jahrzehnt zum anderen. Und wahrscheinlich ist kein Teil des weiblichen Körpers diesem Wandel mehr unterworfen als die Brust; bei den meisten Frauen wechselt die Empfindlichkeit der Brust mit dem Zyklus. So ist zum Beispiel bei vielen Frauen kurz vor und während der Menstruation die Brust wie wund, und dann wollen sie dort überhaupt nicht berührt werden. Darüber hinaus sind nicht einmal alle Frauen an der Brust gleich empfindlich; manche können zum Orgasmus kommen, wenn sie am Busen berührt werden, und andere macht es so gut wie gar nicht an. Ich kann jedoch mit Sicherheit sagen, daß bei einem großen Teil von ihnen die Brüste während dieses Stadiums der Übungen empfindlicher wurden. Das funktioniert genau wie bei den anderen Übungen: Je mehr Kontrolle sie haben, desto wohler fühlen Sie sich; und je wohler Sie sich fühlen, desto empfindlicher werden Sie.

»Aber was ist, wenn er meine Brust genau so berührt, wie ich es mir wünsche, und ich trotzdem nicht erregt werde?«

»Und was ist, wenn ich ihre Brüste genau so berühre, wie ich mir das wünsche, und trotzdem keine Erektion kriege?«

Hören Sie auf, sich darüber Sorgen zu machen, ob Sie erregt werden oder nicht. Sie müssen einfach nur fühlen, was Sie fühlen. Konzentrieren Sie sich auf diese Gefühle. *Genießen* Sie diese Gefühle! Mehr dürfen Sie damit im Moment ja sowieso nicht anfangen.

Und experimentieren Sie soviel wie möglich. Erleben Sie mit, wie viele neue Empfindungen Sie genießen können. Vielleicht möchten Sie, daß Ihr Partner Ihre Brust nur mit der Hand berührt, vielleicht hätten Sie aber auch Gefallen daran, daß er es mit dem Mund und der Zunge tut. Vielleicht sind Sie neugierig, wie sich sein Bauch an Ihren Brüsten anfühlt. Seine Schenkel, sein Po. Vielleicht wünschen Sie sich, daß er Schlagsahne von Ihrer Brust nascht, oder hätten gern, daß er Ihren Busen mit einer Feder reizt. Alles ist möglich – wenn Sie mögen. Jetzt ist die Zeit gekommen, all das zu verwirklichen, wovon Sie immer geträumt haben.

Ein letzter Punkt: Ich habe mich bislang so ausgedrückt, als wären nur Frauen an der Brust und an den Warzen empfindlich. Das stimmt nicht. Viele Paare sind überrascht, daß seine Brustwarzen ganz genauso empfindlich und vergnügungssüchtig sind wie ihre. Viele Männer merken sogar, daß sich ihre Warzen aufrichten, wenn sie sinnlich stimuliert werden. Schämen Sie sich nicht, und denken Sie vor allem nicht, das sei eine weibische Reaktion. Es ist einfach eine weitere sinnliche Reaktion, zu der Sie fähig sind. Nur weitere Lust, die Sie einander bereiten können.

FÜNFZEHNTES KAPITEL

»Zeig's mir und nenn es auch beim Namen«

FÜNFTE WOCHE

Sex eignet sich hervorragend dazu, weder die eigenen Genitalien zu sehen noch die des Partners. Sie können das ganze Programm inklusive Orgasmus absolvieren, ohne jemals nach »unten« gucken zu müssen. Und wenn Sie richtig geschickt vorgehen, müssen Sie »es« noch nicht einmal mit der Hand berühren, Sie können via Fernbedienung zum Ziel kommen.

»Halt, Dagmar, jetzt widersprechen Sie sich aber! Ich dachte, was Ihnen am Sex am meisten Bauchschmerzen verursacht, wäre, daß er zu sehr *auf die Genitalien konzentriert sei.«*

Das stimmt auch. Reiner Sex ist so auf Genitalstimulation ausgerichtet, daß alle anderen Gefühle vernachlässigt werden. Aber zu gleicher Zeit entfernt Sie der reine Sex von Ihren eigenen Genitalien und von denen Ihres Partners. Sie erfahren Ihre Genitalien als »da unten« am Werk, während Sie selbst »oben« bleiben, ganz in Ihrem Kopf, und darauf warten, daß was passiert. Sie beziehen sich nie wirklich auf Ihre eigenen Genitalien und die Ihres Partners als integrale Bestandteile Ihrer beider Persönlichkeiten. Sie lieben sie nie.

»Aber ich bin geradezu verrückt nach meinen Genitalien. Sie sind der Körperteil, der mir am meisten

Lust macht. Sie sind es doch, die sie ignoriert, Dagmar, indem wir uns überall berühren dürfen, nur dort nicht.«

Wenn Sie tatsächlich so verrückt nach Ihren Genitalien sind, warum verhindern Sie dann immer, daß Ihr Partner sie auch sieht? Die traurige Wahrheit ist, daß die meisten von uns ganz tief in ihrem Inneren sich des Aussehens ihrer Genitalien schämen oder doch zumindest unsicher sind. Und ganz viele Menschen fürchten sich vor den Genitalien des Partners.

Alles fing mit Adam und Eva und ein paar ortsüblichen Feigenblättern an. Bedeckt eure Nacktheit, rief ihnen ihr Schöpfer zu, und mit Nacktheit meinte er nur eins: ihre Genitalien. Diese Körperteile sollten sie vor dem jeweils anderen Menschen auf Erden verbergen. Seither hören wir pausenlos dieselbe Ermahnung von unseren Eltern. Nennen Sie es Bescheidenheit, wenn Sie mögen, aber Bescheidenheit ist gefährlich, liegt allzu nahe bei Scham. Wenn wir älter werden, wird die Botschaft deutlicher: Wasch dir die Hände, nachdem du dich dort unten angefaßt hast; zieh nie die Unterhosen von einem anderen an, auch wenn sie hundertmal gewaschen wären. »Da unten« ist das Klo Ihres Körpers, der Mülleimer. Verstehen Sie denn nicht? *Das ist schmutzig.*

Später werden wir mit einer anderen Botschaft bombardiert. Die einzigen Genitalien – speziell weibliche –, die wir öffentlich zu sehen kriegen, sind unendlich viel schöner als unsere eigenen (oder die unserer Partnerin). Auf wieviel Bildern haben Sie jemals eine Nackte mit einem dicken Busch von Schamhaaren gesehen? Nein, das einzige Schamhaar, das wir von nahem sehen durften, war so zurechtgetrimmt, daß es dem einer elfjährigen ähnelte. Hilfe, unsere eigenen Genitalien sehen nicht so aus. Unsere sind behaart, fleischig, mager – alles andere als richtig jedenfalls. Also entschließen wir uns, daß wir dieses eklige Ding ein für allemal außer

Sichtweite halten – unserer eigenen und der unseres Liebhabers. *Mann, das da unten ist häßlich.*

Zusätzlich zu unserer eigenen Scham haben wir es vielleicht auch noch mit den tiefsitzenden Ängsten unsers Partners zu tun, wenn es darum geht, unsere Genitalien zu sehen und zu berühren. Beim Anblick einer Vagina bekommen es viele Männer mit der Angst zu tun: Auf irgendeinem unterbewußten Level sehen sie darin ein Spinnennetz, eine Falle, der sie nie entkommen können, einen Abgrund, der sie zu verschlingen droht. Diese Männer können nur Sex haben, wenn sie die Vagina ihrer Partnerin nicht sehen müssen. Auch viele Frauen haben Angst vor dem Anblick eines Penis, insbesondere, wenn er erigiert ist: Er sieht gefährlich aus, macht Angst, wirkt übermächtig – eine Waffe. Frauen mit solchen Ängsten geben sich mit einem Penis höchstens im Dunkeln und unter der Decke ab – vorzugsweise überhaupt nicht.

»Hören Sie, wenn man eine Decke braucht, um guten Sex zu haben, ist dagegen doch nichts einzuwenden. Was funktioniert, funktioniert, wie Sie selbst immer sagen.«

Aber es funktioniert nicht. Jedenfalls nicht richtig. Solange wir diese Scham und diese Ängste mit uns herumschleppen, könnnen wir uns nicht richtig lieben. Solange wir unsere intimsten Körperteile nicht akzeptieren, können wir nicht wirklich intim miteinander umgehen.

Bevor wir beginnen, die Berührung der Genitalien in die Sinnlichen Übungen einzubeziehen, müssen wir unsere Genitalien erst einmal kennenlernen – ganz intim.

❤

Irgendwann vor Ihrer nächsten Doppelsitzung möchte ich, daß Sie sich allein und nackt vor einen mannshohen Spiegel stellen und sich ganz genau ansehen. (Wenn Sie keinen mannshohen Spiegel besitzen, kaufen Sie sich einen; es wird Zeit, daß Sie ihren Körper als Ganzes sehen, und nicht nur als Summe einzelner Teile.) Während Sie sich von Kopf bis Fuß betrachten, konzentrieren Sie sich darauf, was Sie an Ihrem Körper mögen. Was Ihnen nicht gefällt, wissen Sie; darauf haben Sie Ihr Augenmerk schon Hunderte von Malen gerichtet. Diesmal betonen Sie das Positive und kümmern sich nicht um das Negative. In welchem Winkel sehen Sie am besten aus? Sprechen Sie laut aus, was Ihnen gefällt. Was gefällt Ihnen an Ihren Augen? Ihrem Mund? Was mögen Sie an Ihrem Oberkörper? Richten Sie Ihre Aufmerksamkeit ein einziges Mal nicht darauf, daß Ihre Brüste zu klein oder zu groß sind, daß Ihr Brustkorb zu wuchtig oder zu schmal ist. Legen Sie die Hände auf die Brust und verkünden Sie der Welt, was besonders attraktiv daran ist. Vergleichen Sie sie nicht mit den Brüsten der Frau auf der Titelseite der aktuellen *Cosmopolitan*. Vergleichen Sie sie überhaupt mit niemandes Brüsten. Selbst wenn Sie seit Jahren mit einem elenden Selbstbild herumlaufen, ich weiß, daß es irgend etwas gibt, was Sie an Ihren Brüsten mögen, etwas, was sich selbst zuzugeben Ihnen vielleicht peinlich war – möglicherweise der sinnliche Schatten Ihres Brustansatzes oder die weiche Haut um die Nippel herum. Ein einziges Mal sollen Sie sich schmeicheln, statt wie immer reflexartig zu verhüllen, was Sie daran nicht schön finden. Übergehen Sie die Ihnen so lange eingehämmerte Furcht, »zu eitel« zu sein. Legen Sie jegliche Peinlichkeit ab. Finden Sie mindestens fünf Punkte an Ihrem Körper heraus, mit denen Sie angeben können, und lobpreisen Sie sie laut und deutlich. Beenden Sie die Übung, indem Sie ihrem Spiegelbild sagen: »Ich liebe dich.«

»Mir ist das alles zu simpel, Dagmar. Ich kann mir nicht durch ein bißchen positives Denken vorgaukeln, daß ich gut aussehe. Schließlich bin ich immer noch Realist. Und stolz darauf.«

2 Warum können Realisten eigentlich nur Negatives für real halten? Ich verlange ja nicht von Ihnen, daß Sie das ableugnen, was Ihnen an Ihrem Körper nicht so gefällt. Ich bitte Sie nur, sich auf das zu konzentrieren, was Sie daran attraktiv finden. Und das ist auch real. Ich weiß, viele Menschen haben Probleme damit, stolz auf ihren Körper zu sein. Aber was haben Sie dabei eigentlich zu verlieren?

Jetzt kommen wir zum schwierigen Teil: Sie betrachten Ihre Genitalien. Den Vernünftigsten von uns wird allein bei dieser Vorstellung schon ganz unbehaglich zumute. Um richtig sehen zu können, ist ein Handspiegel ganz hilfreich. Männer, checken Sie alles – betrachten Sie den Damm, diesen empfindlichen Hautwulst zwischen Anus und Skrotum; nehmen Sie die Hoden in die Hand und lassen Sie ihr Gewicht auf sich wirken; spüren Sie, wie sie sich je nach Temperatur verändern; schieben Sie die Vorhaut zurück und gucken Sie sich Ihre Penisspitze direkt an. Beschreiben Sie alles, was Sie sehen, laut, wie ein Arzt, der der Sprechstundenhilfe die Befunde einer Untersuchung diktiert. Frauen haben mehr Winkel und Ritzen zu erkunden. Es kann ganz hilfreich sein, einen Handspiegel auf den Boden zu legen und sich darüber zu hocken. Spreizen Sie Ihre großen Schamlippen – die äußeren Lippen Ihrer Vagina – und schauen Sie rein. Ziehen Sie die Haube von der Klitoris und betrachten Sie sie so eingehend wie möglich. Es ist bemerkenswert, wie viele Frauen durchs Leben gehen, ohne diese empfindlichste Stelle ihres Körpers jemals zu sehen. Begrüßen Sie Ihre Klitoris. Freunden Sie sich mit ihr an.

Glücklicherweise fühlen wir uns mit unseren Genitalien schon viel wohler, wenn wir sie erst einmal objektiv untersucht haben. In Wirklichkeit sind sie ganz anders, als wir sie uns vorgestellt hatten, weder schmutzig noch häßlich.

»Ich hatte buchstäblich wahnsinnige Angst davor, meine Genitalien anzugucken«, sagte mir eine Frau, nachdem sie diese Übung ausprobiert hatte. »Die sind so lange nur ›Büchse‹ und ›Fotze‹ genannt worden, daß ich dachte, die sähen aus wie etwas aus dem *Kleinen Horrorladen*. Aber jetzt weiß ich, daß die irgendwie richtig niedlich aussehen, ganz rosa und so.«

Eine andere Frau vertraute mir an, daß sie immer Schamgefühle hatte, weil ihre Vagina nicht aussah wie die »unschuldige Rosenknospe«, die man an Statuen normalerweise sieht. Während der Übung guckte sie sie sich dann einmal richtig lang an.

»Was ich mitbekommen habe, ist, daß ich eben nicht aus Marmor bin«, sagte sie lachend. »Vielleicht sieht's bei mir nicht ganz so perfekt aus wie bei der Venus von Milo, aber ich habe den Vorteil, daß ich weich, warm und rosig bin.«

❤

Jetzt wird's Zeit fürs Deuten und Aussprechen. Unmittelbar bevor Sie Ihre nächste Doppelsitzung mit Sinnlichen Übungen anfangen, möchte ich, daß Sie das Spiegelexperiment gemeinsam machen. Sie stellen sich nackt nebeneinander vor dem mannshohen Spiegel auf und beschreiben sich abwechselnd, was Sie an sich sehen. Wieder gilt, daß Sie das Positive betonen. Wenn es Ihnen nun absolut zu peinlich ist, mit Ihren guten Stellen »anzugeben«, dürfen Sie auch ein paar Schwachpunkte erwähnen – aber lassen Sie sich nicht hinreißen, diese Seite der Angelegenheit überzubetonen. Während Ihr Partner über seinen Körper spricht, *sagen Sie keinen Ton*. Sie wissen selbst, was Ihnen an seinem Körper besonders gefällt, jetzt hören Sie einmal zu, was er darüber zu sagen hat.

Wenn Ihre Partnerin zu ihren Genitalien kommt,

werden Sie vermutlich die »Untersuchung« im Bett fortsetzen wollen. Legen Sie sich zwischen ihre Beine und gucken Sie richtig hin. Setzen Sie die Lesebrille auf und nehmen Sie eine Taschenlampe, um reinzugucken. Lassen Sie Ihre Partnerin Ihre Hand führen. Zu diesem Zeitpunkt sollte sich keiner von Ihnen auf die Erregung konzentrieren – darum geht es im Moment noch nicht –, also regen Sie sich um Himmels willen nicht auf, wenn Sie *nicht* erregt werden. Gewöhnen Sie sich daran, damit umzugehen. Ich kann Ihnen versichern, daß Sie beim erstenmal nervös und ängstlich sein werden, aber trotzdem können Sie an diesem Teil der Übung Spaß haben, wenn Sie es versuchen. Machen Sie es sich leichter, indem Sie ein Spiel daraus machen; zum Beispiel das Doktorspiel; spielen Sie Forschungsreisender oder Bauchredner, wie ein ganz besonders erfinderischer Ehemann, den ich kenne.

»Als sein Penis dran war«, erzählte mir seine Frau, »nahm er ihn in die Hand und wedelte damit herum. Und dann sagte er mit einer ganz lustigen Stimme: ›Hey, ich bin Dick, Jonathans Schwanz. Kennen wir uns nicht von igendwoher?‹ Ich hätte mich wegschmeißen können vor Lachen.«

Die Genitalien des anderen kennenzulernen, ist eine der einfachsten, aber oft tiefgehendsten intimen Handlungen, die ich kenne.

»So schüchtern war ich nicht mehr, seit ich aus dem Teenageralter raus bin«, berichtete eine Frau. »Es war so, als hätten Clayton und ich uns zum erstenmal nackt gesehen, und das fühlte sich ... irgendwie unschuldig an, als würden wir etwas ganz Neues miteinander ausprobieren.«

Für diese Frau und ihren Mann war das Deuten und Aussprechen das Vorspiel zu einer neuartigen Intimität in ihrer Beziehung. Sie hatten nichts mehr voreinander zu verbergen.

»Das ist ja ganz toll, Dagmar, aber für mich hört sich das etwa so sexy an, als würden wir einen Schneemann bauen. Allmählich fühle ich mich, als wären wir in einem Labor und nicht im Ehebett. Sie sind offenbar wild entschlossen, den Sex auch noch der allerletzten Geheimnisse und jeglicher Romantik zu berauben.«

Nicht des Geheimnisses und der Romantik beraube ich den Sex, sondern nur der Scham und Angst. Mein Ziel ist, Sie gegenüber allen verborgenen oder offenen Aversionen zu desensibilisieren, die Sie gegenüber Ihren eigenen Genitalien oder denen Ihres Partners vielleicht haben. Indem Sie sich diese »Intimteile« ohne sexuellen Erfolgsdruck betrachten, können Sie in aller Ruhe Ihren Frieden mit ihnen machen. Sie sind nicht schmutzig oder abstoßend, weder häßlich noch gefährlich. Es sind wundervolle Körperteile, an denen Sie gemeinsam Spaß haben können. Der Sex verliert dabei nichts, aber die Liebe gewinnt.

❤

Wenn Sie nun beide im Bett sind, können Sie mit der ersten Sinnlichen Übung dieser Woche beginnen. Wie in der vergangenen Woche nehmen Sie sich auch diesmal je mindestens fünfzehn Minuten Zeit fürs Berühren beziehungsweise Berührtwerden. Und zwar überall, nur nicht an den Brüsten und Genitalien. Das Lieben ist eine Erfahrung des ganzen Körpers, nicht nur Sache der »heißen« Körperteile. Beim nächsten Mal verwenden Sie etwas Zeit auf die Brüste. Ganz ruhig. Schauen Sie nicht auf die Uhr. Seien Sie so kreativ, wie Sie *beide* mögen – mit Lippen, Zunge, einer Feder, Schlagsahne. Konzentrieren Sie sich wie immer auf Ihre eigenen Gefühle, nicht auf die Reaktionen Ihres Partners.

Wenn Ihr Partner bereit ist, wird er Ihre Hand nehmen und sie an seine Genitalien führen. Denken Sie daran, der oder die Berührte kontrolliert immer, wann, wie und wie lange er an den Genitalien berührt werden möchte. Damit meine ich nicht nur eventuelle Korrekturen; ich meine die ganze Zeit. Der/die Berührte trägt die ganze Verantwortung. Der/die Berührte ist der Lehrer.

Der Berührte sollte sich das Ganze so vorstellen, als würde er/sie sich mit Hilfe der Hand des Partners selbst stimulieren. Sie als einziger wissen, was Sie empfinden; Sie wissen, was Sie möchten. Jetzt holen Sie es sich. Bloß keine Scheu, Peinlichkeit oder Scham – gleich tauschen Sie die Rollen. Und sehen Sie: Sie sind dabei, Ihrem Partner etwas beizubringen, was er schon immer wissen wollte: wie er Ihnen das geben kann, was Sie brauchen.

Es ist wirklich traurig, daß ein Mensch Jahre in einer Beziehung leben kann und dabei ständig Angst hat, seinem Partner genau zu zeigen, was ihm Lust bereiten würde. Lieber würde er jahrzehntelang mit unerfüllten Wünschen leben, statt einfach die Hand seines Partners zu nehmen und es ihm zu zeigen. Es direkt auszusprechen kommt ihm zu egoistisch, selbstsüchtig vor oder schlimmer noch: zu offenkundig sinnlich. Aber was so wahnsinnig paradox ist, ist, daß sich seine Partnerin aller Wahrscheinlichkeit als Versager vorkommt, weil sie ihm so gerne ganz viel Lust bereiten würde, aber nicht weiß, wie.

Aber woher sollen wir das denn so genau wissen, wenn er es uns nicht sagt – oder besser noch: zeigt? Sollen wir das intuitiv erfassen?

»Ich dachte immer, genau darum ginge es bei der Liebe«, sagte eine junge Frau einmal zu mir. »Wenn er mich wirklich lieben würde, wüßte er doch, wo er mich wann berühren muß. Dann wüßte er doch, was mich anmacht.«

»Soll er etwa auch genau wissen, wann Sie niesen

müssen?« fragte ich zurück. »Und wann Sie Hunger kriegen und was Sie dann genau essen mögen? Geben Sie ihm doch eine Chance. Er steckt ja nicht in Ihrer Haut. Zeigen Sie ihm, was Sie sich wünschen. Nur dann kann er Ihnen doch zeigen, daß er Sie liebt, indem er genau das tut, was Sie möchten.«

Entschließen sie sich, diesem lächerlichen Geheimnis voreinander ein Ende zu bereiten. Von jetzt an zeigen Sie, was Sie wollen; kriegen Sie, was sie mögen; geben Sie ihrer Partnerin, was sie braucht. Und denken Sie dran: Was wir wollen, ändert sich ständig. Sie können die Bedürfnisse Ihres Partners nicht erahnen, aber Sie können Ihrem Partner immer mitteilen, was Sie sich gerade wünschen. So einfach ist das. Und Sie werden sich mehr lieben als je zuvor.

»Einen Moment, Dagmar, so einfach ist das doch wirklich nicht. Was ist zum Beispiel, wenn ich ihre Hand an meine Hoden lege und sie ausflippt? Glauben Sie wirklich, daß wir uns dann auch ganz wahnsinnig lieben können?«

Zugegeben, das ist ein Risiko. Aber ein Risiko, das Sie beide eingehen sollten. Und zwar gleich. Sonst kriegt vielleicht keiner von Ihnen je das Vergnügen, das Sie beide verdienen. Ich bin nicht der Meinung, daß Sie Ihre Partnerin zu irgend etwas zwingen sollten, was Sie nicht tun mag. Aber andererseits hat die Berührende auch eine große Chance, ihre eigenen Schamgefühle zu überwinden. Versuchen Sie, Ihre Hand als total passiv zu betrachten, wenn Ihr Partner sie dorthin führt, wo er sie haben will. Trennen Sie sich eine Weile von Ihrer Hand, stumpfen Sie sich ab. Wenn Ihre erste Nervosität und Ängstlichkeit nachlassen, lassen Sie das Gefühl allmählich wieder zu und konzentrieren Sie sich darauf, wie es sich anfühlt, die »verbotenen Flecke« zu berühren. Gar nicht so übel, oder? Einfach nur ein anderer Körperteil. Sehen Sie, so leicht und so schnell können

Sie sich von Ihren Hemmungen trennen. Wer weiß? Es kann durchaus sein, daß es Ihnen sogar Spaß macht. Gleich hier und jetzt. Und wenn nicht diesmal, dann vielleicht beim nächsten Mal.

Es gibt noch eine andere Gefahr, der Paare an diesem Punkt begegnen: Ein Partner erfährt, daß er seine Partnerin die ganzen Jahre über »falsch« berührt hat, und wird mürrisch und wehrt ab.

»Er hat sich immer gleich auf meine Klitoris gestürzt und härter und schneller an ihr rumgemacht, als mir lieb war. Er wollte mich unbedingt so schnell wie möglich zum Orgasmus bringen«, erzählte mir eine Frau in mittleren Jahren. »Das war jetzt meine Chance, ihm zu zeigen, wie ich es gerne habe – langsame, sanfte Kreise um meine Klitoris, bis sie unter der Haube hervorkommt und nicht mehr so empfindlich ist. Und dann mag ich es erst hart und schnell. Also habe ich seine Hand entsprechend geführt. Na, und plötzlich kriegt er einen Gesichtsausdruck, als hätte ich die Gefühle dieses kleinen Jungen mit Füßen getreten. Was für eine Enttäuschung. Da habe ich dann sofort die Sitzung abgebrochen.«

»Machen Sie sich keine Sorgen um ihn«, antwortete ich ihr. »Es ist bestimmt schwer, seine Reaktion zu ignorieren. Aber versuchen Sie es trotzdem. Dabei wird er vielleicht ein bißchen erwachsen und kann erkennen, daß er eine Chance kriegt zu erfahren, was Sie mögen und was nicht.«

ERSTE SITZUNG MIT BERÜHRUNG DER GENITALIEN

Beziehen Sie in dieser ersten Sitzung die Genitalien so ein, als wären sie ein x-beliebiger Körperteil, nicht erogener als ... sagen wir ein Ellbogen. Es geht nicht um Erregung. Es ist nur ein Ausweiten des

Deuten-und-aussprechen-Spiels. Wenn der Berührte auch nur entfernt nervös wird, braucht er keine Scheu zu haben, die Hand eine Weile wegzuschieben; wenn Sie dann wieder entspannter sind, holen Sie die Hand an die Genitalien zurück. Es geht darum, daß Sie sich rundum wohlfühlen.

»Dieses ganze Theater und immer noch kein Orgasmus? Wie lange soll ich diese Quälerei eigentlich noch aushalten müssen?«

Verzichten Sie noch ein letztes Mal auf den Orgasmus. (Wenn Sie das als Quälerei empfinden, können Sie die Doppelsitzung gern mit einer »Tandemmasturbation« beenden.) Aber im Moment möchte ich, daß Sie einfach mal erleben, wie es sich anfühlt, die Erregung richtig zu genießen. Konzentrieren Sie sich darauf, wie es ist, wenn sich die Erregung und die Lust in Ihrem Körper allmählich aufbauen. Spüren Sie, wie sich diese Gefühle über Ihren ganzen Körper ausbreiten – in Ihrem Bauch und den Schenkeln, Ihren Brüsten, Ihrem Anus, im Nacken, in den Fußspitzen. Indem wir immer direkt auf den Orgasmus abzielen, schließen die meisten von uns genau diese Empfindungen gewöhnlich kurz. Da diesmal aber kein Orgasmus auf dem Programm steht, können Sie ruhig langsam machen und die Lust, die Ihnen Ihr Partner gibt, in aller Ruhe genießen. Viele kriegen bei dieser Übung erst so richtig mit, worum es bei diesem ganzen Programm eigentlich geht. Sie lernen die letzte Lektion über das sinnliche Vergnügen: daß es kein Mittel zum Zweck, sondern ein Zweck als solcher ist.

»Ich glaube, ich war noch nie in meinem Leben so erregt«, berichtete mir ein Ehemann, nachdem er diese Übung mit seiner Frau zum erstenmal gemacht hatte. »Ich hatte Empfindungen, die mir total neu waren. Mein ganzer Körper vibrierte. Logo, ein Teil von mir wollte unbedingt kommen, aber andererseits wollte ich auch nicht, daß diese Gefühle jemals aufhören.«

»Beim nächsten Mal dürfen Sie den Kuchen essen und behalten«, versprach ich ihm. »Aber dann werden Sie wissen, daß es nichts bringt, im Eilschritt zum Orgasmus vorzudringen.«

Der wesentliche Unterschied zwischen miteinander schlafen und sich lieben besteht darin, bei der Erregung verweilen zu können. In einem verlängerten Stadium der Erregung fließen sexuelle und emotionale Empfindungen zusammen.

»Bevor Sie sich weiter hinreißen lassen, gestatten Sie wohl noch eine Frage: Was passiert, wenn sie meine Genitalien streichelt und mich das nicht erregt? Was, wenn ich keine Erektion kriege? Wenn es da überhaupt keine Erregung gibt, bei der ich verweilen könnte?«

Machen Sie sich darüber keine Sorgen. Genießen Sie nur Ihre Lust. Und wenn Sie immer noch nervös sind, dürfen Sie einfach die Hand Ihrer Partnerin an einen anderen Körperteil führen. Das hier ist kein Wettbewerb, keine sportliche Herausforderung. Manche von Ihnen werden mehrere Sitzungen benötigen, bevor sie so entspannt sind und sich so wohl fühlen, daß sie bei dieser Übung erregt werden. So etwas wie einen bestimmten Punkt, an dem Sie erregt sein sollten, gibt es nicht.

ZWEITE SITZUNG MIT BERÜHRUNG DER GENITALIEN

Wenn Sie beide schon bei der ersten Übung unter Einbeziehung der Genitalien sexuell erregt waren, wird es jetzt Zeit, daß Sie mit dieser Erregung experimentieren – spüren, wie sie sich aufbaut, abklingt, sich wieder aufbaut. Denken Sie nicht, daß ich da ein perverses Spiel mit Ihnen treibe; es ist einfach nur eine Möglichkeit, Ihre Lust zu verdoppeln, zu verdrei- und vervierfachen. Aber bevor ich Ihnen erkläre, wie Sie mit Ihrer Erregung »spielen« können, möchte ich Ihnen versichern, daß Sie diesmal einen Orgasmus haben dürfen. Aber versuchen Sie trotzdem, ihn solange wie möglich aufzuschieben. Wenn Sie unbedingt ein Ziel brauchen, sollte es so aussehen: Sie versuchen herauszufinden, wie lange Sie erregt sein können, bevor Sie zum Höhepunkt kommen.

Wie bei Ihrer ersten Sitzung mit Berührung der Genitalien sollte der Berührte dafür Sorge tragen, daß er am ganzen Körper recht ausführlich liebkost wird, bevor es an Brüste und Genitalien geht. Wie zuvor ist der Berührte wieder ganz dafür verantwortlich, wo und wie er berührt wird; nehmen Sie die Hand des Partners in die ihre und führen Sie sie im Genitalbereich. Aber wenn Sie sich diesmal ein wenig in der Erregung gesonnt haben, schieben Sie die Hand an einen anderen Körperteil, um die Erregung abklingen zu lassen. Für Männer bedeutet das, die Erektion schwächer werden zu lassen, bevor die Partnerin wieder den Penis berührt.

»Und wieder ganz von vorne anfangen? Haben Sie sich jetzt noch eine neue Tortur für uns einfallen lassen?«

Keine neue Tortur – nur eine neue Sicherheit! Denn – siehe da – Ihre Erregung (und Ihre Erektion) kommt immer wieder. Wieder und wieder. Jeder Mann braucht diese Sicherheit von Zeit zu Zeit – ob er jemals »versagt« hat oder nicht. Fast jeder Mann hat die Angst, er könnte seine Erektion verlieren, und zwar *für immer.* Die Nervosität, die sich aus dieser Angst ergibt, ist einer der Hauptgründe dafür, daß Männer dazu neigen, mit Siebenmeilenstiefeln durch den Sex zu rasen: Sie wollen ihren Orgasmus haben, bevor die Erektion sie verläßt. Wieder einmal werden die Gefühle den Ängsten geopfert, die im sexuellen Bereich existieren. Diese

Übung lindert diese Ängste auf die einfachste Weise, die ich mir vorstellen kann: Sie beweisen sich selbst, daß Ihre Erektion wieder da ist, wenn Ihnen danach ist.

Viele Frauen haben im Grunde ähnliche Ängste. Sie sind fest davon überzeugt, daß sie die ganze Nacht keine Lust mehr haben, wenn die Erregung einmal vorbei ist. Tschüs und bis zum nächsten Mal. Wenn sie dann glauben, sie hätten die letzte Chance für befriedigenden Sex in dieser Nacht verpaßt, nur weil ihr Mann eine Pause gemacht hat oder die Hand gewechselt hat, können sie ziemlich unfreundlich werden. Wie schade. Auch bei einer Frau muß die Erregung nicht für immer verschwinden. Sie verlieren »sie« nicht. Gut, sie nimmt etwas ab; Ihre Klitoris ist vielleicht eine Weile lang ein bißchen weniger durchblutet und weniger empfindlich. Aber die Erregung wartet nur darauf, wieder »geweckt« zu werden, wenn Ihr Partner sie wieder stimuliert. Und dann vielleicht sogar auf einer höheren Stufe. Nehmen Sie die Hand Ihres Partners dann wieder weg. Und wieder zurück. Die Erregung kann immer noch höhere Stufen erreichen. Wenn Sie dann ganz sicher sind, daß die Erregung während dieser »Pausen« nicht verschwindet, wird es Ihnen viel leichterfallen, sie zu genießen und nicht zum Orgasmus zu hetzen.

»Mein ganzes Leben lang habe ich mir den Orgasmus wie einen Kupferring am Karussell vorgestellt«, erzählte mir eine Frau, nachdem sie diese Übung gemacht hatte. »Wenn ich ihn nicht beim erstenmal erwischte, würde ich vielleicht nie mehr rankommen. Wenn ich dann also erregt war, habe ich mich immer gleich angestrengt, so schnell wie möglich zum Höhepunkt zu kommen. Jetzt weiß ich erst, was ich die ganzen Jahre über verpaßt habe. Zum Beispiel wirklich machtvolle Orgasmen – die, die man stundenlang vorbereitet.«

Dieses Aufbauen und Abklingenlassen der Erregung ist auch ein Segen für die Frauen, die immer meinten, sie brauchten zu lange, um zum Orgasmus zu kommen. Viele von ihnen hatten sich angewöhnt, einfach aufzugeben, wenn sie nicht innerhalb einer bestimmten Zeit zum Höhepunkt kamen. Wenn sie jetzt lernen, »die Reise zu genießen«, kommen sie fast immer zum Orgasmus.

Wenn Sie dann schließlich an den Punkt kommen, an dem Sie sich nicht mehr zurückhalten können und kommen wollen, lassen Sie die Hand bis zum Ende auf der Ihres Partners. Und auch noch danach. Die meisten von uns empfinden es nämlich als unangenehm oder sogar schmerzhaft, wenn die Klitoris beziehungsweise die Eichel unmittelbar nach dem Orgasmus stimuliert wird. Aber vielen widerstrebt es, die Hand dann wegzuschieben, weil sie Angst haben, die »Stimmung zu verderben« oder den Partner zu verletzen. Unsinn. Es liegt immer noch alles in Ihrer Verantwortung, und Ihr Partner möchte immer noch wissen, was Ihnen am meisten Spaß macht. Vielleicht möchten Sie jetzt in den Arm genommen werden. Oder vielleicht am Rücken oder am Po oder an den Beinen berührt werden. Die Sitzung muß ja noch nicht zu Ende sein, nur weil Sie Ihren Orgasmus hatten. Genießen Sie das Vergnügen auch weiterhin. Lassen Sie Ihre Gefühle fließen.

Ich finde es wichtig, daß alle Frauen wissen, daß viele Wege zum Orgasmus führen, nicht nur der Geschlechtsverkehr. So bekommen Sie und Ihr Partner verschiedene Wahlmöglichkeiten, und diese Wahlmöglichkeiten können Sie beide von so mancher Last befreien. Ein Orgasmus auf dem Wege der manuellen Stimulation durch Ihren Partner sollte eine dieser Wahlmöglichkeiten sein. Die Hand ist immer da, ob er selbst nun gerade Lust auf Sex hat oder nicht.

Wenn es Ihnen schwerfällt, mittels der Hand Ihres Partners zum Orgasmus zu kommen, versuchen Sie es zunächst mit Ihrer eigenen. Er sollte währenddessen seine Hand auf Ihrer lassen. Es kann durchaus sein, daß Sie es mehrmals versuchen müssen, bevor Sie sich so wohl fühlen, daß Sie loslassen können und einen Orgasmus bekommen. Beim nächstenmal legen Sie seine Hand auf die Haube Ihrer Klitoris. Halten Sie seine Hand und reiben Sie sich daran. Auf diese Weise üben immer noch Sie die Kontrolle aus. Beim nächstenmal können Sie ihm dann die Stimulation überlassen. Aber auch dann kann es natürlich sein, daß Sie ein paar Anläufe brauchen, bevor Ihnen alles so geheuer ist, daß Sie zum Orgasmus kommen können.

Da wir gerade von Wohfühlen reden. Männer: Wenn Sie die Klitoris Ihrer Partnerin liebkosen, streicheln Sie sie nur mit den Fingern. Stützen Sie sich auf die Handgelenke. Es hat ja keinen Sinn, wenn Sie schon kaputt sind, bevor das Vergnügen richtig anfängt.

Da lasse ich mich nun also doch über Sexualtechniken aus. Und dabei habe ich doch geschworen, daß Technik nur etwas für Sexualmechaniker ist, aber nichts für Liebende. Aber glauben Sie mir, *diese* Techniken sind von der Art, die Ihnen die Nervosität nimmt und Ihnen ermöglicht, daß Ihre anderen Gefühle durchkommen – besonders die liebevollen Gefühle.

»Seit ich schließlich gelernt habe, einen Orgasmus von seiner Hand zu bekommen, fühle ich mich nicht mehr so abhängig von seinen Stimmungen«, erzählte mir eine Ehefrau. »Ich muß jetzt nicht mehr warten, bis er erregt ist, wenn ich Lust habe. Ich kann ihn immer um einen Orgasmus bitten, wenn mir danach ist. Dieses Wissen allein macht mich zu einer glücklichen – und liebenden – Frau.«

Wenn Sie sich während Ihrer letzten Sitzung beide wohl in Ihrer Haut gefühlt haben, können Sie diesmal probieren, ob Sie die Grenzen noch weiter vorschieben können. Vielleicht möchten Sie wieder einmal den Ort wechseln. Sagen wir ins Wohnzimmer, wo der Berührende sich auf den Teppich vor dem Sofa kniet, während sich die Berührte genüßlich mit gespreizten Beinen hinlegen kann. Lassen Sie sich was einfallen. Benutzen Sie Utensilien – eine Federboa, einen Pelzmantel, Duftöle. Als Vorspiel zum oral-genitalen Kontakt möchten Sie die Genitalien Ihres Partners vielleicht mit etwas so Leckerem wie Preiselbeermarmelade oder Eischaum »garnieren«. Versuchen Sie's ruhig.

Viele Menschen macht der Gedanke an oral-genitalen Kontakt einfach aus dem Grunde nervös, weil sie denken, die Genitalien ihres Partners seien nicht sauber. Ich habe eine subtile Methode, mit dieser Angst fertigzuwerden: Waschen Sie ihn einfach! Genau: Nehmen Sie Ihren Partner mit unter die Dusche, schrubben Sie ihn ab – besonders seinen Penis, und vergewissern Sie sich, daß er rundum sauber ist. Aber ich warne Sie: Manche von Ihnen werden dabei so viel Spaß haben, daß Sie im Bad bleiben, bis kein warmes Wasser mehr fließt.

Ich kenne eine Frau, hoch in den Sechzigern, die ihr ganzes erwachsenes Leben lang von oral-genitalem Verkehr geträumt hatte, die sich aber nicht traute, ihren Mann darum zu bitten, weil sie sich nicht überwinden konnte, es ihm auf diese Weise zu machen – alles nur, weil sie meinte, Genitalien seien unsauber und »nicht zum Verzehr geeignet«. Ich schlug ihr und ihrem Mann vor, sich mit einem Stück Seife unter die Dusche zu begeben. Mehr brauchte sie nicht, um ihre Hemmungen so weit abzubauen, daß sie sich endlich ihren langgehegten heimlichen Wunsch erfüllen konnte.

»Aber jetzt haben wir ein neues Problem«, sagte mir ihr Mann. »Jetzt läßt sie mich nie mehr allein unter die Dusche.«

Tasten Sie sich auch in dieser dritten Sitzung allmählich an Brüste und Genitalien heran. Bloß keine Eile. Sie wissen jetzt ja schon, daß auf jeder Station Ihres Weges großes Vergnügen auf Sie wartet. Berührte(r), behalten Sie die Kontrolle, Hände auf der Hand des Partners, vor allem im Genitalbereich. Spielen Sie mit der Erregung. Lassen Sie sie sich entwickeln. Wenn Sie mögen, daß Ihr Partner Ihre Genitalien mit den Lippen und dem Mund berührt, ziehen Sie ihn sanft zu sich hin. Nehmen Sie seinen Kopf in die Hand und führen Sie ihn genau an die Stelle, an der sie ihn haben wollen. Zeigen Sie ihm durch Ihre Bewegungen, ob er schneller oder langsamer werden soll, und schieben Sie den Kopf weg, wenn es Ihnen unangenehm wird. Das mag eine Grenzüberschreitung sein, aber Sie geben die Kontrolle nie aus der Hand.

Frauen, die nie mehr als einen Orgasmus hatten, haben jetzt eine wunderbare Gelegenheit, das zu ändern. Der Schlüssel zu dieser Erfahrung ist wie immer die Tatsache, daß Sie selbst das Experiment unter Kontrolle behalten. Führen Sie Ihren Partner richtig. Schieben Sie seinen Kopf unmittelbar nach dem ersten Orgasmus weg und ziehen Sie ihn erst wieder zu sich hin, wenn Sie spüren, daß sich Ihre Klitoris wieder unter ihr Häubchen zurückzieht. Genießen Sie diesmal Ihre Erregung so lange wie möglich, aber lassen Sie einen zweiten Orgasmus zu. Manche Frauen denken, daß nur besonders talentierte Frauen multiple Orgasmen haben können. Dem ist nicht so. Die einzige »Begabung«, die Sie brauchen, ist der Glaube, daß Sie Lust verdienen, und die Bereitschaft, sie zu empfangen. Zu dieser Begabung können Sie sich selbst verhelfen – mit ein bißchen Hilfe von Ihrem Freund.

❤

Vielen Paaren wird es nicht ganz leichtfallen, zu den »genitalen« Sitzungen überzugehen. Plötzlich ist aus diesen »Liebes-Sitzungen« wieder »richtiger Sex« geworden, und plötzlich kommen bei vielen die alten Ängste wieder hoch. Vielleicht ertappen Sie sich dabei, daß Sie wieder die alten Vermeidungstechniken einsetzen, um mit diesen Ängsten umzugehen: daß Sie sich streiten, bevor die Sitzung anfangen soll, oder, schlimmer noch, daß Sie ganz und gar »vergessen«, überhaupt damit zu beginnen. Dieser Widerstand bedeutet nichts anderes, als daß Sie kurz vor der Veränderung stehen. Geben Sie jetzt nicht auf. Diese Übungen können Ängste und Probleme zutage spülen, die Ihnen nie zuvor bewußt waren. Über sie hinauszugehen ist die einzige Möglichkeit, daß Sie – und Ihre Beziehung – wachsen können.

SECHSTE WOCHE

Jetzt werden die meisten von Ihnen bereits aus Erfahrung wissen, was sich hinter der Behauptung verbirgt, der Schlüssel zur Intimität sei Egoismus und Kontrolle der Schlüssel zum Fließen der Gefühle. Das sind also doch keine Paradoxe, sondern das Geheimnis, wie man Lust empfängt und gibt, das Geheimnis des Liebens.

In den vergangenen fünf Wochen waren Sie immer abwechselnd Gebende(r) und Empfangende(r). Sie haben herausgefunden, daß Sie nicht »kaputtgehen«, nicht »verschlungen« werden oder »vor Scham sterben«, wenn Sie sich unbegrenztes »sinnloses Vergnügen« gönnen. Im Gegenteil. Die meisten Menschen empfinden sich als intakter, lebendiger und liebevoller. Wenn es an Ihnen war, »passiv« zu sein, haben Sie gelernt, sich auf Ihre eigenen Gefühle und Empfindungen zu konzentrieren, statt ständig die Reaktionen Ihres Partners zu beobachten. Sie sind das befreiendste aller Risiken eingegangen: haben Ihrem Partner erlaubt, von Ihnen getrennt zu existieren. In der kommenden Woche besteht nun der Trick darin, sich weiterhin so »egoistisch« auf sich selbst zu konzentrieren, während Sie wieder zum gemeinsamen, gleichzeitigen Lieben zurückkehren.

Aber zunächst ein Wort zur Gleichzeitigkeit. Irgendwann wurde die romantische Liebe einmal mit der absurden Vorstellung verknüpft, Liebende sollten immer alles zur gleichen Zeit tun und empfinden. Wenn sie mein Gesicht liebkost, muß ich es auch bei ihr tun. Wenn sie erregt ist, muß ich natürlich auch erregt sein. Und wenn sie einen Orgasmus hat, muß ich selbstverständlich auch einen bekommen. Und zwar genau zur selben Zeit. Der einzige »richtige« Orgasmus ist der gemeinsame. Sonst ist die Liebe nicht komplett. Sonst machen wir etwas falsch.

Quatsch!

Für mich heißt wirkliche Intimität, daß sie uns erlaubt, vom passiv Empfangenden zum aktiv Gebenden zu werden und umgekehrt. Tatsache ist, daß man sich nie so vollständig auf vergnügliche Empfindungen konzentrieren kann, wie wenn man sie einfach passiv aufsaugt. Andererseits liegt in der Gegenseitigkeit natürlich auch ein spezieller Reiz. Wenn er mich berührt, möchte ich ihn auch berühren, und immer so weiter. Das ist etwas total anderes als zwanghafte Reaktionen. Sie reagieren auf Ihre eigenen Empfindungen und nicht auf irgendein Pflichtgefühl. Sie konzentrieren sich immer noch auf das, was Sie selbst fühlen, und nicht auf das, was Sie glauben, was Ihr Partner fühlt.

Wenn Sie in der kommenden Woche Ihre Sinnlichen Übungen machen, beginnen Sie mit dieser Gegenseitigkeit zu spielen. Sie werden immer noch abwechselnd Berührender und Berührter sein, und der Berührte wird immer noch die Kontrolle haben. Aber wenn ihm jetzt danach ist, darf er reagieren. Er kann auch selbst berühren. Aber in dem Moment, in dem er bemerkt, daß er den Kontakt zu seinen eigenen Empfindungen verliert, sollte er sich so lange vollständig auf die Passivität zurückziehen, bis er wieder ganz bei sich ist. Nähern Sie sich den Brüsten und Genitalien wieder ganz allmählich. Halten Sie sich so lange wie möglich bei jeder einzelnen Empfindung auf. Wenn Sie zu den Genitalien kommen, werden viele von Ihnen wahrscheinlich lieber abwechselnd Gebender und Empfangender sein, statt ihre Konzentration mit dem Ziel eines gleichzeitigen Orgasmus zu verwässern. Keine Sorge. Das hat nur zu bedeuten, daß Sie mehr Spaß aneinander haben als je zuvor. Sie lieben die Lust, die Sie sich gegenseitig bescheren. Und Sie fühlen sich so frei, daß Sie sich auch soviel Vergnügen wie irgend möglich nehmen können.

»Ich fühlte mich wie das Mädchen in *Dirty Dancing*«, gestand mir eine Frau in diesem Stadium der Übungen. »Diese ganzen Jahre über habe ich im Bett die ›richtigen Schritte‹ gemacht, aber es war, als hätte jemand anders die Choreographie zusammengestellt. Ich mußte nur auf meinen Herzschlag hören, meinen eigenen Gefühlen nachspüren, und dann war ich plötzlich mitten in meinem Körper, ›tanzte‹, ohne darüber nachzudenken. Ich glaube, das hat was mit Liebe zu tun, oder?«

Allerdings.

In Asien gibt es Yogis, die empfehlen, daß sich während der ersten Stunde des Geschlechtsverkehrs keiner der Partner bewegen sollte. Das nenne ich die Erregung herauszögern! Nun, bevor irgend jemand aufgrund dieser Information in Konkurrenzängste kommt, möchte ich nur daran erinnern, daß ebendiese Yogis auch auf einem Nagelbett dösen können; sie haben ihr ganzes Leben damit verbracht, ihren Körper unter Kontrolle zu bekommen. Trotzdem ist das Wissen, daß es Menschen gibt, die so lange lieben können, ganz wichtig für uns. In der westlichen Welt haben sich zu viele auf das andere Extrem, die Einminutensexualität, verlegt: Sowie der Verkehr beginnt, nehmen wir blitzschnell und wie angestochen Kurs auf den Orgasmus. Und dabei verpassen wir den größten Teil der Lust, den wir auf dem Weg dorthin hätten bekommen können – sinnliche und emotionale genau wie sexuelle Lust.

Das wollen wir jetzt alles ändern.

Aber bevor ich Ihnen ein paar meiner eigenen Yogatricks verrate, möchte ich noch versuchen, die sprachliche Verwirrung ein wenig aufzulösen, die uns alle seit Jahren plagt: die absurde Vorstellung, der Geschlechtsverkehr sei die einzige Aktivität, die sich zum »Lieben« eignet.

Für mich ist alles, was Sie in den vergangenen sechs Wochen gemacht haben, Lieben – inklusive der Sinnlichen Übungen ohne Orgasmus. Der Geschlechtsverkehr ist einfach eine weitere Wahlmöglichkeit, eine andere Methode, wie Sie sich gegenseitig Vergnügen bereiten können, ein anderer Weg zur Intimität. Der Geschlechtsverkehr ist aber nicht das Ziel dieses Programms, weder Ihre schwerste Übung noch die große Belohnung. Ihre Belohnung sind Gefühle, wie auch immer sie zum Fließen gebracht werden. Das nenne ich Lieben.

❤

Auch in der ersten Sitzung dieser Woche gehen Sie wieder langsam alle Stufen durch, bevor Sie die Genitalien berühren. Lassen Sie nichts aus, keinen Teil Ihres Körpers, keine einzige Empfindung. Sie haben seit mehr als vier Wochen nicht mehr miteinander geschlafen, deshalb nähern wir uns dem Geschlechtsverkehr jetzt langsam und aus einem neuen »Blickwinkel«. Die Zeit für das, was ich den »kleinen Höflichkeitsbesuch« nenne, ist gekommen.

Wenn Sie beide eine nicht zu kurze Zeit lang mit der Erregung gespielt haben, legt sich der Mann flach auf den Rücken und die Frau hockt sich über ihn. Dann nehmen Sie seinen Penis in einem Winkel von fünfundvierzig Grad zu seinem Oberkörper und führen nur die Spitze in Ihre Vagina. Machen Sie es wie die Yogis – keiner bewegt sich. Konzentrieren Sie sich auf jede einzelne Empfindung. Verharren sie eine Weile in dieser Stellung, und nehmen Sie dann seinen Penis wieder raus. Das war's. Der erste »Höflichkeitsbesuch« ist vorbei. Streicheln Sie sich wieder. Vielleicht haben Sie später Lust auf einen weiteren Besuch, aber widerstehen Sie der Versuchung, den Penis ganz einzuführen. Zögern Sie die Erregung so lange Sie können heraus, bevor Sie zum Orgasmus kommen; es versteht sich von selbst, daß es diesmal kein Orgasmus durch Geschlechtsverkehr wird.

Dieser »kleine Höflichkeitsbesuch« hört sich ganz simpel an und vielleicht auch ein bißchen dümmlich, aber viele Männer und Frauen haben mir berichtet, daß sie dabei fast wieder Gefühle wie beim »ersten Mal« hatten. Sie konnten sich auf das Wunder konzentrieren, genitalen Kontakt miteinander zu haben, ohne sich sofort auf den Orgasmus zu konzentrieren, den dieser Kontakt angeblich auslösen soll.

»Ich hatte fast vergessen, was für ein wohltuender Schock es ist, einen Penis in mir drin zu haben«, erzählte mir eine Frau mit einem leisen Lachen. »Echt wahr, ich habe mich gefühlt wie eine sechsundvierzigjährige Jungfrau.«

Diese Frau stimmte sich allmählich wieder auf Empfindungen ein, die sie vor Jahren abstumpfender sexueller Routine geopfert hatte.

»Hören Sie, ich bin aber kein Yogi. Und was ist, wenn ich während dieses bewegungslosen ›Höflichkeitsbesuchs‹, von dem Sie uns da dauernd erzählen, meine Erektion verliere?«

Das einzige, was geschieht, ist, daß Sie sich gestatten, an Ihren Gefühlen Spaß zu haben – und zwar beide. Ihr Penis wird nicht in dem Moment fühllos, in dem er weicher wird. Aber ich bin sicher, daß Sie mittlerweile entdeckt haben, daß das Lieben nicht zu einem abrupten, jämmerlichen Ende kommen muß, sowie die Erektion Anstalten macht nachzulassen. Sie kommt schon wieder – aller Wahrscheinlichkeit nach sofort, wenn Sie aufhören, sich darüber den Kopf zu zerbrechen, und sich wieder auf das konzentrieren, was Sie fühlen.

Aber ich vermute, daß Sie überrascht sein werden, wenn Sie herausbekommen, daß Ihr Penis nicht pausenlos stimuliert werden muß, um die Erektion zu halten. Die Empfindungen existieren auch so – das ist es, was wir von den Yogis lernen können. Sie müssen sich einfach entspannen und darauf konzentrieren.

❤

In der nächten Sitzung wiederholen Sie den »kleinen Höflichkeitsbesuch«, führen aber den Penis ganz allmählich vollständig ein. Wiederum gilt: keine Bewegung. Konzentrieren Sie sich auf Ihre Empfindungen. Spüren Sie, wie er in Ihnen pulsiert. Spüren Sie die Hoden Ihres Mannes... Spüren Sie, wie Sie sie ausfüllen. Spüren Sie Ihre Wärme und weiche Feuchtigkeit... Gucken Sie hin. Für viele von Ihnen wird es vielleicht das erste Mal sein, daß Sie sich so vereint sehen. Im Laufe der Jahre haben Sie sich vermutlich daran gewöhnt, den Sex unter der Bettdecke, im Dunkeln oder mit geschlossenen Augen zu machen – vor lauter Hemmungen, visuell anzuerkennen, was sich »da unten« abspielt. Jetzt sind Sie an dem Punkt angekommen, an dem Sie sich gestatten können, an diesem Anblick Spaß zu haben. Dadurch wird Ihre Sexualität auf eine Art und Weise wirklich, die Sie noch gar nicht kennen. Letzte Schleier der Ablehnung fallen. *Es geschieht in diesem Augenblick.* Das kann ein unglaublich erotischer Moment sein. Und ein Moment intensiver Intimität.

»Zum erstenmal habe ich gespürt, daß sein Penis wirklich für mich da war«, erzählte mir eine jungverheiratete Frau. »Ich fühlte mich wie eine liebenswürdige Gastgeberin, die ihn eingeladen hatte, und ich konnte ihn bitten, mein Haus zu verlassen, wann immer mir danach war. Auch das hatte etwas mit mir zu tun – es war nichts, was mir zustieß.«

Diese Frau hatte gerade wahrgenommen, daß sie bis zu diesem Zeitpunkt das Eigentumsrecht an ihrer Vagina immer abgegeben hatte, wenn es zum Geschlechtsverkehr kam. Wie so viele andere Frauen auch, hatte sie unterstellt, daß der Verkehr im Grunde etwas für den Mann war. Und der Zorn darüber, von ihm eingenommen und kontrolliert zu werden, hatte sie von ihren liebevollen Gefühlen ihm gegenüber abgeschnitten. Dieser einfache kleine Besuch wurde zur liebevollsten Interaktion, die sie seit Jahren gehabt hatten. Plötzlich gehörte ihr ihre Vagina wieder – sie war auch zu *ihrem* Vergnügen da. Endlich war sie fähig, sie zum Lieben zu benutzen.

❤

Jetzt wird es Zeit, »den ganzen Weg« zu beschreiten. Sie dürfen anfangen, sich zu bewegen. Bis zum Orgasmus. Sie müssen sich nicht mehr zurückhalten. Wieder ist die Frau aufgefordert, oben zu sein und das Einführen des Penis zu übernehmen. In den meisten Fällen hatte der Mann früher die meiste Kontrolle über den Geschlechtsverkehr, und jetzt ist es die Frau, die die Aufsicht übernimmt. Mehr Frauen haben einen Orgasmus, wenn sie oben sind, weil sie sich dann freier fühlen. Für die Männer ist das eine Chance, sich in ihrer Passivität zu suhlen. Genießen Sie den Anblick und lassen Sie sie die Arbeit machen.

Eine Frau, die niemals zuvor oben gewesen war, beschreibt mir ihr erstes Erlebnis dieser Art so: »Als ich mich endlich dazu aufgerafft hatte, auf ihn zu klettern, bekam ich ein gewaltiges Machtgefühl, und das fing an, mich richtig zu erregen. Ich sah Bob an. Er lächelte und feuerte mich an. Zum erstenmal seit unserer Heirat vor einer Million Jahren kam ich mit ihm in mir. Mein Gott, mir war, als hätte ich mich wieder ganz neu in ihn verliebt.«

❤

In Ihrer nächsten Sitzung führen Sie den Penis in der Seitenlage ein, mit soviel Bewegungsfreiheit für beide wie möglich. (In dieser Stellung hat die Frau ein Bein auf ihrem Partner und eines unter ihm. Ziehen Sie das untere Bein in seine Hüfthöhle, damit Sie sich nicht gegenseitig an den Knochen wehtun.) Bewegen Sie sich einen Moment lang nicht, und wenn Sie sich dann allmählich zu bewegen anfangen, konzentrieren Sie sich auf Ihre Empfindungen und Gefühle, und nicht auf irgendeine Vorstellung davon, wie Sie meinen, daß Sie sich bewegen sollten, oder was Sie glauben, wie Ihr Partner möchte, daß Sie sich bewegen. Hören Sie auf Ihren Herzschlag. Sie sind allein – zusammen.

❤

Hier hören meine Instruktionen und Rezepte auf. Wie ich am Anfang dieses Buches schon sagte, glaube ich nicht an sexuelle Techniken als solche. Ich empfehle keine besonders »erotischen« Stellungen und auch keine abgezirkelten erogenen Zonen. Ich schlage Ihnen noch nicht einmal vor, es am Kronleuchter baumelnd zu versuchen – das überlasse ich meinen athletischer gesonnenen Fachkollegen. Ich glaube nicht, daß es irgendwelche »geheimen Lüste« gibt, die Sie nicht selbst entdecken könnten. Sie selbst sind die »Experten«. Nun, da Sie sich frei und ohne Scham auf Ihre eigenen Empfindungen einstellen können, wissen Sie ganz genau, welche Lust Sie haben wollen und wo und wann und wie Sie sie wollen. Gücklicherweise wird diese Lust nie mehr ein Geheimnis sein – schon gar nicht für den Partner, den Sie lieben.

SECHZEHNTES KAPITEL

Wie Sie sich lieben

»Mir ist nach Feiern zumute«, sagen mir die Leute oft, wenn sie am Ende des Programms noch einmal zu mir kommen. »Eine Party möchte ich geben! Oder besser noch eine zweite Hochzeitsfeier arrangieren! Mir ist so, als würden wir unsere ganze Beziehung ganz von vorne anfangen!«

Das sind die Sternstunden meiner Arbeit. Mir kommen immer noch die Tränen, wenn ich sehe, daß der Prozeß wieder einmal funktioniert hat und daß zwei Leute gelernt haben, richtig Vergnügen aneinander zu haben. Eine Weile gebe ich mich dann immer der Phantasie hin, daß Cupido letzten Endes doch Sexualtherapeut ist.

Und tatsächlich hat ein Paar in diesem Moment allen Grund, ihre Beziehung zu feiern. Ein kleiner Urlaub ist völlig in Ordnung, wenn auch vielleicht nur eine Übernachtung in einem Hotel der Stadt, in der Sie leben. Aber mehr haben Sie vermutlich davon, wenn Sie sich entscheiden, Ihr Heim liebevoller und sinnlicher zu gestalten.

»Ich wollte, daß wir uns zur Feier des Tages etwas Besonderes leisten«, erzählte mir eine Frau am Telefon. »Also ging ich los und kaufte uns schwarze Seidenbettwäsche. Und dann ertappte ich mich dabei, daß ich noch in die Wäscheabteilung ging und mir ein dazu passendes schwarzes Seidennachthemd kaufte.«

Ihr Mann überraschte sie am selben Abend auch mit einem Geschenk – mit einer Schallplatte: dem *Bolero* von Ravel.

»Das sei jetzt sein neues Leitthema, meint er«, erzählte mir seine Frau lachend. »Er sagt, der *Bolero* fängt ganz langsam an und baut die Erregung dann länger auf als jedes andere Musikstück, das er kennt.«

Viele Frauen und Männer haben mir erzählt, daß sie sich zur Feier ihrer neuen Sinnlichkeit neue Kleidungsstücke gekauft haben, die sich weich und sinnlich anfühlen. Oder Badeöle und -zusätze für lange, sinnliche Wannenbäder.

»Es ist mir nie schwergefallen, mein Geld für mich selbst auszugeben«, sagte eine dieser Frauen. »Ich konnte mir irgendwelche Kostüme fürs Geschäft kaufen, die hohe dreistellige Dollarbeträge kosteten, aber irgendwie habe ich es nie fertiggebracht, mir ein paar Seidenhöschen zu kaufen, einfach nur, weil sie sich gut anfühlten. Und gestern bin ich losgezogen und habe ein ganzes Dutzend davon erstanden – jedes in einer anderen Farbe.«

Ein Mann kam zu dem Schluß, daß er und seine Frau einen kleinen Kühlschrank brauchten, um ihr »sinnliches Schlafzimmer« zu komplettieren, »einen, den man plündern kann, wenn man nackt im Bett liegt, ohne Sorgen haben zu müssen, daß die Kinder einen sehen«.

»Wir brauchen ihn in Wirklichkeit, um seinen Vorrat an Schlagsahne aufzubewahren«, fügte seine Frau schmunzelnd hinzu. »Seit wir in der zweiten Woche der Übungen damit angefangen haben, ist Schlagsahne zum unverzichtbaren Bestandteil unseres Liebeslebens geworden.«

Ein anderer Mann ging geradewegs in die Eisenhandlung, um sein Heim mit seiner Frau für ihr neuentdecktes Liebesleben »umzubauen«.

»Ich habe Vorhängeschlösser für jede Tür des ganzen

Hauses gekauft, auch für die Küche und das Eßzimmer«, erzählte er mir. »Das hört sich für manche Leute vielleicht nicht gerade romantisch an, aber Jennifer war darüber begeisterter, als wenn ich ihr zwölf rote Rosen mitgebracht hätte. Endlich können wir uns in jedem Zimmer lieben, ohne daß irgendein Junior reinkommt und uns stört.«

In derselben Absicht kaufte ein anderer Mann Jalousien fürs Wohnzimmer.

»Ich habe das Sofa für unser Liebesleben reklamiert«, erklärte er mir lächelnd. »Obwohl es mir natürlich leidtut, die Nachbarn enttäuschen zu müssen.«

Andere Paare haben mir erzählt, daß sie zwar ihre neugewonnene Intimität feiern, aber Angst haben, sie könne nicht von Dauer sein.

»Nichts Gutes hat jemals lange vorgehalten«, erzählte mir eine junge Frau, die während der Übungen zum erstenmal mit ihrem Mann zum Orgasmus gekommen war. »Ich habe wahnsinnige Angst, daß wir bald wieder in unsere alte Abgestumpftheit zurückfallen werden.«

»Sie können sich bis an Ihr Lebensende auf diese neue Art lieben«, versicherte ich ihr. »Sie müssen nur daran denken, daß Sie jederzeit wieder mit Übung eins anfangen können. Ihre Gefühle warten nur auf Sie.«

Tatsächlich treten bei vielen Paaren am Ende des Programms wieder dieselben alten Probleme oder Symptome auf. Ich nenne das die Wollen-doch-mal-sehen-ob-die-alte-Abwehr-noch-funktioniert-Zugabe: Ein Mann, der früher vorzeitig ejakuliert hatte, kommt plötzlich wieder innerhalb von einer Minute; eine früher anorgasmische Frau fühlt wieder »nichts«. So testen – und quälen – wir uns selbst. Aber glücklicherweise wissen wir am Ende des Programms, daß wir selbst alles unter Kontrolle haben – daß wir einfach nur die erforderlichen Maßnahmen ergreifen müssen, um wieder zu unseren Gefühlen zurückfinden zu können. Wenn Sie ganz sicher sind, daß Sie zurückgehen und es selbst kurieren können, wissen Sie, daß Sie eine schlechte Angewohnheit abgelegt und ein Symptom überwunden haben.

Alle werden hin und wieder auf die Grundelemente der Übungen zurückgreifen. Viele »Fortgeschrittene« meines Programms spielen gelegentlich immer mal wieder den Initiator, so daß sie sich nicht wieder in ihren alten Gewohnheiten verfangen. Und viele haben es richtig gern, regelmäßig Sitzungen mit Körperkontakt ohne Einbeziehung der Genitalien und ohne Orgasmus einzulegen.

»Jetzt weiß ich, daß die Sexualität nie wieder weggehen kann«, erzählte mir eine verheiratete Frau. »Aber ich muß auch das Zärtliche, Tröstliche manchmal haben. Jetzt macht das keinem von uns mehr Angst, und das ist der Prüfstein unserer Beziehung.«

»Handgreifliche« Demonstrationen, wo und wie man berührt werden möchte, bleiben gemeinhin auch Bestandteil des fortgeschrittenen Liebesrepertoires. Sie werden eine natürliche Klausel des Liebesvertrages, einander soviel Lust wie irgend möglich zu bereiten.

Manche Paare beziehen die »Tandemmasturbation« regelmäßig in ihr Liebesleben ein; »einfach nur um uns wieder auf den Boden der Wirklichkeit zurückzubringen, wenn wir es einmal brauchen«, wie ein Mann es einmal ausgedrückt hat. Und manche Paare beginnen jeden Verkehr, so erzählten sie mir, mit einem »kleinen Höflichkeitsbesuch«. »So sagen wir uns: ›Hallo, ich bin bereit, mit dir ins Abenteuer abzutauchen.‹«

Und was mich am glücklichsten macht, ist, daß ein Element der Übungen bei allen das freudvolle Vertrauen ist, die Tür aufmachen zu können und zu sagen: »Jetzt, Liebling. Ich möchte jetzt berührt werden.«

Und das ist stets der Anfang der allerhöchsten Liebeskunst.